HUSSERL ET LES CATÉGORIES

LANGAGE, PENSÉE ET PERCEPTION

À LA MÊME LIBRAIRIE
SUR HUSSERL

BÉGOUT B., *La généalogie de la logique. Le statut de la passivité dans la phénoménologie de l'esprit*, 2000.

BENOIST J., *Autour de Husserl. L'*ego *et la raison*, 1994.

— *L'*a priori *conceptuel : Bolzano, Husserl, Schlick*, 1999.

— (dir.), *La conscience du temps. Autour des Leçons sur le temps de Husserl*, 2008.

BRISART R. (éd.), *Husserl et Frege. Les ambiguïtés de l'anti-psychologisme*, 2002.

COBB-STEVENS R., *Husserl et la philosophie analytique*, 1998.

DEPRAZ N., *Transcendance et incarnation. Le statut de l'intersubjectivité comme altérité à soi chez Husserl*, 1995.

FISETTE D. et LAPOINTE S. (éd.), *Aux origines de la phénoménologie, Husserl et le contexte des Recherches Logiques*, 2003.

GALLERAND A., *Husserl et le phénomène de la signification*, 2014.

DE GANDT F., *Husserl et Galilée. Sur la crise des sciences européennes*, 2004.

— et MAJOLINO C. (éd.), *Lectures de la* Krisis *de Husserl*, 2008.

GODDARD J.-Ch. (dir.), *Le transcendantal et le spéculatif dans la philosophie allemande de Kant à Husserl*, 1999.

LAVIGNE J.-F., *Accéder au transcendantal ? Réduction et idéalisme transcendantal dans les* Ideen *de Husserl*, 2009.

— (éd.) LAVIGNE J.-F., *Les* Méditations cartésiennes *de Husserl*, 2008.

LEVINAS E., *Théorie de l'intuition dans la phénoménologie de Husserl*, 2001.

— *En découvrant l'existence avec Husserl et Heidegger*, 2006.

MARION J.-L., *Figures de phénoménologie. Husserl, Heidegger, Levinas, Henry, Derrida*, 2012.

SOUCHE-DAGUES D., *Le développement de l'intentionnalité dans la phénoménologie husserlienne*, 1993.

BIBLIOTHÈQUE D'HISTOIRE DE LA PHILOSOPHIE
NOUVELLE SÉRIE
Fondateur : Henri GOUHIER Directeur : Emmanuel CATTIN

HUSSERL ET LES CATÉGORIES
LANGAGE, PENSÉE ET PERCEPTION

par
Pierre-Jean RENAUDIE

PARIS
LIBRAIRIE PHILOSOPHIQUE J. VRIN
6, Place de la Sorbonne, V[e]

2015

Imprimé en France
ISSN 0249-7980
ISBN 978-2-7116-2635-9

www.vrin.fr

Pour Adèle

INTRODUCTION

L'ÊTRE ET LE SENS

L'étranger : « À toi de dire à propos de quoi et sur quoi porte le discours ».
Théétète : « C'est évident : à propos de moi, et sur moi »
Platon, *Sophiste*, 263a

DE QUOI PARLONS-NOUS ?
RETOUR SUR L'HISTOIRE DE LA PROBLÉMATIQUE CATÉGORIALE

Dans une scène remarquable du film d'Ingmar Bergman *Sourires d'une nuit d'été*, Désirée Armfeldt se rend chez sa mère et entame avec elle une conversation qui multiplie les ambigüités concernant les personnages auxquels elles font toutes deux référence. Le dialogue qui se noue entre elles est particulièrement intriqué et difficile à suivre, les paroles de l'une et de l'autre se croisant et se superposant sans laisser au spectateur le loisir d'identifier clairement l'objet de cet échange, et de déterminer quelles sont les personnes visées par les propos des protagonistes. Il est question d'une part de l'homme dont Mme Armfeldt mère dit avoir été amoureuse (le seul qu'elle reconnaisse avoir véritablement aimé) et qui serait peut-être – mais les éléments de la discussion ne permettent précisément pas de trancher cette question – le père de sa fille Désirée. Mais il est aussi et en même temps question de l'homme que pense de son côté aimer Désirée, quoique son aveu soit prononcé sur un mode qui maintient là aussi une certaine ambiguïté quant au personnage du film auquel ses propos renvoient. La mise en scène de Bergman souligne très clairement cette impossibilité paradoxale de fixer l'objet du discours de l'une et de l'autre des protagonistes en la manifestant dans les mots de la mère de Désirée, qui ne cesse d'interrompre la conversation pour répéter inlassablement : « mais de quoi parlions-nous ? ».

Le problème que met en valeur cette scène et qui constitue l'épine dorsale du film de Bergman tient au fait que le discours (en l'occurrence – et à plus forte raison – le discours sur l'amour) ne suffit jamais à déterminer son objet de façon telle qu'aucun doute ne puisse être soulevé à son sujet, c'est-à-dire de façon telle qu'il ne laisse subsister aucune ambiguïté sur ce dont il est question. C'est ce que vient confirmer une scène plus tardive du film, dans laquelle la jeune Anne Egerman lève son verre en l'honneur de celui qu'elle aime, en laissant non seulement planer encore une fois le doute sur l'identité de la personne sensée correspondre à cette description, mais aussi et surtout en mettant en évidence le fait qu'il n'est pas même clair *pour elle-même* qu'elle le sache, et qu'un individu déterminé soit de cette façon désigné. Si le propre de toute description est de viser un objet ou de renvoyer à cela-même qu'elle décrit, il ne lui appartient pas pour autant nécessairement d'en *avoir* un, de telle sorte que subsiste toujours la possibilité inéliminable d'un écart entre le discours et son objet. Nous aimons, nous pensons et nous parlons, mais nous n'avons en définitive aucune garantie quant au fait que ces différentes façons de nous rapporter à ce que nous aimons, à quoi nous pensons et dont nous parlons, réussissent effectivement à déterminer ce qui est ainsi visé et à nous y rapporter… Peut-on imaginer plus belle mise en scène du *problème* de l'intentionnalité ?

Le problème, toutefois, n'est pas nouveau, et il plonge ses racines bien au-delà des analyses que Brentano et Husserl à sa suite ont consacrées à cette notion. Que non seulement le discours, mais la pensée elle-même, puissent ainsi échouer autant l'un que l'autre à circonscrire leur objet et à rendre parfaitement explicite ce sur quoi ils portent, c'est là un problème philosophique très ancien dont Platon avait le premier souligné l'importance, et qui met au jour les deux exigences fondamentales du *logos*, sur lesquelles reposent tant l'exercice de la parole que celui de la pensée. D'une part, la possibilité d'un échec rappelle que le rapport de la pensée ou du discours à l'être n'est pas gagné d'avance, qu'il ne peut pas être présupposé ou considéré comme acquis, et qu'il leur appartient toujours de justifier qu'ils portent bel et bien sur quelque chose. D'autre part, si leur objet n'est pas fixé par avance et que la pensée comme le discours ont à charge de déterminer celui-ci, il devient ainsi clair que c'est à eux qu'il reviendra de poser les conditions de cette détermination. Ces deux conditions apparaissent de façon explicite dans un passage décisif du *Sophiste*, avec lequel Platon ouvrait pour la première fois la problématique catégoriale en distinguant l'*objet* et le *sens* du discours, et en reposant ainsi sur de nouvelles bases la question parménidienne du lien entre la pensée et l'être. Ou plutôt, ce détour par une approche que l'on qualifierait aujourd'hui de sémantique permet à Platon de formuler la question que le poème de Parménide ne posait précisément pas, qu'il refusait de se poser, à savoir la question demandant comment la pensée peut s'entrelacer à l'Être, et comment le discours peut offrir à la première le moyen de se donner une prise *déterminée* sur ce qui est. Ce à quoi la tradition philosophique ultérieure a, à la suite d'Aristote, donné le nom de théorie des catégories, rassemble les différentes tentatives pour répondre à cette question en mettant au jour à la fois – et dans un même geste – les structures du réel et celles qui permettent au logos d'avoir celui-ci pour objet. Or, il revient à Platon d'avoir montré, contre Parménide, que l'on ne pouvait se poser cette question qu'à partir du moment où l'on acceptait de soulever aussi la question symétrique inverse, celle de savoir comment la pensée peut *échouer* à dire l'Être, ou comment le logos est susceptible de dire *autre chose* que ce qui est. C'est, en d'autres termes, Platon, qui, le premier, a mis l'accent sur l'indissociabilité de deux questions différentes que l'on peut adresser au *logos* : celle de savoir *ce que* nous disons ou pensons, et celle de savoir *de quoi* nous parlons, ou quel est l'objet de notre pensée.

L'étranger du *Sophiste* demande à Théétète de lui dire « sur quoi » portent les discours qu'il lui soumet à titre d'exemple, ou « à propos de quoi » ils sont [1]. Il l'amène de cette façon à mesurer la distance qui sépare le vrai du faux, l'écart infranchissable qui oppose « Théétète est assis » à « Théétète vole », là où l'objet de ces deux énoncés, Théétète, reste pourtant identique. C'est que le discours ne peut porter sur quoi que ce soit que dans la mesure où il construit et articule la prise déterminée qu'il se donne sur son objet, en conséquence de quoi il doit être clair que c'est à cette construction que l'on doit s'intéresser pour poser tant la question de la vérité que celle qui l'accompagne comme son ombre : la question du faux – laquelle constitue l'objet proprement dit du *Sophiste*. « Marche court dort », « lion cerf cheval » [2], pour reprendre les exemples donnés par l'Etranger, ne seront jamais susceptibles de produire un discours et de dire quelque chose *de* quelque chose : de tels énoncés n'ont et ne peuvent pas davantage avoir de sens que de référence (c'est-à-dire d'objet), dans la mesure où ils se contentent de juxtaposer des noms ou des verbes sans parvenir à les « entrelacer » dans un discours pourvu de sens. Il faut aller jusqu'à dire que ces « énoncés » n'en sont pas à proprement parler, puisqu'ils ne disent rien et n'énoncent au sujet de rien, ne pouvant pour cette

1. Platon, *Sophiste*, 262e (trad. fr. A. Diès, Paris, Belles Lettres, 1925).
2. *Ibid.*, 262b.

raison recevoir aucune valeur de vérité (et pas davantage le faux que le vrai). C'est au contraire en liant ou en « entrelaçant » les verbes et les noms que le discours, aussi simple soit-il (l'exemple donné par l'étranger est « l'homme apprend »), « discourt » à proprement parler, devient un authentique discours. « C'est qu'il y a, dès ce moment, en lui, quelque indication relative à des choses qui sont, ou deviennent, ou furent ou seront ; c'est qu'il ne se borne pas à nommer, mais effectue un achèvement, en entrelaçant les verbes avec les noms. Aussi avons-nous dit qu'il discourt et non point seulement qu'il nomme, et à l'agencement qu'il constitue, nous avons donné le nom de discours » [1].

La difficulté que mettent en avant ces lignes du *Sophiste* apparaît là où le langage dépasse la simple nomination et doit configurer le rapport déterminé qui lui permet de décrire tel ou tel aspect du monde, et de se rapporter à une situation déterminée de l'être selon des modalités plus complexes que la simple désignation de ce qui est. Ce n'est pas l'attribution d'un nom à une chose qui fait problème, mais les conditions de vérité des énoncés, c'est-à-dire le fait d'attribuer à chaque fois à une seule et même chose « une pluralité de noms » [2]. L'étranger signale ici une difficulté que l'on retrouve à chaque fois que l'ostension de la chose ne suffit plus, et que se pose le problème de l'articulation (*sumplokê*) d'un sens ouvrant un accès spécifié à l'être. Or, cette articulation n'est pas simplement un accident susceptible d'affecter de l'extérieur le logos, et elle ne doit pas davantage simplement se comprendre comme le moyen de son déploiement ; la *sumplokê* constitue bien plutôt aux yeux de Platon l'essence même du *logos*, et elle doit pour cette raison être rapportée au point d'origine de la pensée (au sens de la *dianoia*) et du discours [3] : « C'est la plus radicale manière d'anéantir tout discours que d'isoler chaque chose de tout le reste ; car c'est par la mutuelle combinaison (*sumplokê*) des formes que le discours (*logos*) nous est né » [4]. Cette combinaison de formes définit la complexité structurelle de la pensée et elle est le gage de sa capacité à articuler une prise déterminée sur l'être ou sur le monde. L'être, pour exprimer cela dans des termes qui seront plus tard ceux de la phénoménologie husserlienne, n'est plus simplement là, présent à la pensée ou à la conscience, mais il est visé au moyen du discours et à travers telle ou telle signification, c'est-à-dire visé *comme tel ou tel*. C'est à cette seule condition que la pensée, installée dans

1. Platon, *Sophiste*, 262d.
2. *Ibid.*, 251a.
3. *Ibid.*, 263e : Pensée (*dianoia*) et discours (*logos*) sont en réalité « la même chose ».
4. *Ibid.*, 259e.

une certaine distance par rapport à l'être, peut être qualifiée de vraie ou de fausse, et les conditions de production d'une telle vérité tiennent alors à la façon particulière dont s'est effectuée cette liaison entre des formes.

Platon définissait ainsi très précisément les coordonnées du problème qui allait constituer pour l'ensemble de ses successeurs l'épicentre de la problématique catégoriale [1]. La question des catégories se pose dès lors que l'on essaye de repenser la question de la vérité à partir de l'articulation des formes à l'intérieur desquelles se déploie la connaissance. Cela devait signifier, comme l'a bien vu Derrida, que l'analyse catégoriale nous renvoie toujours, de façon plus ou moins explicite, à l'entrelacement du dire et du connaître, de la pensée et du langage : « le concept, la catégorie de catégorie, entre systématiquement en jeu dans l'histoire de la philosophie et de la science [...] *au point où l'opposition de la langue à la pensée est impossible ou n'a de sens que très dérivé* » [2]. Mais il faut ajouter à cela que la problématique catégoriale n'apparaît que dans la perspective d'un décalage toujours possible entre les formes du discours et la structure de la réalité que celles-ci permettent de décrire, elle ne se déploie que sur fond d'un écart entre l'être et le sens que l'analyse de la structuration syntaxique du discours ou des formes du jugement doit avoir à charge d'élucider.

C'est la raison pour laquelle le terrain d'élection de la pensée catégoriale a été, depuis Aristote, celui de l'analyse logique de la prédication – de ce qui « se dit d'un sujet donné », pour reprendre l'expression du traité qu'il a consacré à cette question [3] – et ce n'est d'ailleurs qu'avec elle que les catégories trouvent leur signification propre, comme le rappelait Hegel : « La catégorie est, selon son étymologie et la définition d'Aristote, ce qui se trouve dit, affirmé de l'étant » [4]. C'est dans l'articulation prédicative de l'énoncé que réside la possibilité d'une adéquation entre le discours et la réalité, le sens et l'être, et c'est sur elle que repose pour

1. Certains interprètes ont ainsi considéré que le *Sophiste* représentait « la première théorie de la proposition » et qu'il donnait déjà, avec l'analyse des cinq genres, les grandes lignes d'une table des catégories. *Cf.* Henri Joly, *Le renversement platonicien*, Paris, Vrin, 1974, p. 173.

2. J. Derrida, « Le supplément de copule », dans *Marges de la philosophie*, Paris, Minuit, 1978, p. 218. Relisant le traité des *Catégories* d'Aristote contre l'interprétation qu'en avait donné Benveniste, Derrida ajoutait : « Sans avoir, certes, réduit la pensée à la langue au sens où Benveniste entend le faire, Aristote a tenté de reconduire l'analyse jusqu'au point de surgissement, soit à la racine commune du couple langue / pensée » (*ibid.*).

3. Aristote, *Catégories*, II, 1a20, trad. fr. F. Ildefonse et J. Lallot, Paris, Seuil, 2002, p. 59.

4. Hegel, *Science de la logique, doctrine de l'essence*, I, 2, (trad. fr. Labarrière-Jarczyk, Paris, Aubier-Montaigne, 1976, p. 35).

Aristote la possibilité d'une hiérarchisation des différents sens de l'être établissant le lien entre logique et physique [1]. Cette filiation entre la problématique catégoriale et la question de la prédication sera si significative et si prégnante que lorsque Kant entreprendra dans des pages célèbres de déterminer sur des bases plus solides et moins arbitraires que celles d'Aristote la liste exacte des catégories de l'entendement, c'est encore à cette conception de la catégorialité qu'il se ralliera, en prenant pour fil conducteur de sa « table des catégories » la table des jugements prédicatifs [2]. La prédication constitue l'index sur lequel doivent se régler les catégories, dans la mesure où elle a vocation à répondre à la question de savoir comment l'articulation des formes du discours peut nous permettre de déterminer et de saisir au moyen de cette détermination ce qui est.

La redéfinition phénoménologique du cadre de la problématique catégoriale

Or, ce point constituera l'une des raisons essentielles qui pousseront Husserl à reprendre à son compte le projet d'une théorie des catégories et à inscrire ainsi de façon originale l'ouvrage fondateur de la pensée phénoménologique, les *Recherches Logiques* que Husserl publie en 1901, dans le sillage de cette longue histoire de la problématique catégoriale. C'est un point qui mérite d'être souligné, tant le rôle décisif qu'il a joué un dans la constitution et la structuration de la phénoménologie husserlienne reste habituellement passé sous silence par les études qui en retracent la genèse. L'intérêt que Husserl porte à la question des catégories dans l'œuvre qui a, selon ses propres termes, réalisé la première « percée » de la

1. *Cf.* C. Imbert, *Phénoménologies et langues formulaires*, Paris, P. U.F., 1992, p. 207 : les catégories « ont pour office de mettre en correspondance les questions physiques et les prédicats » ; voir également les commentaires de F. Ildefonse et J. Lallot accompagnant leur traduction du traité des *Catégories* d'Aristote (*op. cit.*, p. 48 *sq.*).

2. Pour une analyse détaillée de ce rapport entre théories des catégories et logique prédicative, voir notamment le livre de J. Vuillemin, *La logique et le monde sensible. Étude sur les théories contemporaines de l'abstraction*, Paris, Flammarion, 1971, chap. premier. Voir également les analyses de C. Imbert, dans *Phénoménologies et langues formulaires* : « La déduction des catégories à partir des formes du jugement définissait un nouvel appariement entre les déterminations physiques distribuées dans l'intuition et la forme conceptuelle que leur impose une conscience discursive. Kant avait substitué la synthèse à la traductibilité apophantique, constitué l'objet sous les directives des principes de l'expérience, soumis à modalité le rapport phénoménologique entre l'intuition et l'économie discursive de la preuve physique » (*op. cit.*, p. 208).

phénoménologie, n'a rien de fortuit ni de contingent. Il répond logiquement aux attentes d'une pensée qui raisonne en termes d'intentionnalité, aborde la conscience à partir de sa relation à un objet, et tente de décrire les différents modes de cette relation à l'objectivité. De la même façon qu'elle était devenue avec Platon inévitable dès lors que l'on s'interroge sur l'entrelacement de l'être et de la pensée, la question des catégories constitue naturellement le terrain d'élection d'une pensée qui s'efforce d'élucider ce que signifie pour la conscience d'avoir un objet. Aussi ne s'agit-il pas simplement pour Husserl de reprendre un thème redevenu à la mode à la fin du XIXe siècle [1] et décliné notamment par son premier maître en philosophie, Franz Brentano [2] : l'un des objectifs de cet ouvrage sera au contraire de montrer que la théorie husserlienne des catégories occupe en 1901 une place centrale dans le dispositif phénoménologique, dont elle a rendu possible la genèse et qu'elle permet de légitimer.

Le traitement que Husserl réserve dans les *Recherches Logiques* à la question des catégories est, de façon intéressante, à la fois très classique d'aspect et profondément original. Husserl fait état de la nécessité de reprendre à son compte la question des catégories dès 1900, à l'issue du tome introductif aux six études qui devaient une année plus tard composer le cœur de son ouvrage majeur. Se voyant alors rattaché au projet husserlien de *Mathesis Universalis*, le catégorial va dès lors définir l'ossature de toute la réflexion husserlienne sur le statut du théorique et sur la légalité de la connaissance, « ce qui fait qu'une science est une science » [3]. En quoi les catégories ont-elles un rôle si important à jouer dans la mise en place de l'« élucidation phénoménologique de la connaissance » qu'entendent mener à bien les *Recherches* ? Husserl s'en explique en écrivant que l'analyse et la spécification des formes catégoriales doivent permettre de reconduire la connaissance à « l'essence phénoménologique

1. *Cf.* D. Thouard (éd.), *Aristote au XIXe siècle*, Lille, Presses Universitaires du Septentrion, 2004.

2. Lequel avait non seulement consacré sa thèse d'habilitation à l'analyse aristotélicienne des multiples acceptions de l'être, mais avait également par la suite publié une *Kategorienlehre*.

3. E. Husserl, *Logische Untersuchungen, Erster Band. Prolegomena zu reinen Logik*, in *Husserliana* XVIII, La Haye, Nijhoff, 1975, p. 228 ; trad. fr. Elie, Kelkel et Schérer, *Recherches Logiques*, t. 1 : *Prolégomènes à la logique pure*, Paris, P.U.F., 1959, p. 251. Le premier tome des *Recherches Logiques* sera ultérieurement cité *Prolégomènes*. Les tomes suivants des *Recherches Logiques* seront citées *RL*, suivi du numéro de la *Recherche* correspondante et de la pagination dans la traduction française. La pagination de l'édition allemande des *Husserliana* sera précisée entre crochets lorsque cela est nécessaire.

des concepts » qui entrent en elle, et de faire ainsi apparaître, au moyen des catégories, les « *concepts essentiels primitifs* » qui constituent « l' "*essence*" *idéale d'une théorie en tant que telle* » [1] :

> En ce qui concerne les conditions idéales de possibilité de la *connaissance* en général, et spécialement de la connaissance théorique, nous sommes en dernière analyse ramenés à certaines lois fondées purement dans le contenu de la connaissance ou dans les concepts catégoriaux auxquels il est soumis, et qui sont abstraites au point de ne plus rien contenir de la connaissance en tant qu'acte d'un sujet connaissant. Ce sont précisément ces lois, ou les concepts catégoriaux dont elles se composent, qui constituent dès lors ce que, dans un sens objectivement idéal, l'on peut entendre par conditions de possibilité d'une *théorie* en général [2].

L'un des traits les plus marquants de cette conception du rôle des catégories tient à la radicalité de son formalisme, comme n'a pas manqué de le souligner Jules Vuillemin [3] : les catégories ne sont plus seulement les prédicats les plus généraux de l'être ainsi que le voulait Aristote, ou les concepts enveloppant les conditions d'effectuation de tous les jugements d'expérience, comme c'était le cas chez Kant. Husserl présente au contraire son projet comme une « généralisation absolument nécessaire de la question des "conditions de possibilité d'une expérience" », question kantienne par excellence dont il entend mettre en évidence le caractère dérivé par rapport à celle, plus fondamentale, des « *conditions de possibilité d'une science en général* » [4]. Ce que le dispositif catégorial a à charge d'élucider aux yeux de Husserl, ce n'est pas tant la « *connexion des choses* auxquelles se rapportent intentionnellement les vécus de pensée réels (ou possibles) » que la « *connexion des vérités* » au moyen desquelles se réalise la science, et qui donne son sens de « validité idéale » à cet « ordre objectif » que les doctrines classiques des catégories cherchaient confusément à atteindre [5]. Lorsqu'il s'intéresse aux *formes* catégoriales, Husserl a en vue la formalité même des lois de la pensée et de la connaissance qui représente le seul gage de leur validité logique (ce que Husserl appelle justement les « lois catégoriales »), et non ces catégories prises pour elles-mêmes. C'est la raison pour laquelle les *Recherches Logiques* ne se donneront à aucun

1. *RL*, § 66B, p. 266.
2. *Ibid.*, p. 264.
3. *Philosophie de l'algèbre*, Paris, P. U.F., 1962 ; voir notamment la n. 20.
4. *Prolégomènes*, § 65, p. 261.
5. *Ibid.*, § 62, p. 252, pour l'ensemble de ces références, qui accusent de façon manifeste l'influence très forte de Lotze sur la définition du programme de recherche husserlien.

moment pour objet d'établir une liste des catégories, point qui constituait traditionnellement une sorte de «passage obligé» des théories des catégories : Husserl défend moins une thèse sur les catégories qu'il ne propose une analyse résolument nouvelle *du catégorial*, en tant que dispositif structurel responsable de l'édification et de l'architecture de la connaissance. Les catégories n'ont de sens que dans la mesure où elles permettent d'établir des lois formelles de validité objective, en vertu desquelles elles doivent toujours s'intégrer à l'intérieur d'un dispositif théorique dont elles définissent la *structure*. Aussi l'analyse catégoriale de la formalité logique du penser en général doit-elle permettre à Husserl de déterminer les « conditions *a priori* de la connaissance qui peuvent être étudiées indépendamment de toute relation avec le sujet pensant et avec l'idée de subjectivité en général » [1].

On peut ainsi lire les *Recherches Logiques* comme une reprise et une tentative de réforme de la problématique catégoriale, que le dernier chapitre des *Prolégomènes* s'efforçait de maintenir à égale distance d'une ontologie et d'une «noétique»: la question des catégories ne doit pas davantage être indexée sur l'ordre des choses que rattachée à une hiérarchie des facultés. Là s'opère, ou du moins se prépare, le passage d'une théorie des catégories reposant sur la présupposition de l'expérience possible au niveau supérieur d'une analyse formelle du champ de la catégorialité [2]. Les catégories kantiennes étaient conceptuelles au sens exact où les concepts de l'entendement pouvaient en quelque sorte faire face au sensible en assumant une position de vis-à-vis par rapport à l'intuition. Le dispositif catégorial des *Recherches* a au contraire vocation à désamorcer la difficulté à laquelle nous reconduit inévitablement l'horizon problématique d'une opposition toujours possible entre la pensée subjective et l'être objectif. Tel est le point par où commencent et sur lequel s'achèvent en

1. *Ibid.*, p. 263.

2. Jules Vuillemin avait souligné dans sa *Philosophie de l'algèbre* l'importance et l'originalité de cette approche structurelle et formelle du catégorial en l'opposant à la démarche kantienne : «C'est faute d'avoir reconnu l'importance des structures que le projet critique, chez Kant, a souffert des limitations dues à la méthode transcendantale. Loin que les difficultés concernant les idées de la raison pure soient analysées aussi loin qu'il est requis pour qu'apparaissent au moins les structures élémentaires qui les supportent, elles sont abandonnées dès qu'on a déterminé le type de leur contribution à la possibilité de l'expérience. Par exemple, la doctrine logique des catégories demeure subordonnée à la doctrine transcendantale des principes: ce n'est pas l'analyse formelle des jugements en général et des systèmes déductifs où ils entrent comme matériaux de la science qui fournit la liste des catégories de l'entendement, mais la théorie de ce que la possibilité de l'objet de l'expérience requerra bientôt comme éléments logiques pour se constituer » (*op. cit.*, p. 474).

quelque sorte les *Recherches Logiques*, que Husserl rattache au projet d'éliminer « le problème en apparence si profond de l'harmonie entre le processus subjectif de la pensée logique et le processus réel de la réalité extérieure » [1] en le conduisant à son exténuation, de façon à révéler son caractère « spécieux » [2] et, pour finir, son « absurdité » :

> Nous comprenons désormais pourquoi l'idée que le cours du monde pourrait jamais réfuter les lois logiques – ces lois analytiques de la pensée proprement dite ou encore les normes de la pensée au sens impropre, qui s'édifient sur elles – ou bien que l'expérience, la *matter of fact* de la sensibilité devrait et pourrait seule fonder ces lois et prescrire les limites de leur validité, pourquoi cette idée n'est qu'une absurdité [3].

La problématique catégoriale subit ainsi, au cours de sa reprise phénoménologique, un important déplacement, en se voyant repliée sur l'analyse des conditions formelles de structuration et de signification de la pensée logique. Ce « repli » se justifie au nom d'une certaine « humilité » philosophique caractéristique du projet phénoménologique de Husserl ; il va de pair avec la « neutralisation » de la question ontologique [4] et du « problème absurde de la signification réelle du logique » [5] qui a joué un rôle déterminant (et, selon Husserl, préjudiciable) pour l'ensemble des théories catégoriales.

Il faut ici rappeler que, si le lien historique et étymologique qui lie les catégories à la question de la prédication faisait peser sur ces dernières la charge d'articuler l'être au sens et de recenser les différentes modalités de cette articulation, cette délimitation de l'analyse catégoriale avait pour contrepartie une restriction extrêmement forte du spectre à l'intérieur duquel la pensée catégoriale pouvait être opératoire [6]. Le geste inaugural de Platon a de ce point de vue fait peser un poids très lourd sur l'histoire des

1. *Prolégomènes*, § 59, p. 242.

2. *Ibid.*

3. Husserl, *RL*6, § 65, in *Logische Untersuchungen, Zweiter und Dritter Band. Untersuchungen zur Phänomenologie und Theorie der Erkenntnis*, in *Husserliana* XIX/2, La Haye, Nijhoff, 1984 ; trad. fr. Elie, Kelkel, Schérer, *Recherches Logiques*, t. III, Paris, P.U.F., 1963, p. 238.

4. *Cf.* la fameuse « neutralité métaphysique » qu'appelle de ses vœux l'introduction générale au second tome des *Recherches*.

5. *RL*6, § 65, p. 239.

6. Cette restriction a été repérée avec beaucoup de finesse par Pierre Aubenque que nous suivons ici (*cf.* « Une occasion manquée : la genèse avortée de la distinction entre l' "étant" et le "quelque chose" », dans P. Aubenque, M. Narcy (éd.), *Études sur le* Sophiste *de Platon*, Napoli, Bibliopolis, 1991 p. 365-385).

catégories jusqu'à Husserl, en assignant à l'analyse du discours la prise en charge exclusive de la question de l'être : l'étranger du *Sophiste* posait un interdit particulièrement puissant sur la question des catégories en avançant comme une évidence qui ne saurait être remise en cause que le discours, qu'il soit vrai ou faux, doit coûte que coûte être rivé à l'être (ce qui permet précisément d'en mesurer la fausseté). C'est très exactement à ce prix qu'allait s'ouvrir pour Aristote le domaine des catégories, entendu comme champ d'analyse des modalités logiques de la prédication énumérant les différents sens de « être ». Quoique dise le discours, il le dit toujours *de quelque chose d'étant*, ne pouvant énoncer ce qu'il énonce qu'au sujet d'un être caractérisé par son opposition fondamentale au rien ou au néant : « Le discours est forcément, dès qu'il est, discours sur quelque sujet ; qu'il le soit sur rien, c'est impossible » [1]. Dire quelque chose *de* quelque chose, c'est prédiquer au sujet des étants, c'est faire usage des catégories en les rapportant toujours nécessairement à ce qui est.

Or, Husserl prend pour la première fois ses distances avec cette longue tradition en resserrant l'enquête catégoriale autour de la question de la formalité propre à l'objectivité et en se tournant vers les formes de signification auxquelles la pensée objective doit sa structuration complexe. « Toute pensée, écrit Husserl, principalement toute pensée et connaissance théorique, s'accomplit dans certains actes qui se présentent en connexion [*im Zusammenhange*] avec le discours qui l'exprime » [2]. Aussi ne faut-il pas s'y tromper : s'il est indéniable que les *Recherches Logiques* ont, comme l'a plus tard fait remarquer Husserl [3], contribué à donner une nouvelle vie à l'idée ancienne d'ontologie, celle-ci ne trouvait son sens nouveau qu'en étant redéfinie à la fois et en même temps comme « science *a priori* des objets en général et corrélativement des *significations en général* » [4] : l'une ne va pas sans l'autre, et la possibilité d'un renouveau de l'ontologie se paye au prix de cette réciprocité entre l'analyse des

1. Platon, *Sophiste* 262e ; mais on trouvait déjà une occurrence de cette thèse sous forme négative en conclusion de la première partie du dialogue (*cf.* 237e : « Ne faut-il pas retirer même cette concession, que ce soit là dire, à savoir rien dire ? Ne faut-il pas affirmer, au contraire, que ce n'est même pas dire que s'évertuer à énoncer le non-être ? »).

2. *RL*6, Introduction, p. 11 [537].

3. *Cf.* l' « Esquisse de préface aux *Recherches Logiques* » rédigée après-coup par Husserl en 1913, trad. fr. J. English dans *Articles sur la logique*, Paris, P.U.F., 1975 (volume ultérieurement cité *AL*).

4. *Cf.* la mise au point décisive de J.-F. Courtine dans « L'objet de la logique », dans J.-F. Courtine (éd.), *Phénoménologie et logique*, Paris, Presses de l'École normale supérieure, 1996, p. 22-23.

significations et la délimitation du domaine de l'objectivité. Le système des catégories est lui-même structuré et polarisé par cette dualité qui permettra à Husserl de distinguer et de mettre respectivement en parallèle, dans les troisième et quatrième *Recherches*, les « catégories objectives formelles » et les « catégories de signification » [1]. Les « catégories de la signification » sont corrélatives des lois grammaticales qui commandent la structuration de l'énoncé et définissent les « formes de composition des éléments de la signification », de façon à ce que l'énoncé qui en résulte soit porteur d'un sens déterminé et non pas absurde. Elles permettent d'établir une « logique du sens » sous-jacente aux formes grammaticales présentes dans les différentes langues empiriques. Nous ne pouvons pas assembler arbitrairement des termes linguistiques en espérant produire de cette façon un discours pourvu de sens, cela n'est possible que si nous respectons certaines règles syntaxiques posant un certain nombre de conditions à la production du sens. Les « catégories objectives formelles », quant à elles, concernent plus directement les objets ou « objectivités » (*Gegenstandlichkeiten*) qui sont visés dans ces significations et dont elles font apparaître la structure formelle *apriori* : elles expriment les lois les plus générales conformément auxquelles un objet peut ou non correspondre à telle ou telle forme de pensée, comme c'est par exemple le cas des lois établissant les relations entre le tout et les parties d'un objet quelconque.

On aurait toutefois tort de reprocher à cette reprise de la problématique catégoriale son « formalisme », et de craindre que son insistance sur la dimension formelle ou structurelle du catégorial ne la condamne à l'abstraction en faisant des catégories un ensemble de formes vides de la pensée, vides car privées de tout contenu. L'un des enjeux les plus importants de la réflexion husserlienne sur le statut des catégories consiste à donner un nouveau sens à la notion de *formes* catégoriales (*kategorialen Formen*), que Husserl met au centre de son analyse pour affirmer contre Kant que de telles formes nous sont d'une certaine façon tout autant *données* (même si c'est comme nous le verrons sur un mode différent) que la « matière » ou le « contenu » sensible [2]. Aussi peut-on dire que les *Recherches Logiques* s'attachent d'une certaine façon à récuser la pertinence de cette opposition conceptuelle entre forme et contenu pour lui

1. Cf. *Prolégomènes*, § 67, p. 269.

2. C'est le sens de la fameuse relecture de la sixième *Recherche Logique* proposée par Heidegger à la fin de sa vie, à l'occasion du séminaire de Zahringen. Voir à ce sujet notre étude « *Intentio* et *Adaequatio* : Heidegger, Husserl, et la neutralisation de la métaphysique », à paraître dans la *Revue de métaphysique et de morale*.

donner un statut non plus métaphysique mais phénoménologique, en la réinterprétant du point de vue de la description des rapports entre intention et remplissement, c'est-à-dire entre des actes de visée qui ne se constituent comme tels qu'en vertu de la structure qui leur est propre, et des actes qui viennent apporter à cette visée un remplissement intuitif. L'erreur serait donc de croire que le recentrement de l'analyse autour des conditions formelles de l'objectivité place les catégories à distance de l'être ou du réel, en les rattachant exclusivement à la pensée sur fond d'une séparation de l'esprit et du monde. C'est précisément la présupposition de cette séparation que la conception husserlienne des catégories a pour fonction essentielle de dépasser (en révélant son « absurdité », pour reprendre le mot de Husserl déjà évoqué). Les catégories décrivent corrélativement la structure logique de tout ce qui peut être pensé à l'aide de significations, comme de tout ce qui peut être intuitionné, elles ne limitent pas la portée de la logique à la sphère de la pensée mais l'étendent au domaine de la perception. Le problème auquel il s'agit de répondre est bien une fois de plus celui signalé par Platon, à savoir l'écart problématique entre les deux énoncés « Théétète est assis » et « Théétète vole », en précisant que la distance qui sépare le vrai du faux ne correspond pas seulement ici à la différence entre ce qui est et ce qui n'est pas (le cas), mais se comprend d'abord et avant tout à partir de l'écart entre ce que nous disons et ce que nous voyons. C'est la raison pour laquelle le dispositif catégorial est chez Husserl arc-bouté sur cette division cardinale entre les deux domaines du sens et de l'être dont il doit assumer l'unité du point de vue d'une théorie de la connaissance[1] : de la même façon qu'il n'est pas possible de former arbitrairement un énoncé en vertu des lois catégoriales régissant l'ordonnancement des formes de signification (un énoncé du type « vert et où » ne saurait avoir de sens), il n'est pas

1. Husserl se montre en cela encore une fois fidèle à la façon dont le problème des catégories a été posé dans la tradition philosophique, en retrouvant à ce niveau une tension qui avait posé de nombreux problèmes aux premiers lecteurs d'Aristote. Simplicius notait ainsi dans son commentaire du traité des *Catégories* d'Aristote, que les catégories ou « genres les plus universels » avaient donné lieu à trois types d'interprétation : *grammaticale* (les catégories sont des « sons signifiants », cette acception peut toutefois être rapprochée d'un sens « logique » des catégories – la distinction entre logique et grammaire n'étant formulée qu'avec les stoïciens), *ontologique* (les catégories correspondent aux « étants signifiés par ces sons »), et *gnoséologique* (elles seraient pour finir équivalentes à des notions ou noèmes). *Cf.* Simplicius, *In Aristotelis Categorias Commentarium*, trad. fr. Ilsetraud Hadot, Leyde, Brill, 1990, p. 9-10 ; voir également le recueil d'articles édité à ce sujet par Pierre Aubenque : *Concepts et catégories dans la pensée antique*, Paris, Vrin, 1980. Ce qui fait l'originalité de la doctrine husserlienne tient précisément à sa façon originale d'articuler les unes aux autres ces trois directions que l'on peut voir se recroiser dans la sixième *Recherche Logique*.

non plus possible d'intuitionner la partie d'un objet comme plus grande que son tout conformément aux lois ontologiques formelles que permettent de définir les catégories d'objet. C'est la raison pour laquelle la logique des catégories, en dépit de son caractère formel, n'en constitue pas moins une « logique du voir », mettant au jour les conditions formelles ou structurelles de la perception, et culminant dans la thèse sans doute la plus fameuse de la sixième *Recherche*, qui procède à un élargissement sans précédent du domaine de l'intuition afin de reconnaître l'existence d'une *intuition* catégoriale.

On doit en conclure que cette analyse résolument nouvelle de la catégorialité, au nom de laquelle la phénoménologie allait effectuer sa première « percée », ne se situe plus au niveau d'une ontologie prédicative : la seule ontologie dont il saurait être question ne peut être que purement formelle, et le geste qu'amorce ainsi Husserl au dernier chapitre des *Prolégomènes* ne correspond pas simplement à un élargissement de l'ontologie, mais bien à une rupture avec le sens et l'analyse traditionnels de l' « être ». Encore faut-il préciser que cette interprétation du projet phénoménologique des *Recherches* comme « ontologie formelle » n'est pas le fait de leur première mais de leur seconde édition, dans la lignée de l' « esquisse de préface aux *Recherches Logiques* » que Husserl rédige à la même époque, en 1913, et où se voit consacrée cette thématique ontologique[1]. Au moment où l'auteur travaillait à la première édition de ce texte, il s'efforçait seulement de recentrer la problématique catégoriale sur la question de l'objectivité plutôt que sur celle de l'être, et sur l'analyse des formes de signification plutôt que sur celles du jugement. Aux yeux de Husserl, les catégories ne sont rien de plus que les formes logiques qui apportent une structure à la pensée élémentaire de façon à l'élever jusqu'aux formes théoriques de la connaissance développée. Elles parlent moins de l'être que des lois de transformation qui permettent à la pensée de se complexifier sans enfreindre les limites du sens et sans sortir de l'espace de la signification logique.

1. « Esquisse de Préface aux *Recherches Logiques* », *op. cit.*, p. 383 *sq.*

LE CATÉGORIAL ET LES AMBITIONS DESCRIPTIVES DE LA PHÉNOMÉNOLOGIE

Cette réinterprétation phénoménologique des catégories n'est pas seulement intéressante en raison de la place originale qu'elle occupe dans l'histoire de la problématique catégoriale, mais aussi et peut-être surtout, d'un point de vue non plus externe mais interne à l'œuvre de Husserl, en raison du rôle tout à fait décisif qu'elle joue dans l'architecture des *Recherches Logiques* comme dans la mise en place de la phénoménologie. La phénoménologie, en effet, n'a pas rencontré la question des catégories par hasard ; elle lui est intrinsèquement liée de par sa méthode même, et il ne faut jamais perdre de vue le fait que le projet philosophique dont elle était porteuse ne pouvait initialement être défini qu'en référence – implicite ou explicite – à cette question. Il y a plusieurs raisons à cela. C'est d'abord le cas parce que le passage d'une « explication » (*Erklärung*) à une « élucidation » (*Aufklärung*) de la connaissance qu'annonçait l'introduction générale aux *Recherches Logiques*[1], et sur lequel Husserl fait reposer la spécificité de la méthode propre à une phénoménologie descriptive se voulant « métaphysiquement neutre », n'est rendu possible que sur la base de la redéfinition catégoriale des tâches de la théorie de la connaissance qui constitue l'acquis fondamental des *Prolégomènes*. Il faut ici citer *in extenso* le passage un peu long dans lequel Husserl présente ce point décisif :

> La théorie de la connaissance [...] n'est, d'après les *Prolégomènes*, rien d'autre que le *complément philosophique de la mathesis pure*, entendue au sens le plus large possible qui rassemble toute connaissance catégoriale apriorique sous la forme de théories systématiques. Avec cette théorie des théories, la théorie de la connaissance qui l'élucide se place avant toute théorie empirique, par conséquent principalement avant toute métaphysique, et de plus également avant toute science du réel explicative, avant la science de la nature d'un côté, la psychologie de l'autre côté. Elle ne veut pas expliquer, au sens psychologique ou psychophysique, la connaissance, l'événement temporel mais élucider l'idée de la connaissance d'après ses éléments constitutifs ou encore d'après ses lois[2].

La possibilité d'une élucidation phénoménologique de la connaissance est suspendue au dispositif que Husserl met en place dans le dernier chapitre des *Prolégomènes*, dans la mesure où l'analyse des formes

1. *RL*, Introduction, § 7, p. 23 [HUA XIX/1, 27].
2. *Ibid.*, p. 22-23 et 264-265 (nous citons le texte de la 1re édition).

catégoriales au moyen desquelles se réalisent le penser et le connaître doit nous ouvrir l'accès à la structure de légalité du champ théorique : elle nous fournit la clé d'intelligibilité du « *sens idéal* des relations *spécifiques* dans lesquelles l'objectivité de la connaissance prouve sa légitimité » [1]. Cette reprise phénoménologique de la perspective catégoriale nous engage à abandonner le projet *explicatif* classique des théories de la connaissance, qui leur donnait seulement pour tâche de « rendre le singulier intelligible par la loi générale, et cette dernière à son tour par la loi fondamentale » [2]. Sa relecture de la question des catégories fournit ainsi l'armature du programme de recherche dans le sillage duquel Husserl inscrit la phénoménologie, celle-là établissant en quelque sorte la colonne vertébrale de celle-ci.

Toutefois, ces remarques ne suffisent pas à éclairer le rôle absolument central que les catégories étaient appelées à jouer dans les *Recherches Logiques*, et il nous faut faire un pas de plus pour en saisir toute la portée. Ce pas, consistant à nous interroger sur la nature du lien qui rattache l'analyse catégoriale à la méthode descriptive de la phénoménologie et à l'« élucidation » de la connaissance, Husserl nous invitait très naturellement à l'accomplir dans les lignes qui font immédiatement suite au texte de la première édition des *Recherches* que nous venons de citer :

> Cette élucidation exige [*erfordert*] éminemment, comme nous l'avons vu, une phénoménologie des vécus de la connaissance et des vécus de l'intuition et de la pensée en général, une phénoménologie qui a en vue la simple analyse descriptive des vécus dans leur donnée réelle, mais en aucune manière leur analyse génétique selon leurs relations causales [3].

On trouve dans ces quelques lignes une précision essentielle concernant l'implication très forte de la problématique catégoriale dans la méthodologie proprement phénoménologique : Husserl montre en effet ici très clairement que la substitution de l'*Aufklärung* à l'*Erklärung* – soit cela même que la mise en place du dispositif catégorial avait rendu possible au terme des *Prolégomènes* – va de pair avec l'adoption d'une exigence descriptive qui définira dorénavant le *style* proprement phénoménologique de l'analyse. Aussi, si Husserl emprunte cette exigence à celui qui fut son maître en psychologie, Franz Brentano, il lui donne ici, dès l'introduction

1. *RL*, p. 23.
2. *Ibid.*, p. 22.
3. *Ibid.*, p. 265 [28]. De façon notable, la référence importante que Husserl donne ici à l'« analyse descriptive » (*deskriptive Analyse*) disparaît purement et simplement dans la réécriture que l'auteur proposera de ce passage en 1913 lors de la deuxième édition des *Recherches*.

des *Recherches*, un sens original, en la resituant dans l'orbe de l'anti-psychologisme des *Prolégomènes*, et dans le cadre d'une analyse catégoriale-formelle de la connaissance (d'où le rejet signifié par Husserl dans ces derniers textes aussi bien d'un traitement psychologique que d'une explication « génétique » des vécus de connaissance). Il n'y a pas véritablement lieu de s'étonner du parallèle qui se dessine ici entre la reformulation husserlienne de la question catégoriale et les ambitions descriptives de la phénoménologie, dans la mesure où la question à laquelle ces deux aspects de la pensée philosophique de Husserl viennent répondre est bien en un sens la même question : celle de savoir comment articuler de façon non-problématique l'être et le sens, la « chose elle-même » et le discours qui l'énonce, sans retomber sur l'opposition métaphysique de la pensée subjective et du cours objectif de la nature ou de la réalité.

Or, la très grande force des *Recherches Logiques* et de la voie qu'elles frayaient en direction d'une phénoménologie des vécus de connaissance tient à leur façon originale de réinterpréter les termes de ce problème à partir d'une thèse radicale sur l'intentionnalité de ces vécus, venant déjouer la structure des oppositions métaphysiques à l'intérieur desquelles la question des catégories s'était d'abord posée. Le dispositif intentionnaliste à l'intérieur duquel Husserl inscrit la phénoménologie devait en effet lui permettre de redéfinir le cadre d'analyse problématique des rapports entre la pensée et le monde, le sens et l'être, en le réorientant dans la perspective d'une interrogation sur les différentes modalités d'accès (aux choses, aux objets ou aux significations en général) qui définissent la structure intentionnelle des vécus de conscience, et qui permettent de décrire leurs façons à chaque fois différenciées de prendre en vue tel ou tel objet. Il y va ici d'une radicalisation très forte de la thèse brentanienne d'intentionnalité [1] qui autorise Husserl à poser à nouveaux frais la question platonicienne de l'écart entre l'être et le sens en lui donnant une résonnance entièrement nouvelle : si cette question, qui a décidé et réglé le sort de la problématique catégoriale, se décline chez Platon à partir de la prétention du discours à énoncer ce qui est et à dire la vérité, nous avons souligné le fait que cette position du problème engage aussi bien l'écart qui distingue le vrai du faux (relativement aux deux énoncés « Théétète vole » et « Théétète est assis ») que celui qui sépare le dire du voir. Or, sa conception de l'intentionnalité

1. Sur le sens et la portée de cette radicalisation de la thèse d'intentionnalité dans la pensée de Husserl, voir l'étude que nous lui avons consacré : « Rectitude et obliquité intentionnelle de l'*Oratio* phénoménologique : Remarques croisées sur McDowell, Brentano et Husserl », *Bulletin d'Analyse Phénoménologique*, vol. 6 (2008), p. 10.

permettait à Husserl de donner à ce dernier écart un statut phénoménologique précis et de lui accorder un rôle transversal dans l'économie de ses six *Recherches Logiques*[1]. L'opposition entre langage et perception, laquelle trouve sa traduction phénoménologique dans la distance irréductible qui sépare ce qui relève du *dire* et ce qui relève du *voir* (compris sous deux régimes d'activité intentionnelle différents), devient ainsi en quelque sorte le pivot de la question catégoriale dans les *Recherches*, question qui se comprend désormais à partir de l'exigence de prendre en charge la tension entre ces deux modalités intentionnelles opposées de rapport à l'objet que sont l'intuition et la signification.

Cette volonté d'assumer d'un point de vue phénoménologique la tension entre le signitif et l'intuitif, la visée et son remplissement, définit ainsi aussi bien le principe de la méthode descriptive de la phénoménologie que l'objectif ultime auquel doit répondre la doctrine catégoriale des *Recherches Logiques*. Décrire, c'est toujours utiliser le discours de façon à pouvoir saisir ce qui est au moyen de nos descriptions, en retrouvant par et dans le discours les déterminations qui se sont d'abord imposées à notre *intuition* de la chose en question. Au sens le plus large du terme, décrire revient à *dire ce que nous voyons*, tel Cesare Maestri sommé de raconter ce qu'il avait vu au sommet du Cerro Torre pour prouver qu'il avait bien atteint ce dernier avant que son compagnon de cordée ne trouve la mort. Il s'agit là d'une exigence intrinsèque au concept même de description, que l'on retrouve aussi bien dans le sens cette fois technique que la phénoménologie husserlienne donnera à l'activité descriptive, en lui demandant de porter non plus sur les objets du monde mais sur les vécus de conscience. Qu'elle soit ou non phénoménologique, la description renvoie *de facto* à un certain type d'accord entre le discours et les phénomènes qu'elle tient implicitement pour acquis, dans la mesure où elle présuppose toujours la possibilité d'un recoupement entre d'un côté, les formes de signification au moyen desquelles se construisent la pensée aussi bien que les énoncés qui l'expriment, et de l'autre, le donné intuitif, seul susceptible de donner à ces formes un contenu déterminé et d'apporter à ces significations le remplissement auxquels elles prétendent. Or, ce recoupement entre les déterminations intuitives et significatives de l'intentionnalité constitue l'enjeu essentiel de la redéfinition husserlienne de la problématique catégoriale, et il trouve un éclaircissement décisif dans la sixième et dernière *Recherche*, où Husserl s'efforce de définir les modalités d'une mise en adéquation des

1. Voir à ce sujet l'analyse très éclairante de Jocelyn Benoist dans son ouvrage *Intentionnalité et langage dans les* Recherches Logiques *de Husserl*, Paris, P.U.F., 2001.

actes d'intuition et de signification qui ne remette pas en cause leur irréductibilité phénoménologique, de façon à pouvoir maintenir jusqu'au bout la tension qui les avait opposés tout au long des *Recherches* précédentes. La doctrine de l'intuition catégoriale, qui a attiré l'attention de tant de commentateurs et de philosophes sur la sixième *Recherche*, n'a en un sens pas d'autre but que celui de prendre en charge l'articulation des dimensions linguistique et intuitive du connaître, en montrant comment les significations langagières qui structurent nos propositions de connaissance peuvent obtenir une validation ou une vérification intuitive.

Il y a donc incontestablement une certaine forme de connivence entre la méthodologie descriptive de la phénoménologie des *Recherches* et les efforts entrepris par Husserl pour redéfinir les termes de la problématique catégoriale, connivence dont atteste la façon tout à fait remarquable avec laquelle Husserl choisit de prendre la question des catégories à la fois comme point de départ et d'arrivée de son ouvrage. Elle en constitue le point de départ, car c'est la référence aux catégories qui permet au terme des *Prolégomènes* de définir les tâches de l'élucidation phénoménologique de la connaissance que les six recherches suivantes auront à charge de conduire à son terme ; mais elle définit aussi bien le point d'arrivée des *Recherches Logiques*, car c'est encore une fois la mise en avant du rôle inéliminable des catégories dans la connaissance qui permet à la sixième et dernière *Recherche* de refermer ce parcours philosophique en redéfinissant l'extension et les limites du champ de l'intuition. En garantissant la possibilité d'un remplissement intégral de la signification par l'intuition, la doctrine de l'intuition catégoriale vient non seulement conclure les investigations ouvertes dans les *Recherches Logiques* mais elle permet encore et surtout de les légitimer, en offrant une justification théorique à la description phénoménologique qui se voit assurée dans son principe et trouve un fondement de droit dans cette mise en compatibilité des actes de signification et d'intuition. Ce point mérite d'être souligné à double titre : car s'il est très remarquable que la phénoménologie puisse s'appuyer sur une telle réinterprétation du rôle des catégories pour fonder sa propre méthode philosophique, il faut encore ajouter que cet aspect de la pensée husserlienne si spécifique aux *Recherches Logiques* pouvait lui permettre de répondre à une difficulté consubstantielle du projet phénoménologique, laquelle n'a pas manqué de susciter un certain nombre d'objections. Le problème que nous avons en vue concerne le statut que la phénoménologie reconnaît au langage et à la façon dont elle peut s'acquitter de l'implication inévitable des structures propres au discours dans l'activité descriptive. C'est une difficulté de ce type que soulevait par exemple Jean-Toussaint

Desanti lorsqu'il écrivait qu'« on ne peut éviter de se laisser guider par les exigences inscrites dans la structure, encore indéterminées cependant et phénoménologiquement opaques, du champ sémantique propre à la langue »[1]. Pour le dire autrement, tout le problème revient à se demander si la description phénoménologique ne découpe pas l'expérience en projetant sur elle des formes qui lui sont extérieures et qu'elle puise dans l'articulation et les structures de la langue. Or, si cette question nous paraît être parfaitement légitime, elle nous semble aussi être prise en compte dès le « coup d'envoi » de la phénoménologie dans les *Recherches*, où Husserl s'était précisément efforcé d'intégrer la description phénoménologique dans le cadre d'une analyse catégoriale des lois sémantiques et des structures grammaticales de la langue. Le réinvestissement de la thématique catégoriale devait justement permettre à Husserl de définir les modalités d'une coopération entre les actes de signification et d'intuition susceptible de fournir un modèle phénoménologique à la description, et de prendre à sa charge la question des formes et des structures de la signification.

C'est la raison pour laquelle la question des catégories ne saurait avoir de pertinence seulement locale dans l'économie des *Recherches Logiques* ; elle a une portée beaucoup plus vaste dans la mesure où elle a en quelque sorte à charge d'accomplir l'auto-fondation de la phénoménologie, quoique ce mouvement qui consistera à amener la phénoménologie à se fonder elle-même en exhibant la preuve de la compatibilité entre ce qui s'offre à l'intuition et ce que vise le discours ne soit jamais explicité pour lui-même par l'auteur des *Recherches Logiques*. Or, non seulement son analyse des catégories permet à Husserl de donner une légitimité phénoménologique aux présuppositions implicites de la méthode descriptive, mais elle le fonde à revendiquer la spécificité philosophique de cette méthode et son irréductibilité à toute forme de théorie « explicative » des phénomènes. En lieu et place d'une telle explication, extérieure par définition à son objet, la méthode phénoménologique doit nous permettre de décrire *de l'intérieur même des vécus* les diverses modalités des rapports intentionnels qui lient indissolublement la conscience au monde et à ses différents objets. Une description de ce type est nécessairement suspendue à une redéfinition du statut des outils conceptuels qui devront être mis à contribution dans la mise en œuvre du discours descriptif à l'intérieur duquel elle va pouvoir se déployer. Il ne s'agit en aucun cas de décrire de

1. J.T. Desanti, *La philosophie silencieuse, ou critique des philosophies de la science*, Paris, Seuil, 1975, p. 76.

l'extérieur les phénomènes, en recourant à un certain nombre de concepts ou de catégories dont l'esprit disposerait déjà par avance et qui leur seraient étrangers ; l'objectif du phénoménologue est au contraire de faire usage de la description pour se glisser au sein même du rapport intentionnel qui rattache la pensée ou la connaissance à ses objets, en laissant ainsi le phénomène s'exprimer pleinement de lui-même dans cette description, et c'est la raison pour laquelle la description phénoménologique des vécus est téléologiquement orientée et polarisée par la possibilité d'une adéquation parfaite de la pensée significative à l'intuition susceptible de la remplir. Il s'agira par exemple de décrire comment un état-de-chose peut être donné dans l'intuition et vécu comme phénomène, en mobilisant pour ce faire des concepts ou des structures catégoriales qui doivent être eux-mêmes donnés avec cette intuition et se fonder en elle.

L'analyse husserlienne du catégorial joue ici un rôle de tout premier ordre, dans la mesure où les catégories auxquelles elle a recours ne sont ni simplement des outils conceptuels appartenant à la pensée, ni des grands genres de l'être, mais le lieu de la corrélation entre l'une et l'autre : elles représentent à la fois les conditions d'appréhension de l'objectivité et la structure de l'objectivité appréhendée en tant que telle, ce avec quoi nous pensons ou qui nous permet de penser et cela-même que nous pensons ou qui est pensé. L'élargissement du voir auquel procèdera la sixième *Recherche* et sur lequel repose la thèse de l'intuition catégoriale établira que les formes catégoriales au moyen desquelles s'articule la dimension de visée du connaître ne conditionnent pas seulement la saisie rationnelle de l'objet, mais sont elles-mêmes « données » (*gegeben*) dans la perception des état-de-choses [1]. Aussi n'y a-t-il pas lieu de situer *a priori* les catégories d'un côté ou de l'autre de la frontière sensée séparer l'esprit du monde, et l'un des aspects les plus intéressants de l'analyse qu'en propose Husserl est sans aucun doute d'avoir montré que leur domaine de pertinence recouvrait aussi bien la question du matériau linguistique et sémantique (les formes de signification) à partir duquel nous composons les énoncés ou les propositions qui constituent les connaissances en tant que telles, que celle des différents degrés de complexité propres aux « objectités » que de tels énoncés nous permettent de viser (et qui relèvent alors des formes catégoriales objectives qui structurent par exemple les états-de-choses). C'est la raison pour laquelle le champ d'application des catégories s'étend dans les *Recherches* de la structure syntaxique du langage dans lequel se réalise la pensée en général à la structure « ontologique » concrète des objets

1. *RL*6, § 44, p. 172 [Hua XIX/2, 668].

susceptibles d'être perçus (respectivement dans les quatrième et troisième *Recherches*).

La conception très sophistiquée du catégorial défendue par l'auteur des *Recherches Logiques* vient ainsi répondre aux attentes que la phénoménologie pouvait placer dans l'usage *descriptif* du discours, en exigeant de ce dernier qu'il s'adapte parfaitement à son objet, au point de pouvoir prétendre en exprimer les déterminations essentielles et en refléter pour ainsi dire la structure intentionnelle. Cela n'est possible que parce que les catégories constituent tout autant *les outils* de la description que *l'armature logique* de ce qui peut être décrit, en conséquence de quoi elles ne s'appliquent pas de l'extérieur au vécu, mais peuvent en montrer l'articulation et la complexité. Husserl se donnait ainsi les moyens de décrire la formalité de l'apparaître en la découvrant ou en la lisant à même la structure des vécus intentionnels de connaissance, et c'est très exactement cela que signifie le terme de phénoméno-logie, soit une façon de faire apparaître le *logos* des phénomènes. Les vécus que décrit le phénoménologue ne sont pas de simples « faits » psychiques, marqués au sceau de la naturalité et de la contingence, mais ils obéissent à une logique qui leur est propre et qu'il s'agit de mettre en évidence, dans la mesure où celle-ci commande conjointement l'organisation de l'apparaître et la structuration du champ de l'objectivité.

Il apparaît par conséquent que la reprise husserlienne de la question catégoriale va de pair avec une réforme de la psychologie et une redéfinition du statut des phénomènes psychiques. Nous rencontrons ici l'un des enjeux fondamentaux de l'analyse catégoriale, à savoir le dépassement d'une psychologie mentaliste fondée sur le modèle de la perception interne et la prise en charge à nouveaux frais de la question traditionnelle de la réflexion [1] : en laissant au dispositif catégorial le soin de faire apparaître la dimension structurelle des vécus au moyen desquels se réalise la connaissance et d'assumer l'articulation de la signification à l'intuition, Husserl lui confiait en même temps la tâche de redéfinir le type d'accès descriptif que nous pouvons avoir à nos propres vécus, et de délimiter ainsi une nouvelle forme d'immanence de la conscience, non plus psychologique mais logique (ou plus précisément phénoméno-logique). L'analyse catégoriale représente ainsi la voie royale pour sortir du psychologisme dans la mesure où, en rendant possible une réinterprétation des vécus de conscience (*Erlebnisse*) en termes non plus strictement psychologiques mais *logiques*,

1. Voir à ce propos la remarque décisive du § 44 de la sixième *Recherche*, qui souligne ce dépassement de la réflexion par l'analyse catégoriale (*op. cit.*, p. 173 [669]).

il engage en quelque sorte une « dépsychologisation » de la psychologie [1]. C'est la raison pour laquelle Husserl pouvait espérer faire de la phénoménologie une science des vécus de conscience « métaphysiquement neutre », dans la mesure où elle ne tient plus le vécu pour une entité psychologique, occupant à ce titre à une place particulière au sein de la nature et appartenant à une région de l'être bien déterminée, mais le traite pour ainsi dire sur un mode purement logique, en analysant ses déterminations structurelles et ses lois d'essence plutôt qu'en effectuant des présuppositions sur son type d'être.

L'étude que l'on va lire se concentrera autour de deux objectifs principaux et complémentaires l'un de l'autre. Il s'agira d'abord de retracer la genèse de la question catégoriale dans la période qui précède l'écriture des *Recherches Logiques* afin de mettre en évidence la fonction structurante de cette question dans la pensée de Husserl, et de montrer en quoi elle rend possible le passage d'une analyse de type psychologique à cette analyse *logique* de la conscience qui devait à ses yeux fonder la phénoménologie. De ce point de vue, le fil que nous suivrons respectera grosso modo la chronologie des textes rédigés par Husserl en amont et en aval des *Recherches*, laquelle ne rend pas seulement compte des transformations historiques et conjoncturelles d'une pensée en gestation, mais d'abord et avant tout des nécessités proprement conceptuelles qui la guident. Le deuxième enjeu de cette étude consistera à s'appuyer sur cette relecture historique pour faire apparaître la place stratégique et décisive qu'occupe le catégorial eu égard à la définition de la phénoménologie, à la mise en place de sa méthode et à la délimitation de ses buts. Le catégorial, avons-nous dit, joue en quelque sorte un rôle de levier dans les *Recherches Logiques* en offrant à la phénoménologie des garanties relatives à la légitimité de sa démarche descriptive. Toutefois, cette capacité de la description phénoménologique à se fonder elle-même ou à s'auto-légitimer traduit tout autant une force qu'une faiblesse potentielle de la doctrine husserlienne, en raison de l'inévitable circularité dans laquelle elle inscrit la démarche phénoménologique, et qui semble peser de façon préoccupante sur les arguments auxquels Husserl recourt dans la sixième *Recherche* pour asseoir la thèse d'une intuition catégoriale. La méthode descriptive de la phénoménologie a-t-elle réellement les moyens de la

1. Nous empruntons cette expression à Sandra Laugier (*Du réel à l'ordinaire. Quelle philosophie du langage aujourd'hui ?* Paris, Vrin, 1999, p. 29) et à l'article de Jocelyn Benoist : « Phénoménologie ou pragmatisme, deux psychologies descriptives », *Archives de philosophie*, 2006/3, t. 69, p. 421.

mettre à l'abri de cet écueil qui, d'Agrippa à Sextus Empiricus et de Nietzsche à Hans Albert, guette toute philosophie prétendant « se sortir elle-même du marécage en se tirant par les cheveux » ? Telle est, au fond, la question qui a présidé à l'écriture de cet ouvrage, et qui en dessine de façon plus ou moins explicite l'horizon. Prendre la question des catégories comme fil directeur d'une relecture d'ensemble des *Recherches Logiques* se justifie aussi et peut-être avant tout parce que celle-ci permet de mesurer la portée de la fameuse « percée » revendiquée par Husserl et d'en interroger la légitimité, en posant à la phénoménologie la question de sa capacité à articuler le rapport entre langage et perception sans le présupposer [1].

1. L'écriture de ce livre et la constitution des réflexions qui le sous-tendent n'auraient pas été possibles sans le soutien indéfectible et les analyses éclairées de mes maîtres en philosophie, Jocelyn Benoist et Jean-François Courtine. L'ouvrage que l'on va lire témoigne de l'étendue de ma dette à leur égard, et m'offre l'occasion de leur exprimer ma profonde gratitude. Ce travail a également bénéficié des remarques de Dominique Pradelle, lesquelles m'ont aidé à en affiner le propos, ainsi que de longues discussions passionnées avec le regretté Robert Brisart, dont je salue ici respectueusement la mémoire. Je dois enfin beaucoup à la générosité d'Anthony Steinbock, qui m'a accueilli au *Phenomenology Research Center*, et a accompagné de ses conseils et de ses encouragements la rédaction de cet ouvrage. Qu'il en soit ici remercié.

CHAPITRE PREMIER

LA QUESTION DE LA SYNTHÈSE

Se demander comment nos pensées doivent être structurées pour pouvoir se rapporter à un objet et prétendre à une validité objective n'aurait aucun sens s'il était exclu que cet objet que nous « visons » par la pensée puisse aussi nous être donné dans l'intuition. Tous les objets auxquels nous pouvons penser ne sont certes pas nécessairement intuitionnables, et la pensée se distingue notamment par cette capacité de viser à vide en l'absence de toute possibilité de remplissement, mais ce « vide » ne peut lui-même faire sens qu'en référence à l'intuition qui aurait pu le combler et qui échoue dans le cas présent à le faire. C'est la raison pour laquelle la question de la structuration catégoriale de la pensée appelle une analyse des rapports entre intention de signification et remplissement de signification, ou comme Husserl l'écrit également (non sans avoir souligné l'équivocité de ces termes), « du rapport entre "*concept*" ou "*pensée*" (comprise ici précisément comme une intention non remplie par l'intuition) et "*intuition correspondante*" »[1]. Ainsi formulée, la question qui dirige la sixième et dernière *Recherche* et qui constitue l'horizon de la doctrine husserlienne des catégories renvoie de façon explicite aux termes à l'aide desquels Kant avait défini dans la *Critique de la raison pure* le problème des jugements synthétiques *a priori* et analysé le rôle de l'opération de synthèse dans la connaissance. De fait, c'est bien à ce même terme de synthèse que Husserl a recours pour décrire les actes permettant la mise en relation de la visée de signification et de l'intuition qui doit lui répondre, en les décrivant comme des « synthèses du remplissement ».

1. *RL*6, Introduction, p. 13 [538-539].

Que les *Recherches Logiques* reconnaissent un tel rôle à la synthèse, qui plus est sur un mode qui rappelle très fortement la philosophie critique de Kant, ne va pourtant pas du tout de soi. En bon héritier de Bolzano, Husserl nourrit en 1901 la plus grande suspiscion à l'égard de la pensée kantienne, et il n'y fait alors référence que sur un mode quasi-exclusivement critique. C'est notamment le cas dans la troisième *Recherche*, lorsque Husserl s'appuie très directement sur la *Wissenschaftslehre* de Bolzano pour promouvoir une définition de l'analyticité qui s'oppose frontalement à la conception kantienne des jugements analytiques [1]. Or, c'est précisément ce point qui avait servi de motif à la critique de Kant que Husserl avait menée dans les *Prolégomènes* et qui réapparaitra à la toute fin de la sixième *Recherche*, où Kant se voit reprocher d'avoir manqué la distinction de l'analytique et du synthétique. Il ne s'agit décidément pas d'un point de détail, dans la mesure où, aux yeux de Husserl, c'est d'abord et avant tout parce qu'il a sacrifié la fécondité du champ analytique en le limitant à la non-contradiction formelle que Kant s'est rendu incapable de dépasser les théories « métaphysiques » de la connaissance. C'est donc en un sens l'usage kantien du concept de synthèse et sa conception erronée de la limite qui sépare les jugements synthétiques des jugements analytiques qui est directement à l'origine des égarements métaphysiques contre lesquels la phénoménologie de la connaissance husserlienne entend nous prémunir. Reste alors à comprendre ce que peut être un usage strictement *phénoménologique* de la synthèse, et à rendre compte des raisons pour lesquelles Husserl réinvestit un terme si fortement empreint d'une pensée qu'il récuse tout en empruntant à Kant cette distinction fondamentale entre sensibilité et entendement à laquelle la deuxième section de la sixième *Recherche* doit son titre. Cette question, que nous retrouverons sous différentes formes jusque dans le dernier chapitre de cet ouvrage où il sera question de la notion de « remplissement », offre un point de départ intéressant qui doit ici nous permettre d'examiner les ressources dont la pensée de Husserl dispose pour reconfigurer les rapports entre matière et forme, activité et passivité, sensibilité et entendement, en abandonnant progressivement le terrain de la psychologie et en dehors de toute référence à une

1. *Cf.* les § 11 et 12 de la troisième *Recherche*. Sur le rapport Husser-Bolzano en ce qui concerne cette question particulière, voir Jocelyn Benoist : *Phénoménologie, Sémantique, Ontologie. Husserl et la tradition logique autrichienne*, chap. II, Paris, P. U.F., 1997. De façon significative, la nécessité synthétique se comprend dans les *Recherches* négativement à partir de la nécessité analytique : « Une fois que nous avons le concept de la loi analytique et de la nécessité analytique, il en résulte *eo ipso* celui de la *loi synthétique a priori* et de la *nécessité synthétique a priori* » (*RL*3, § 12, p. 39-40).

théorie métaphysique des facultés. La question de la synthèse nous donne surtout un fil directeur permettant de suivre pas à pas la façon selon laquelle la phénoménologie s'est acquittée de la tâche consistant à établir la limite qui sépare le sensible du catégorial et à décrire l'articulation du voir et du penser.

KANT ET LES TERMES DU PROBLÈME

Liaison du divers et synthèse transcendantale chez Kant

Bien que le travail de relecture et d'interprétation des textes de Kant ait surtout été approfondi par Husserl bien après la parution des *Recherches Logiques*, essentiellement à partir de 1911-12 et jusque dans les leçons de 1920-21 sur la logique génétique, sa confrontation avec la pensée de Kant n'en remonte pas moins très loin dans la production littéraire de Husserl, puisqu'il avait déjà eu l'occasion de formuler un certain nombre de critiques à son encontre dès le commencement de sa carrière philosophique, dans sa thèse sur la *Philosophie de l'arithmétique*. La question qui dirige cette première confrontation est celle du statut qu'il faut accorder aux synthèses dans les processus cognitifs aboutissant à la production de représentations complexes (comme par exemple dans le cas de la numération ou dans la saisie intuitive d'une multiplicité). Alors qu'il procède à l'examen de la théorie du nombre de Lange au chapitre II de la *Philosophie de l'arithmétique*, Husserl ajoute quelques « développements critiques » sur la philosophie de Kant. Afin de forger sa conception de l'espace, Lange s'était en effet appuyé sur la théorie kantienne de la synthèse qui avait servi de modèle pour l'élaboration de son concept de « synthèse universelle de l'espace » (synthèse que Lange s'efforce de penser comme l'« archétype de toute synthèse », devant permettre de rendre compte du processus de numération dans son ensemble et servant de fondement au concept de nombre). Or, parler avec Lange de la représentation de l'espace comme « archétype (*Urbild*) de toute synthèse » implique que l'on conçoive « une similitude typique » entre d'un côté les « actes psychiques d'unification » qui fondent la représentation de la quantité et du nombre, et d'un autre « la synthèse de la représentation de l'espace, qui est la liaison des parties d'une intuition, donc une liaison dans le *contenu* de la représentation »[1]. C'est précisément cette idée que Husserl refuse, et qui porte selon lui la marque

1. *Philosophie de l'arithmétique*, trad. fr. J. English, Paris, P.U.F. (ultérieurement cité *PA*), 1972, p. 47.

métaphysique du kantisme[1]. Le point sur lequel repose cette théorie de la synthèse et qui va engager les remarques critiques de Husserl consiste, si l'on en croit ce dernier, dans l'assimilation particulièrement équivoque que l'on trouve constamment chez Kant entre les synthèses et ce qu'il appelle les « liaisons » :

> Le terme de synthèse (liaison) est utilisé par Kant dans un double sens : premièrement dans le sens de l'unité des parties d'un tout, que ce soient les parties d'une étendue, les propriétés d'une chose, les unités d'un nombre, etc. ; deuxièmement dans le sens d'une activité mentale (« une opération de l'entendement ») qui consiste à lier[2].

Kant fait en effet un usage extrêmement large de cette notion de liaison (*Verbindung*), qui entre dans le cadre d'une conception de la synthèse diamétralement opposée à celle que développe Husserl dans son enquête sur le rôle des synthèses collectives en arithmétique. Ce point est tout à fait essentiel dans la mesure où l'effort entrepris par Husserl pour distinguer les liaisons de ce qui relève d'une synthèse constitue une étape décisive dans l'établissement des « liaisons collectives » comme base à partir de laquelle se forment les représentations de nombres. Il est donc de la plus haute importance de bien dissocier ce qui se trouve confondu par Kant, et le motif central des remarques critiques de Husserl va consister à stigmatiser la confusion de Kant entre la synthèse comme activité de la pensée et comme liaison matérielle des contenus ou relation objective :

> Synthèse signifie donc à la fois l'acte de lier (l'activité de rapport) et le résultat de l'acte de lier (le contenu du rapport). Or, en mélangeant les deux significations, il [Kant] en arrive à désigner carrément en général la liaison, même là où ne peut être visée qu'une liaison dans le sens d'un contenu primaire de représentation, comme un « acte de l'activité spontanée », comme une « fonction de l'entendement »[3].

Le point fondamental que font apparaître ces remarques assez lapidaires adressées à Kant est le suivant : le concept kantien de synthèse tend à confondre deux choses qu'il est au contraire essentiel de pouvoir distinguer, à savoir l'acte synthétique et son contenu – l'« activité de rapport » (*der Beziehungsakt*) et le « contenu de rapport » (*der Beziehungs-inhalt*). Or, cette indistinction conceptuelle tient à l'interprétation

1. *Cf.* le verdict qui sera rendu un peu plus loin par Husserl : « comme Kant, Lange suit aussi des tendances essentiellement métaphysiques » (*ibid.*, p. 50).

2. *Ibid.*, p. 47.

3. *Ibid.*, p. 48.

particulière que Kant applique à la notion d'activité : cette dernière est toujours analysée sur le modèle physicaliste d'une action effective de *production*, action à partir de laquelle doit donc se dégager un certain produit, exactement de la même façon que l'action chimique de synthétisation de diverses molécules engendre un certain effet et produit un résultat déterminé [1]. C'est précisément en raison de cette interprétation de l'activité synthétique de la conscience que l'idée d'un « contenu » distinct de l'acte de lier n'apparaît jamais dans les analyses kantiennes et ne peut pas y apparaître, dans la mesure où ces dernières sont vouées à n'interpréter les liaisons qu'en termes de « résultats ». On comprend dès lors que Kant s'interdise de proposer une démarcation claire entre ce qui relève de l'acte de liaison et ce qui relève de la liaison en tant que telle, puisque cette dernière ne peut jamais être atteinte que comme produit ou résultat de l'activité synthétique :

> Il s'agit ici d'une équivoque produite par transposition ; car les deux significations se trouvent chez Kant dans un rapport étroit, du fait que, d'après sa manière de voir, chaque tout, de quelque genre qu'il soit, est devenu tel à partir de ses parties par l'activité spontanée de l'esprit [2].

La signification que Kant prête à la synthèse rend purement et simplement impossible toute distinction entre acte et contenu, dans la mesure où elle ramène toute forme de complexité représentée dans laquelle est à l'œuvre un certain type de liaison à des « fonctions de l'entendement ».

Husserl fait ainsi apparaître la source métaphysique de la conception erronée que Kant s'est forgé du rapport entre synthèses et liaisons : le problème qui se situe à la racine de son incapacité à reconnaître la pertinence phénoménologique de cette distinction entre acte et contenu tient en fait à la répartition des tâches dans le processus de connaissance et au partage entre sensibilité et entendement. Il faut insister sur ce point que la *Philosophie de l'arithmétique* ne met pas particulièrement en avant dans la mesure où il éclaire de façon intéressante la reprise, dans la sixième *Recherche Logique*, de l'opposition kantienne entre les deux domaines du sensible et du catégorial, que Husserl cherchera alors à refonder sur des bases non plus métaphysiques mais strictement phénoménologiques. Ce qui se met ici en place, autour de la question du statut de la synthèse et des liaisons

1. Comme nous le verrons plus loin, ce sera en définitive le grief fondamental de Husserl contre l'idéalisme transcendantal kantien : « toujours est-il qu'on ne peut en aucune façon prétendre que l'acte en question engendre son contenu d'une manière créatrice » (p. 54).

2. *Ibid.*, p. 36-37.

collectives, contient en quelque sorte en germe certains des motifs qui animeront plus tard l'écriture de la sixième *Recherche*. Il faut en effet rappeler que Kant, dans la *Critique de la raison pure*, était on ne peut plus clair sur la question de savoir de quel côté de cette division cardinale entre réceptivité sensible et spontanéité de l'entendement situer l'origine des liaisons qui nous sont données dans l'expérience :

> Le divers des représentations peut être donné dans une intuition qui est simplement sensible, c'est-à-dire qui n'est que réceptivité, et la forme de cette intuition peut résider *a priori* dans notre pouvoir de représentation [...] Reste que la liaison (*conjunctio*) d'un divers en général ne peut jamais intervenir en nous par les sens, et qu'elle ne peut donc pas non plus être contenue en même temps dans la forme pure de l'intuition sensible ; car elle est un acte de la spontanéité de la faculté de représentation, spontanéité qu'il faut appeler entendement pour la différencier de la sensibilité [1].

La liaison est donc bien toujours un acte relevant de notre spontanéité, à telle enseigne que, l'intuition fût-elle purement sensible et la plus éloignée de toute conceptualisation, il n'en reste pas moins que l'on trouvera déjà à ce stade de la saisie d'une diversité purement sensible une première trace de l'activité synthétique de l'entendement s'exprimant dans la simple « *conjunctio* » de ce divers. Ce dernier argument prend d'autant plus de poids et d'importance sous la plume de Kant que son refus catégorique d'accorder à notre intuition un autre statut que celui d'intuition *sensible* aurait pu impliquer que cette pré-organisation du divers de la sensation doive être accomplie de manière purement sensible et sans l'ombre d'une activité synthétique supposant la spontanéité de l'entendement. Dans la présentation qu'en donne le § 15 de la seconde édition de la Déduction transcendantale – paragraphe dont le but est d'établir la possibilité d'une synthèse en général, ce concept de liaison joue même un rôle clé, puisqu'il soutient à lui seul la démonstration de l'antériorité et donc de la primauté logique de la synthèse sur l'analyse :

> L'intuition peut être sensible ou non-sensible, toute liaison n'en est pas moins un acte de l'entendement, que nous voudrions désigner par la dénomination générale de *synthèse*, afin de faire remarquer en même temps par là que nous ne pouvons rien nous représenter comme lié dans l'objet sans y avoir auparavant nous-mêmes introduit cette liaison, et que de toutes les représentations, la *liaison* est la seule qui ne peut être donnée par des objets, mais ne peut être accomplie que par le sujet lui-même, parce qu'elle est un

1. I. Kant, *Critique de la raison pure*, B129-130, trad. fr. A. Renaut, Paris, Aubier, 1997, p. 197.

> acte de sa spontanéité. On percevra ainsi facilement [...] que la dissociation, l'*analyse*, qui paraît être le contraire [de cette synthèse], suppose pourtant toujours cet acte; car, là où l'entendement n'a auparavant introduit aucune liaison, il ne peut non plus rien dissocier [1].

C'est donc à partir d'une analyse de la spécificité propre aux représentations dans lesquelles nous est donnée la liaison d'une diversité sensible que Kant distribue les fonctions de l'analyse et de la synthèse, et qu'il établit la dépendance fondamentale de la première à l'égard de la seconde. Pourquoi la liaison prend-elle tant d'importance dans la théorie de la connaissance, ou pourquoi fait-elle ainsi figure d'exception radicale parmi l'ensemble des représentations ? La raison en est, nous dit Kant, qu'elle est la seule parmi l'ensemble des représentations qui ne peut absolument jamais nous être simplement *donnée* (*gegeben*), ou être trouvée dans l'objet. Cela ne signifie pas le moins du monde que ce qui est représenté en elle soit *autre chose* que l'objet, soit quelque chose qui déborde la sphère de l'objectivité et se situe hors d'elle. Ce que Kant veut dire ici, c'est que cette représentation d'une liaison du divers dans l'objet ne peut être interprétée simplement comme une représentation *de* telle ou telle chose, mais bien comme une représentation de telle ou telle chose *par* une subjectivité transcendantale. C'est donc en quelque sorte qu'en elle ne se reflète plus seulement tel ou tel aspect de l'objet mais bien cette fois *l'activité même* du sujet transcendantal. La liaison donne donc très exactement la mesure de l'activité consciente et catégoriale du moi aperceptif, à tel point que Kant pourra affirmer quelques lignes plus loin que « la catégorie présuppose déjà la liaison » [2].

Ce concept de liaison occupe de cette façon une place primordiale dans le dispositif théorique mis en place par Kant, et c'est seulement à travers lui que va être atteinte la fameuse « unité originairement synthétique de l'aperception » dont l'exposition au § 16 de l'Analytique suit immédiatement le texte cité. L'idée de liaison relève incontestablement et exclusivement des prérogatives de la synthèse transcendantale, ce dont témoigne encore le statut que Kant reconnaissait à l'*a priori* relatif à la liaison du divers dans la première édition de la *Critique*, où il lui faisait jouer le rôle de critère de

1. I. Kant, *Critique de la raison pure*, B130 (une partie de ce texte est citée par Husserl lui-même dans la *Philosophie de l'arithmétique*, *op. cit.*, p. 48). Kant prolonge cette analyse au § 16 en soutenant la thèse selon laquelle « l'unité analytique de l'aperception n'est possible que sous la supposition de quelque unité synthétique » (B133).

2. *Ibid.*

démarcation entre la simple synthèse et la synthèse spécifiquement *transcendantale* :

> Nous nommons transcendantale la synthèse du divers dans l'imagination, quand, abstraction faite de la différence des intuitions, elle n'a trait *a priori* à rien d'autre qu'à la simple liaison du divers (*die Verbindung des Mannigfaltigen*), et l'unité de cette synthèse s'appelle transcendantale quand, relativement à l'unité originaire de l'aperception, elle est représentée comme nécessaire *a priori* [1].

La liaison du divers que nous rencontrons dans nos représentations sensibles nous oblige, en quelque sorte par une loi d'essence *a priori*, à sortir du sensible pour aller chercher dans l'activité synthétique de l'entendement son principe, et elle nous engage à caractériser comme *transcendantale* cette synthèse dès lors que cette représentation *a priori* de la liaison nous la donne comme nécessaire. On retiendra de ces analyses de Kant les deux éléments suivants, qui sont comme les deux faces d'une même médaille et seront au centre des critiques que lui adressera Husserl : bien que la liaison d'un divers donne effectivement lieu à la représentation d'un objet, premièrement, cette liaison ne peut pas être saisie à même l'objet, et ceci pour la bonne et simple raison que, deuxièmement, ce qui se reflète en elle n'est pas simplement l'objet sensible lui-même, mais bien l'activité du moi transcendantal.

Les deux versants de la critique de Kant

Revenons maintenant aux critiques adressée par Husserl à Kant dans les quelques lignes de la *Philosophie de l'arithmétique* que nous avons citées précédemment. En montrant que derrière le terme de synthèse utilisé par Kant se cachent en fait deux choses très différentes, à savoir un acte de l'esprit et une liaison entre des contenus qui n'a pas été produite mais simplement découverte par celui-ci, Husserl fait en définitive jouer contre la théorie kantienne de la synthèse deux grandes lignes argumentatives. D'un côté, il révèle l'incapacité de cette théorie à reconnaître l'existence de liaisons présentes dans la chose même, et rend de ce fait manifeste une incapacité fondamentale de la théorie de la connaissance kantienne à décrire ce qui constitue pourtant son objet, à savoir l'expérience. Mais cette critique en engage une autre, peut-être plus profonde encore, dans la mesure où elle permet à Husserl d'insister sur le fait que Kant a par la suite systématiquement confondu et replié l'un sur l'autre deux choses, l'*acte* de

1. I. Kant, *Critique de la raison pure*, A118.

lier et le *résultat* de l'acte de lier, qu'il était au contraire de la plus grande importance de bien séparer. C'est cette systématisation doctrinale d'une confusion dont l'origine se situe dans une oblitération de l'expérience phénoménologique qui permet de comprendre les fondements métaphysiques sur lesquels repose la *Critique de la raison pure* de Kant.

Le préjugé métaphysique en faveur de l'activité de la conscience

Si ces deux critiques adressées à la conception que Kant se faisait de la synthèse sont étroitement liées l'une à l'autre et complémentaires, il faut toutefois bien les distinguer dans la mesure où elles n'ont pas la même portée et vont ouvrir deux problématiques différentes, auxquelles correspondront deux relectures possibles de la philosophie kantienne. La première critique adressée par Husserl à Kant l'accuse d'injustice envers le donné phénoménal, donné que la *Critique* ne peut accueillir tel qu'il se donne en raison de son préjugé de fond en faveur de l'activité de l'entendement. Husserl s'appuie ici sur un passage dans lequel Kant affirme expressément que « la liaison ne se trouve pas dans les objets et n'en peut pas en quelque sorte être tirée par la perception et reçue dans l'entendement en passant d'abord par celle-ci »[1]. Ce texte laisse sous-entendre que les liaisons ne peuvent être trouvées nulle part dans l'objet donné à la perception et que l'analyse de cette dernière doit nous renvoyer à l'entendement comme « pouvoir de lier *a priori* et d'inscrire le divers des représentations données sous l'unité de l'aperception »[2]. Or, le problème est justement selon Husserl que Kant n'a pas effectué pour elle-même cette analyse de la perception sensible et s'interdit très précisément de l'accomplir par la déclaration que nous venons de citer :

> Kant a oublié de voir que de nombreuses liaisons (*Verbindungen*) nous sont données, dans lesquelles il est impossible de remarquer une activité synthétique qui produirait l'état de liaison entre les contenus[3].

La théorie abstraite et métaphysique des facultés sur laquelle s'appuie Kant l'a empêché de prendre le phénomène de la liaison matérielle de contenus pour ce qu'il était, et de le prendre en considération tel qu'il s'offre initialement à notre regard, avant que telle ou telle doctrine de l'activité synthétique transcendantale de la conscience ne vienne recouvrir

1. *Ibid.*, § 16 de la seconde édition (B134), p. 200, trad. fr. Renaut (modifiée) ; ce passage est intégralement cité par Husserl, *Philosophie de l'arithmétique*, *op. cit.*, p. 48.

2. *Critique de la raison pure* (B135).

3. *PA*, p. 51-52.

son sens et créer l'illusion d'un phénomène formant une unité homogène au travers de laquelle nous accèderions directement à cette activité de liaison. Cette préconception métaphysique du sens d'être du phénomène de la liaison comme représentation révélatrice de l'activité synthétique sous-jacente de la conscience ne se manifeste nulle part aussi clairement que dans la contradiction assumée par Kant entre son refus de trouver dans la représentation d'un divers sensible une liaison qui serait déjà donnée d'un côté et son insistance sur le fait qu'en dépit de cela, cette représentation nous dévoile l'activité de synthèse de la conscience.

En conséquence, et si l'on essaye de ne pas réitérer la cécité métaphysique de Kant au donné phénoménologique de l'expérience, on sera conduit avec Husserl à reconnaître le donné sensible pour ce qu'il se donne, à savoir un ensemble plus ou moins organisé de données de sensation liées les unes aux autres et saisies intuitivement comme formant un tout. Il faut alors renverser les termes de l'analyse qui avait conduit Kant à subordonner la liaison des contenus dans la représentation aux actes synthétiques de la spontanéité : ce n'est pas parce qu'il n'y a pas de synthèse qui puisse être perçue *dans* le phénomène que ce dernier ne peut pas nous rendre manifestes les liaisons qui en définissent la structure, telle que celle-ci transparaît dans l'organisation de la représentation intuitive. Kant se serait donc empêché d'accéder à ce qui structure pourtant de part en part l'ensemble des phénomènes, à savoir les « liaisons » matérielles qui constituent la forme même du donné, et ce en raison de la conception qui sous-tend l'ensemble de la *Critique* selon laquelle « le concept de synthèse n'est pas acquis par analyse et par abstraction à partir des contenus primaires, mais seulement par référence à l'activité de liaison de l'entendement »[1]. Il faut au contraire selon Husserl repenser la possibilité de synthèses dont le concept nous est donné de façon analytique dans la perception sensible de contenus déjà liés entre eux selon certaines lois essentielles, ce qui doit nous obliger à réaménager considérablement le concept de synthèse, en le comprenant non plus à partir d'une « obscure » théorie des facultés mais d'une analyse fidèle de la perception et de la distinction entre acte et contenu qu'elle emporte avec elle. Kant, en d'autres termes, a projeté abusivement sur les phénomènes des considérations d'ordre métaphysique relatives à sa conception « non clarifiée »

1. *PA*, p. 49.

des facultés [1], et il est en conséquence de cela victime d'un préjugé en faveur de l'activité de la conscience.

L'enjeu est donc pour Husserl de définir une voie strictement non-métaphysique d'accès à ces liaisons sensibles qui structurent nos représentations intuitives composées et que Kant avait repliées sur les actes synthétiques de la conscience. Or, si cette voie d'accès, inséparable d'une critique de la conception kantienne de la synthèse, constituera en 1901 l'un des principaux enjeux de la méthode proprement « phénoménologique » mise au jour pour la première fois dans les *Recherches Logiques*, elle s'appuie encore essentiellement pour l'instant sur le modèle de description de l'expérience que Husserl puise dans la psychologie empirique de l'école brentanienne et sa distinction entre acte, contenu, et objet de l'acte. Ce qui apparaît donc ici et qui va retenir l'attention de Husserl, c'est l'idée d'une liaison intervenant déjà au niveau des *contenus* de la représentation – liaison présente à même la chose et indépendante du pouvoir synthétique de l'entendement, et ce mode original de liaison permet de penser une alternative à la conception trop restrictive de la synthèse et des liaisons entre contenus perçus chez Kant. La spontanéité de l'entendement, dont Husserl fait remarquer à juste titre qu'on aurait beaucoup de mal à en trouver un témoignage dans l'expérience interne, ne peut intervenir à aucun moment et il faut bien penser ces liaisons matérielles des parties concrètes de l'objet comme un ensemble de conditions imposées de l'extérieur à notre réceptivité, puisqu'elles nous apparaissent comme un donné indépendant de toute activité de la pensée : « notre activité mentale ne *fait* pas les relations, elles sont simplement là, et quand l'intérêt se dirige sur elles de la manière qui convient, elles sont remarquées aussi bien que n'importe quel autre contenu » [2]. Les relations qui structurent le sensible et qui donnent leur organisation aux complexes de sensations que nous percevons sont

1. Dans le cours sur la théorie de la connaissance qu'il prononcera durant le semestre d'hiver de l'année 1902-1903, Husserl donnera quelques précisions sur cette critique du kantisme en en faisant porter le poids sur l'ensemble du rationalisme. Celui-ci se caractérise par la place centrale qu'il accorde à l'entendement dans la théorie de la connaissance ; il commet l'erreur de recourir « à des concepts non clarifiés des facultés, [et] il ne peut aboutir à une connaissance claire et précise de la vérité à laquelle il prétend et enfreint constamment le principe d'une critique rigoureuse de la connaissance, à savoir l'absence de présupposition métaphysique, dans la mesure où il implique avec lui des suppositions d'ordre métaphysique et ne peut rendre justice au principe de fondation de la métaphysique » (*Husserliana, Materialienbände*, Band III : *Allgemeine Erkenntnistheorie*, Vorlesung 1902/03, Dordrecht, Kluwer Academic Publishers, 2001, p. 143-144 ; cité *AE*).

2. *PA*, p. 53.

donc seulement « remarquées » ; il s'agit bien d'une liaison *donnée* dans la concrétude de l'objet, et reçue passivement dans l'intuition. Cette analyse des « liaisons collectives » anticipe ainsi les termes dans lesquels Husserl pensera l'« *a priori* synthétique matériel » dans la troisième *Recherche Logique*, ainsi que l'ont déjà relevé un certain nombre de commentateurs [1]. C'est d'ailleurs le même exemple que Husserl développe dans le texte de 1891 et dans la troisième *Recherche*, à savoir celui de la liaison entre la couleur et l'étendue d'une chose qui ne sont pas des contenus indépendants l'un de l'autre et ne peuvent nous être donnés qu'ensemble. Ce type de liaisons repose sur ce que Husserl appelle des « relations primaires » [2], soit des représentations composées dont « nous remarquons très bien, si elles nous sont données analytiquement, la liaison de leurs contenus partiels, mais [sans y trouver] la moindre trace d'une activité de composition qui produirait d'abord cet état de liaison à l'intérieur des contenus » [3].

Il y a donc bien quelque chose qui est vu dans la saisie de tel ou tel complexe de sensations en sus des éléments individuels sentis, à savoir une liaison, mais pas d'activité de composition. Cette première critique du kantisme met Husserl sur la voie d'une légalité propre au domaine de l'*a priori* matériel, c'est-à-dire de lois aprioriques conditionnant non plus la simple pensabilité d'un « objet possible = x » mais la possibilité de sa donation effective. Jusqu'ici, la question déterminante aux yeux de Husserl est celle de l'opposition entre une activité catégoriale relevant de l'entendement et productrice des liaisons synthétiques et des complexes de données sensibles dont les relations ne dépendent pas de notre spontanéité ou de quelque activité intellectuelle que ce soit. Ce que Kant a négligé dans son *Analytique transcendantale*, c'est d'analyser la *composition* des représentations complexes à l'origine desquelles Kant supposait une activité synthétique de l'entendement : rien dans un tel ensemble complexe de contenus ne permet logiquement d'inférer une activité catégoriale qui serait la condition nécessaire de toute liaison. Pour reprendre l'exemple cité précédemment, « la liaison de la couleur et de l'étendue d'une chose n'est pas et n'implique pas non plus la représentation d'une activité psychique, mais elle est quelque chose qui appartient à l'intuition et qui

1. Voir par exemple B. Bégout, « L'héritage ambigu : Kant, Husserl et la synthèse passive », *Recherches Husserliennes*, 13, 2000, ou encore Barry Smith, *Foundations of gestalt theory*, Munich, Philosophia, 1988, p. 20-22.

2. *PA*, p. 83-85.

3. *Ibid.*, p. 49.

peut être remarqué en elle »[1]. On peut donc élucider la structure complexe des représentations composées en se passant de « toute référence à la conscience »[2], dans la mesure où les liaisons dans lesquelles Kant croyait voir se dessiner les actes synthétiques d'une conscience appartiennent en fait au domaine de l'intuition et dépendent de lois qui ne sont pas celles de la pensée catégoriale au sens où l'entendait Kant mais celles de l'intuitivité : c'est-à-dire les lois qui président à la donation possible d'un objet concret.

La « psychologie transcendantale » de Kant et l'étagement des synthèses

La seconde critique que Husserl à l'idée que se fait Kant de l'activité catégoriale-synthétique de l'entendement prolonge cette ligne argumentative tout en appelant des considérations d'un ordre un peu différent. Si la *Philosophie de l'arithmétique* développe une sorte d'analyse « phénoménologique » avant l'heure de la notion de synthèse, l'argument décisif sur lequel Husserl appuie son rejet des présupposés métaphysiques des doctrines de Kant et de Lange n'est pas tant d'ordre phénoménologique que *psychologique*. Ceci n'est pas très surprenant si l'on se rappelle à quel point les réflexions de la *Philosophie de l'arithmétique* s'enracinent dans le contexte de travaux psychologiques appartenant à la deuxième moitié du XIXe siècle et fortement marquée de l'empirisme[3]. Stumpf avait largement contribué à faire prendre connaissance à Husserl de ces débats sur la psychologie alors que ce dernier rédigeait son habilitation sous sa direction à la Halle[4]. C'est essentiellement aux travaux des psychologues que Husserl doit son attention « phénoménologique » à l'expérience et la prise en compte des liaisons déjà présentes dans l'apparaître des phénomène, et en tout premier lieu à Brentano. En toute fidélité à celui qui avait été son premier maître à Vienne dans les années 1880, c'est à l'« expérience interne » (« *Die innere Erfahrung* »[5]) que Husserl fait appel pour invalider

1. *Ibid.*

2. *Cf.* la formule du § 5 de la troisième *Recherche* (*RL*3, p. 18).

3. L'héritier le plus évident de cette psychologie empiriste est bien sûr Mach, avec son *Analyse des sensations*, mais on peut aussi bien citer les noms de Wundt, Müller, Helmholtz, Weber, Fechner, Hering, Von Ehrenfels, de W. James et plus près encore de Husserl : Brentano et Stumpf.

4. « Étude logique et psychologique sur le concept de nombre », habilitation soutenue à Halle en 1887.

5. *Husserliana*, t. XII, p. 42.

l'hypothèse d'une activité synthétique qui lierait entre eux les contenus sensibles :

> L'intuition tout entière qui se trouve à la base de la théorie de Lange comme de celle de Kant, et selon laquelle un contenu de relation est le *résultat* d'un acte de relation, est *psychologiquement insoutenable* [nous soulignons]. L'expérience interne – et elle seule est ici décisive – ne nous apprend rien d'un tel processus créateur [1].

C'est ici la psychologie qui joue le rôle de révélateur des erreurs commises par Kant dans son analyse des liaisons sensibles en termes d'actes synthétiques. Et Husserl ajoute que de tels actes créateurs, dans la mesure où ils devraient avoir comme effet de produire un contenu qui serait « différent d'eux » (puisque la relation telle qu'elle est donnée à notre perception est comme nous l'avons vu analysée par Kant en termes de *résultat*), « sont, du point de vue psychologique, des absurdités (*Undinge*) » [2]. Constamment dans ces textes de la *Philosophie de l'arithmétique*, Husserl en appelle à l'introspection pour fournir le critère le plus élémentaire de la validité d'une théorie [3], accusant le caractère psychologique du raisonnement de Husserl qui s'inscrit ici très clairement dans la lignée de la délimitation brentanienne des phénomènes psychiques par la perception interne. En retenant contre Kant un argument fondé sur l'expérience psychologique, Husserl semble lui refuser le droit de prétendre se situer sur un autre terrain, dans la mesure où il raisonne en termes d'*actes* psychiques, et de *réflexion* sur de tels actes. On retrouve ici le lexique de l'*Essai sur l'entendement humain* de Locke, qui faisait de la « réflexion » effectuée sur les « opérations internes » ou sur les actes de l'esprit humain l'une des deux sources fondamentales de la connaissance (avec la sensation) [4]. Or, Husserl voit dans cette révérence au concept lockéen de réflexion un point décisif qui « permet de comprendre la singulière manière de voir de Kant en ce qui concerne la formation de la représentation de la liaison » :

1. *PA*, p. 53.

2. *Ibid.*

3. On peut rappeler à ce propos l'argument dont se sert Husserl pour rejeter la conception des synthèses spatiales de Lange, théorie qui « surprend par la hardiesse avec laquelle elle défie le clair témoignage de l'expérience interne » (*ibid.*, p. 45).

4. Cf. *Essai sur l'entendement humain*, II, 1, § 2 et 4 (trad. fr. J.-M. Vienne, Paris, Vrin, 2001, p. 164-166) : dans la mesure où « nous sommes conscients de ces actions et que nous les observons en nous-mêmes, écrit Locke, le nom de *sens interne* semble assez approprié ».

> Si toute liaison n'existe que par des actes qui lient, et si son unité ne se trouve qu'en eux, alors évidemment la représentation de la liaison ne peut être obtenue que *par réflexion sur de tels actes* [nous soulignons]. Car c'est là aussi ce que Kant veut dire [1].

Ce texte nous amène ainsi à penser que la compréhension kantienne des « liaisons » suppose la distinction entre perception externe et perception interne pour se situer résolument du côté de la seconde, donc sur le terrain d'une psychologie, si l'on suit fidèlement comme Husserl tend à le faire à cette époque le partage brentanien entre phénomènes physiques et phénomènes psychiques. Selon Husserl, Kant fait donc secrètement appel à une argumentation de type psychologique qu'il s'avère incapable de tenir jusqu'au bout puisque d'une part, il est conduit à séparer l'acte psychique de son contenu pour pouvoir affirmer que le second est engendré par le premier, mais que d'autre part son analyse est immédiatement démentie par l'expérience interne [2]. Kant est donc incriminé sous deux chefs d'accusation différents par Husserl, puisqu'il est à la fois victime d'une métaphysique qui ne veut pas dire son nom et d'une psychologie qui ne peut être conduite à son terme, les présupposés de la première servant de seules garanties aux erreurs de la seconde. Aussi faut-il reconnaître que le refus d'analyser les *Verbindungen* en termes d'activité ou de spontanéité de l'entendement ne se fonde pas du tout, comme on aurait d'abord pu le penser, sur un argument *phénoménologique* dirigé contre une conception des liaisons synthétiques en des termes trop empreints de psychologie (celle qui sous-tend l'idée d'activité de la pensée) ; au contraire, cette critique se place tout uniment dans la perspective d'une description *psychologique* et cherche en quelque sorte à réfuter la conception kantienne sur ce que Husserl présente comme son propre terrain.

Mais il faut aussitôt ajouter que si Husserl se place effectivement dans le champ de la psychologie pour construire son argumentation contre Kant, cela ne signifie aucunement que les liaisons que cette réfutation lui a permis de découvrir aient elles-mêmes un statut psychologique ; au contraire, l'expérience interne sert seulement de critère négatif pour attester de ce que les représentations sensibles *ne sont pas* (à savoir des représentations dans lesquelles se reflète l'activité synthétique de

1. *PA*, p. 48 (nous soulignons).

2. *Ibid.*, p. 54 : « on ne peut en aucune façon prétendre que l'acte en question engendre son contenu d'une manière créatrice ». Il est clair ici que Husserl refuse de donner au transcendantal le sens fort que lui prêtait Kant, en le rabattant sur une forme mal clarifiée de psychologie.

l'entendement comme origine de toute liaison comme c'est le cas chez Kant), mais pas pour dire ce qu'elles sont positivement. Ce point est clairement établi par le fait que les liaisons collectives sur lesquelles repose l'activité de numération sont pour Husserl *données* (au titre de « contenus liés » et non d'actes liants) dans la seule mesure où, ainsi que nous l'avons signalé précédemment, elles reposent sur ce que Husserl appelle des « relations primaires ». Or, le « caractère phénoménal particulier » que l'auteur attribue à ces dernières dans sa « théorie des relations » est très précisément celui de ne pas être des phénomènes intentionnels, c'est-à-dire des relations qui embrasseraient les termes liés « de la manière spécifiquement déterminée selon laquelle un "phénomène psychique" (un acte qui consiste à remarquer, à vouloir, etc.) embrasse son contenu (ce qui est remarqué, voulu, etc.) »[1]. La conséquence est on ne peut plus claire : les liaisons sensibles relèvent entièrement « de "phénomènes physiques" au sens défini par Brentano »[2], par opposition aux phénomènes psychiques. L'analyse psychologique de Husserl pose donc les liaisons collectives comme son au-delà en leur donnant le statut physique de relations primaires. Le domaine psychologique renvoie sur un mode indicatif et de façon négative à un champ de liaisons purement sensibles ou matérielles qui exercent de l'extérieur un certain pouvoir de structuration de nos représentations[3].

Tel est le second versant de la critique adressée à la philosophie kantienne : Husserl ne se contente pas de mettre le doigt sur un type de liaisons que Kant n'avait pas aperçu, il montre que la différence qui oppose celles-ci aux synthèses catégoriales de l'entendement est absolument fondamentale pour des raisons de principe, sous peine de rabattre les uns sur les autres phénomènes physiques et phénomènes psychiques. L'incapacité de Kant à reconnaître l'existence de ces liaisons données d'emblée à la conscience n'est que la conséquence de sa confusion entre deux modalités essentiellement différentes de liaison de contenus entre eux, dont seul le versant psychologique trouve droit de cité dans sa théorie de la

1. *PA*, p. 84.

2. *Ibid.*, p. 83.

3. Le problème qui demeure est que si ces liaisons ne sont pas en tant que telles « psychologiques », l'accès que nous avons à elles repose encore sur une terminologie empreinte de la distinction métaphysique entre le psychique et le physique, et il faudra donc s'interroger sur la reprise de cette analyse dans la 3ème *Recherche*. Le passage de l'un à l'autre s'effectue dans les « Études psychologiques sur la logique élémentaire » de 1894, où ce type de relations est repris et analysé en terme de « relations de dépendance entre les apparences perçues », cf. *AL*, *op. cit.*, p. 124.

connaissance qui interprète systématiquement ces actes en des termes transcendantaux. Si les liaisons collectives à partir desquelles Husserl va mettre au jour l'existence d'un *a priori* matériel peuvent ainsi en un sens constituer une forme primitive et purement sensible de synthèse (soit une synthèse déjà effectuée dans toute donation sensible), cette dernière ne doit surtout pas être repliée sur la spontanéité de l'entendement et comprise sous l'idée de synthèse intellectuelle, comme activité de lier entre eux des contenus par la pensée.

Or, en reprochant à Kant d'avoir confondu deux types *essentiellement différents* de liaisons, ce que critique Husserl, c'est la synthèse comme unification idéaliste du divers à partir d'un point focal situé sur un plan transcendantal. En effet, Kant a procédé dans l'Analytique transcendantale à un étagement des actes synthétiques lui permettant de différencier trois niveaux de synthèse et de remonter du divers sensible à l'unité intellectuelle que lui donne la catégorie. Dans le dispositif théorique mis en place dans la seconde édition de la *Critique*, la synthèse figurée (ou *synthesis speciosa*) assume tout d'abord au niveau de la sensibilité la synopsis du divers donné à l'intuition, de façon à pouvoir être ensuite relayée par la synthèse transcendantale de la reproduction dans l'imagination et enfin par la synthèse de la recognition dans le concept (ou *synthesis intellectualis*), cette dernière parachevant le processus de connaissance en ramenant ultimement le divers intuitionné à l'« unité originairement synthétique de l'aperception » : « le donné, qui est divers dans une intuition sensible, rentre donc nécessairement sous l'unité synthétique originaire de l'aperception puisque l'unité de l'intuition n'est possible que par elle [et] l'acte de l'entendement qui ramène à une aperception en général le divers de représentations données est la fonction logique du jugement »[1]. Cet étagement des synthèses n'a donc pas du tout chez Kant pour but de reconnaître la spécificité et éventuellement l'autonomie de chacun des niveaux auxquels il intervient – sensibilité, imagination, entendement – et il est au contraire sous-tendu par l'idée qu'une unification de ces trois synthèses est en droit possible dans la mesure où celles-ci nous permettent de remonter jusqu'à l'unité de l'aperception. L'ensemble du dispositif ne peut fonctionner que sur fond d'une unité transcendantale de la conscience qui sert de garante à l'unité des différentes synthèses.

C'est cette univocité de la synthèse assurée par la sphère supérieure du transcendantal que Husserl rejette en refusant cette possibilité de ramener les relations entre contenus aux fonctions transcendantales de

1. *Critique de la Raison pure*, § 20, B143 (trad. fr. p. 205).

l'entendement – « lequel n'est lui-même rien de plus que le pouvoir *a priori* de lier et de ramener le divers de représentations données à l'unité de l'aperception » [1]. C'est très précisément aussi sur ce point que l'auteur de la *Philosophie de l'arithmétique* appuie son argumentaire contre la théorie de Lange, qui aurait pourtant pu avoir sur celle de Kant l'avantage de ne pas fonder la synthèse sur l'aperception transcendantale et ne s'exposait donc pas à l'objection de l'« expérience interne » que nous venons de rencontrer. Mais Lange, nous dit Husserl, est animé par les mêmes tendances métaphysiques que Kant, à telle enseigne que « la conscience et par là la subjectivité ne doivent se former à partir des impressions inconscientes que par un processus de synthèse supérieure [et] c'est ainsi qu'est expliquée l'unité de la conscience » [2]. On comprend ainsi pourquoi Husserl met Kant et Lange dans le même sac malgré les différences importantes qui les distinguent : qu'il s'agisse du « je » transcendantal kantien qui doit pouvoir accompagner toutes nos représentations et assure l'unité des trois synthèses, ou que cette activité synthétique soit « déplacée dans l'arrière-fond transcendantal de la vie qui précède la conscience » [3], on postule dans un cas comme dans l'autre que toute liaison ne peut donner lieu à l'unification d'un divers sensible que parce qu'elle est assurée par une instance supérieure d'ordre transcendantal [4].

L'erreur la plus fondamentale de Kant aux yeux de Husserl n'est donc pas tant de ne pas avoir vu ce type de synthèses que d'avoir présupposé l'unité de fond des différentes formes de synthèses, ce qui a conduit Kant à entretenir par voie de conséquence l'équivoque entre un sens actif de la synthèse et un deuxième sens renvoyant la conscience à des liaisons matérielles présentes à même la chose. Kant a à tort replié l'une sur l'autre ces deux formes très différentes de synthèse, pour les ramener à l'horizon de l'unité *transcendantale* de la conscience.

1. *Critique de la Raison pure*, § 16, B135 (trad. fr. p. 200).

2. *PA*, p. 50.

3. *Ibid.*

4. Cette critique annonce l'opposition de Husserl aux constructions transcendantales « plaquées par le haut » attendues par les philosophes idéalistes, dont Husserl dénonce le caractère factice et artificiel dans l'« Esquisse de préface aux *Recherches Logiques* » de 1913 (cf. *AL*, p. 363).

Le dualisme rigoureux de l'acte et du contenu

Les théories de Kant et de Lange permettent ainsi à l'auteur de la *Philosophie de l'arithmétique* de repérer les deux écueils qui menacent la compréhension du statut de la synthèse : tandis que Kant a laissé de côté les liaisons matérielles pour focaliser exclusivement son regard sur l'activité du sujet et les « fonctions de l'entendement », de son côté, « Lange (...) ne tient absolument pas compte des cas où des représentations composées doivent leur unité seulement et uniquement à des actes synthétiques, aucune liaison n'étant présente ou n'entrant en ligne de compte dans le contenu primaire » [1]. Pour Husserl, au contraire, le fait que certaines liaisons soient trouvées au titre de contenus déjà liés dans la représentation sensible ne remet pas en cause le fait que nous pouvons également par ailleurs modifier certains types spécifiques de liaisons afin d'en produire de nouvelles. Pour prendre un exemple, l'unité particulière de la collection formée par cinq oiseaux blancs devant mes yeux n'empêche pas que je puisse « en détacher par après deux, trois ou quatre par un acte unificateur de l'intérêt, sans toucher du tout aux liaisons présentes en fait à l'intérieur des contenus » [2]. Il s'agit donc d'intégrer à la fois l'un et l'autre sens de la synthèse – comme contenu de liaison et comme acte – pour pouvoir rendre compte de cette ambivalence des représentations composées (qui peuvent être soit l'effet de liaisons sensibles déjà « présentes en fait à l'intérieur des contenus » – « *die faktisch vorhandenen inhaltlichen Verbindungen* » [3], soit formées par un travail de synthèse active) et accueillir celle-ci comme un donné phénoménologique fondamental.

Le deuxième sens, l'acte synthétique au sens psychologique, a donc bien sa place dans le dispositif théorique mis en œuvre par la *Philosophie de l'arithmétique* (c'est même un des *réquisits* fondamentaux de Husserl pour rendre sa théorie compatible avec l'expérience interne), mais en un sens qu'il convient de limiter rigoureusement :

> Ce n'est que dans le cas [des actes synthétiques constatés lorsque l'on a affaire à des représentations de nombre et que Husserl identifie aux liaisons « collectives »] qu'il y aurait l'acte produisant la liaison [4].

On trouve ici une délimitation précise des cas de figure dans lesquels il faut accorder à Kant que la liaison entre tels et tels membres de la

1. *PA*, p. 52.
2. *Ibid.*
3. *Husserliana* XII, p. 42.
4. *PA*, p. 54.

représentation totale est bien en un sens dépendante ou placée sous le contrôle de certains actes synthétiques, même si nous allons voir que c'est en un sens très différent de celui qui avait été vu par l'auteur de la *Critique de la raison pure*. Husserl ajoute ainsi aussitôt que dans ces cas en effet, « la liaison consiste seulement et uniquement dans l'acte lui-même qui unifie, et la représentation de la liaison ne consiste donc elle aussi que dans la représentation de l'acte »[1]. Mais, et c'est à ce niveau que va s'accuser la différence entre Husserl et Kant, il faut bien faire attention au sens que l'on prête à ce terme d'acte, que Husserl se garde bien d'interpréter comme une production synthétique des liaisons collectives reposant sur la spontanéité de l'entendement. C'est ce contre quoi il nous met en garde en précisant immédiatement dans les lignes qui suivent :

> Mais il n'existe pas, en plus de l'acte, un contenu de relation différent de l'acte lui-même comme son résultat créé, ainsi que le présuppose constamment la manière de voir que nous combattons[2].

Husserl reconnaît que l'activité synthétique a bien un rôle déterminant dans la formation de certaines liaisons (au premier rang desquelles se trouvent ses « liaisons collectives »), mais refuse contre Kant l'idée selon laquelle ces actes de synthèse peuvent produire de la liaison entre les choses sur lesquelles ils portent, et qu'ils laissent ainsi se dégager quelque résultat que ce soit qui serait par après susceptible de se tenir dans une certaine indépendance à leur égard. Pour comprendre comment Husserl peut soutenir une telle thèse relativement à la position kantienne et quel est le statut qu'il accorde ce faisant à ces actes synthétiques, il faut revenir sur les résultats auxquels nous étions parvenus dans les pages précédentes : nous avons vu en effet que s'il y avait pour Husserl un sens à parler d'*actes* de liaison, cette activité devait être circonscrite à l'intérieur du domaine psychologique. Ces actes de synthèse doivent donc, encore une fois en toute fidélité à la psychologie descriptive brentanienne, être conçus de façon *strictement intentionnelle* (puisqu'il s'agit cette fois, par opposition aux liaisons matérielles du type de celle sur laquelle repose le rapport entre couleur et étendue, d'un « phénomène psychique » au sens de Brentano). Les liaisons synthétiques n'ont dans ce cas nulle autre validité que celle que leur confère les actes dont elles résultent. Il est donc de la plus haute importance de ne pas mettre cette liaison effectuée sous l'égide de certains actes de synthèse sur le même plan que les contenus liés au moyen de ces actes.

1. *PA*, p. 54.
2. *Ibid.*

Les éléments mis en relation sont des *contenus* tandis que la relation elle-même, la synthèse, consiste entièrement dans un *acte* psychique. La synthèse est simplement une modalité intentionnelle de la conscience ou un type particulier de rapport à des contenus, et elle ne peut en aucun cas être elle-même un contenu du même genre qu'eux. L'idée selon laquelle la liaison synthétique serait quelque chose de tel qu'« un contenu de relation différent de l'acte lui-même » est absurde dans la mesure où la liaison synthétique *est* purement et simplement cette relation.

Le point qui semble ainsi décisif à Husserl pour motiver son rejet des théories tant de Kant que de Lange, c'est l'idée de faire de la liaison un *résultat* ou un produit, que celle-ci soit issue d'une activité consciente ou non. L'essentiel est de bien distinguer entre ce qui relève des *actes* synthétiques et ce qui relève des *contenus* des représentations sensibles constituant dans la théorie brentanienne la base de ces actes. Dans le premier cas, par exemple lorsque l'on sélectionne à l'intérieur d'une collection donnée tels et tels éléments pour les placer sous notre regard en tant qu'ils ont telle ou telle caractéristique commune, la liaison synthétique repose entièrement sur un acte de la conscience et n'est pas dans les choses (c'est ce qui arrive lorsque l'on établit par exemple une ressemblance entre ce livre et cette table en tant qu'ils ont tous deux une forme rectangulaire). Mais dans le deuxième cas, lorsque par exemple nous percevons une sonorité déterminée, soit un objet total dans la représentation duquel nous trouvons liées l'une à l'autre la hauteur particulière de ce son et son intensité, la liaison nous apparaît alors comme un contenu donné à notre perception dans son indépendance par rapport à elle, et donc donné comme *transcendant* par principe par rapport à l'acte qui s'en saisit.

Une fois ces distinctions posées et clarifiées, force est de constater que le nerf de la critique de Husserl ne porte pas, comme on aurait pu le croire à première vue, sur l'activité catégoriale en tant que telle ; mais ce que refuse catégoriquement Husserl, c'est d'une part l'idée d'une synthèse intellectuelle susceptible de *produire* un contenu de représentation et donc de donner un nouvel objet à la perception (point intéressant puisqu'il restera une des raisons de fond du désaccord de Husserl avec Meinong), et d'autre part une conception des synthèses qui entretiendrait une certaine confusion entre des synthèses actives et des liaisons purement sensibles. La profonde remise en cause de la conception kantienne de la synthèse à laquelle a procédé Husserl laisse donc ouvertes deux possibilités conjointes : d'un côté, une synthèse ne décrivant rien de plus qu'une liaison déjà présente dans l'objet – liaison purement matérielle et *a priori* (mais faut-il encore ici parler de synthèse ? En refusant, de la *Philosophie de l'arithmétique* aux

Recherches Logiques l'idée de synthèses inconscientes, Husserl semble bien s'y opposer[1]) ; de l'autre une synthèse catégoriale effectuée activement dans la pensée de l'objet mais ne ressortissant pas à une activité transcendantale de production d'un « contenu de relation ».

Il ne s'agit donc absolument pas pour Husserl de reprocher à Kant son dualisme, en vertu duquel il aurait été obligé de concevoir les liaisons comme dépendantes de l'entendement seul, mais bien au contraire de montrer que Kant n'a pas été *suffisamment* dualiste, ou dualiste en un sens assez rigoureux. En appuyant son analyse des liaisons contenues dans les représentations sensibles sur une métaphysique des facultés non clarifiée, Kant a été conduit à replier l'une sur l'autre synthèse sensible et synthèse intellectuelle. L'opposition de Husserl à Kant est donc à la fois frontale et nuancée, puisqu'elle lui reproche le manque de rigueur de son dualisme et non, comme Hegel l'avait fait par exemple, ce dualisme lui-même. Kant a manqué le sens fort et rigoureux que pouvait avoir la distinction radicale entre sensibilité et entendement, et il a compromis la possibilité de cette distinction par sa conception des rapports entre les différentes synthèses. Il faudra donc aux yeux de Husserl instaurer un dualisme proprement phénoménologique, c'est-à-dire une distinction entre sensibilité et entendement fondée dans l'essence des vécus et prenant en compte la distinction cardinale entre acte et contenu. De façon remarquable, Husserl conserve l'idée selon laquelle une conception active des synthèses doit être maintenue au moment même où il se donne les moyens de définir un *a priori* spécifiquement matériel fondé sur la reconnaissance de l'indépendance des liaisons sensibles par rapport à l'activité de la pensée catégoriale. L'un des enjeux des *Recherches Logiques* sera ainsi de montrer que l'appartenance des synthèses catégoriales à la classe des actes objectivants ne remet nullement en question l'autonomie que Husserl accordait au sensible en reconnaissant l'existence de liaisons matérielles *a priori* et en lui attribuant de cette façon une capacité à s'auto-organiser de façon immanente à partir de ses propres liaisons.

1. Voir à ce sujet le chapitre intitulé « La formulation du concept husserlien de *synthèse passive* » consacré à cette question dans le livre de B. Bégout (*La généalogie de la logique : Husserl, l'antéprédicatif et le catégorial*, Paris, Vrin, 2000, première partie, premier chap.).

SYNTHÈSES SENSIBLES ET « MOMENTS FIGURAUX »

Le problème posé par l'appréhension des « multiplicités sensibles »

Afin de répondre au problème auquel fait place la critique de la conception kantienne de la synthèse, Husserl va donc devoir envisager une alternative à ce qui chez Kant effectue la « synopsis du divers de l'intuition » et nous permet de recevoir cette diversité sensible en tant que telle. Ce point est essentiel pour comprendre la théorie phénoménologique de la perception qui va s'élaborer sur la base de ces analyses, dans la mesure où il engage la possibilité de concevoir la sensibilité autrement que comme une simple somme de sensations discrètes. Ce qui est ici en jeu, c'est la possibilité d'appréhender le divers comme tel, c'est-à-dire précisément en tant que divers nous mettant en présence d'*une* multiplicité pouvant être donnée comme telle à l'intuition, sans se résorber en une constellation de données individuelles dont il faudrait accomplir la synthèse pour en avoir une vue d'ensemble. La diversité du sensible n'est pas simplement appréhendée comme une pluralité de données élémentaires désordonnées et unifiées par l'activité de la conscience, mais comme un ensemble relativement organisé de sensations qui nous fournit déjà en un sens la possibilité de lui appliquer telle ou telle catégorie et de le ranger sous un concept de l'entendement.

Husserl aborde ce problème au chapitre XI de la *Philosophie de l'arithmétique*, dans lequel il se livre à une analyse de l'appréhension des « multiplicités sensibles » (*sinnlichen Mengen*) destinée à expliquer le mode de fonctionnement symbolique de nos représentations de la quantité. Une « multiplicité » (*Menge*), au sens où l'entend Husserl, n'est pas une simple variété indifférenciée de choses (comme la *Mannigfaltigkeit* kantienne) mais un ensemble déjà plus ou moins organisé de données qui entretiennent certaines relations les unes avec les autres à partir desquelles elles s'imposent à nous dans le champ de l'apparaître, sans être pour autant un ensemble au sens fort (un *Inbegriff*) constitué par l'activité de rassembler différents contenus ou collections « dans quelque chose de un », ni une pluralité relevant exclusivement du concept de quantité (*Vielheit*) et renvoyant à l'exercice du dénombrement de chacun des éléments dont elle se compose.

L'idée de multiplicité au sens de la *sinnliche Menge* se distingue donc à la fois du divers de sensations confuses (confuses, parce que trop nombreuses et hétérogènes pour pouvoir être regroupées autrement que par un acte synthétique), et d'un ensemble structuré de façon conceptuelle par l'intervention active de la conscience mettant par exemple en œuvre une forme de « colligation explicite » ; elle n'a de sens que dans l'entre-deux défini par ces deux limites représentant d'un côté une pure réceptivité de données informelles ou de l'autre, une activité psychologique de mise en forme du donné. Ce qui intéresse ici Husserl, c'est la possibilité d'une saisie *intuitive* des multiplicités susceptible de fonder nos « *représentations de quantité* » indépendamment de tout acte synthétique à proprement parler. Il s'agit de comprendre comment, en l'absence de toute synthèse effectuée par un sujet *transcendantal*, peut s'exercer une appréhension sensible immédiate d'une multiplicité. Or, le problème est que « nous devons déjà avoir connaissance du fait que l'intuition unitaire présente est une multiplicité (*eine Menge*), pour que le concept qui doit tout d'abord fournir le moment symbolisateur et expliquer la subsomption indirecte de l'intuition sous le concept de multiplicité reçoive d'une manière générale un sens compréhensible » [1]. Comment le sensible peut-il former un tout et être perçu en tant que tel, sans pour autant devoir supposer autant d'actes individuels séparés qu'il y a d'éléments dans ce tout, et un nouvel acte de colligation explicite permettant de réunir ou de rassembler les éléments individuellement appréhendés (rôle qui revenait chez Kant à la première des trois synthèses) ? Les multiplicités sensibles définissent le paradigme de ce type de saisies puisqu'elles supposent, pour pouvoir être perçues comme telles, d'être données « en un seul coup d'œil » [2], sans quoi elles n'apparaîtraient comme multiplicités que de façon dérivée et à partir d'un ensemble d'actes simples de saisie intuitive d'éléments distingués les uns des autres. L'instantanéité et la dimension de passivité apparente qui caractérisent le processus perceptif dont il est question dans les appréhensions de multiplicités donnent tout lieu de penser que seule une synthèse dont nous n'avons pas conscience mais qui a bel et bien été effectuée en nous sans nous peut expliquer que des centaines d'éléments donnés dans une perception globale puissent nous apparaître spontanément comme *une* multitude de telles ou telles choses. On retrouve à ce niveau le spectre des synthèses inconscientes que Husserl voulait éviter dans sa réfutation de la théorie de Lange.

1. *PA*, p. 246.
2. « *in einem Blick* » (*ibid.*, p. 241).

Configuration du tout et relations entre parties

Lorsque, pour reprendre les exemples de l'auteur, je perçois un tas de pommes, une rangée d'arbres, ou un ciel étoilé…, il n'est pas indifférent à la multiplicité de choses perçue dans chacun de ces cas que les objets qu'elle rassemble soient tous des pommes, que les arbres soient disposés en alignement le long d'une allée dans le second, ni que les étoiles produisent une multitude de tâches lumineuses dispersées de façon aléatoire dans le ciel. Nous avons affaire à une multiplicité sensible au sens de Husserl lorsque « nous constatons d'un simple coup d'œil le fait que cette intuition donnée *hic et nunc* est une quantité de choses du genre A, et notre intérêt s'en trouve déjà satisfait ». Ce sont donc moins les éléments individuels de l'intuition globale que leurs rapports mutuels qui déterminent leur appartenance particulière à tel ou tel type de tout sensible et qui sont au centre de notre appréhension intuitive. Ce sont précisément ces relations entre les différents éléments qui donnent son caractère phénoménologique propre à la perception d'ensemble et qui l'imposent à notre regard comme *un* tas de pomme, *une* rangée d'arbre, ou *une* multitude d'étoiles.

Le rapport entre les multiplicités sensibles et leurs éléments peut ainsi être analysé comme un rapport de tout à partie d'un type particulier, à l'intérieur duquel les parties ne sont pas simplement des propriétés ou des parties au sens physique du terme de l'intuition unitaire totale : dans l'intuition d'une chose sensible, les liaisons qui sont déterminantes du point de vue de notre appréhension de la chose comme d'un tout sont celles qui rattachent chacune des parties de la chose au tout. Lorsque nous percevons une maison, les fenêtres qui ornent sa façade sont comprises à l'intérieur de notre saisie unitaire de l'ensemble de l'édifice de telle sorte que ce qui est remarqué en elles n'est autre que leur appartenance à la maison en question ; ou plutôt, il faudrait dire que rien n'est à proprement parler remarqué *en* elles, puisqu'elles ne sont présentes dans la perception d'ensemble *qu'au titre de parties subordonnée au tout* : chaque fenêtre est vue comme faisant partie du bâtiment. De cette façon, « les représentations de parties physiques peuvent bien elles aussi intervenir dans la représentation d'une chose ; mais l'attention porte ici sur la liaison de ces parties au tout, sur leur appartenance à lui, ce qui fait d'elles des *marques distinctives* (*Merkmalen*) de ce tout »[1]. Les parties ne peuvent pas être remarquées pour elles-mêmes au sens fort dans la mesure où elles n'ont pas ici d'autre fonction que d'être des « marques distinctives » du tout ; et c'est

1. *Ibid.*, p. 239, n. 1.

la raison pour laquelle l'attention ne peut retenir d'elles que les « liaisons » qui les y rattachent. Ces « liaisons » ne représentent donc rien d'autre que la projection dans le sensible de la relation logique d'inclusion et de notre capacité à décomposer la perception totale en parties ou en éléments distincts. Il s'agit de liaisons qui ne peuvent par définition qu'être trouvées *en un second temps* dans l'analyse de la perception globale, et en aucun cas de liaisons immanentes au sensible qui seraient d'elles-mêmes responsables de la production du tout, c'est-à-dire de liaisons dont dépendrait la nature de la perception en question. Ce qui est en jeu en ce cas, c'est la relation verticale du tout aux parties qui le composent et non une relation horizontale entre les parties elles-mêmes.

Or, écrit Husserl, « c'est d'une toute autre manière que les représentations de parties physiques appartiennent à une représentation de multiplicité ». Dans le cas où ce qui nous apparaît n'est pas simplement une « chose » comme un édifice, mais, pour prendre un exemple qui n'est pas de l'auteur mais rendra la situation plus claire, la parfaite disposition architecturale et l'alignement caractéristique et régulier des fenêtres sur la façade du Palazzo Rucellai à Florence, alors les liaisons en présence ne sont pas du tout les mêmes. Ce qui fait l'objet de notre appréhension n'est plus cette fois la relation des éléments au tout, relation qui nous présente les fenêtres comme appartenant au palais dessiné par Alberti, mais la configuration (« *Konfiguration* ») et l'ordonnancement particuliers de ces éléments qui les font apparaître *comme* une multiplicité sensible de tel ou tel type, en l'occurrence comme une rangée parfaitement ordonnée de fenêtres équidistantes les unes des autres :

> En ce qui concerne une telle répartition [d'objets dans le champ visuel], le fait qu'il faut d'abord constater, c'est que d'un simple coup d'œil nous appréhendons sa *configuration* entièrement comme une qualité, sans qu'en cela et avec cela ait lieu et puisse avoir lieu une analyse des relations singulières qui conditionnent la figure [1].

Ce n'est plus la « liaison des parties au tout » qui est déterminante pour le phénomène en question, mais les relations entre les différents éléments perçus en vertu desquelles elles s'ordonnent en une « configuration » singulière perçue en tant que telle. Le tout correspondant à l'« intuition unitaire totale d'une multiplicité sensible » n'est donc pas simplement composé de telles et telles parties comme l'était dans notre exemple la maison prise comme *objet* d'une perception d'ensemble. Le tout en

1. *PA*, p. 251 (*Husserliana*, t. XII, p. 205).

question est au contraire ici intégralement *constitué* par elles (ou plus précisément par la relation qui les rattache les une aux autres et leur confère leur statut de parties), à telle enseigne que c'est elles qui lui donnent son sens d'être spécifique en tant que tout : c'est en fonction de la relation singulière qui unit les parties entre elles que la multiplicité sensible peut être caractérisée comme une rangée de fenêtres identiques alignées les unes à la suite des autres, ou autre.

C'est ce point qu'a en vue Husserl lorsqu'il analyse les expressions dont dispose le langage courant pour désigner certaines multiplicités en faisant référence au caractère sur lequel repose leur spécificité : lorque l'on parle « d'une rangée de soldats, d'un tas de pommes, d'une allée d'arbres, d'une bande de poule, d'une volée d'oiseaux, d'un troupeau d'oies, etc. », ce qui est visé et exprimé n'est pas simplement la pluralité des éléments qui compose la multiplicité en question, mais un trait relevant de la « constitution intrinsèque caractéristique » de l'intuition d'ensemble, laquelle peut être selon Husserl « appréhendée d'un simple coup d'œil » [1]. Ce qui est visé à travers ces expressions auxquelles recourt communément la langue, c'est la structure intuitive concrète ou la configuration produite par un ensemble de relations (d'identité générique, de différence, de ressemblances, de positions géométriques relatives, etc.) qui *ne sont pas elles-mêmes vues* mais sous-tendent l'apparaître du phénomène en question [2].

Ce que découvre ici Husserl, c'est qu'il est essentiel à la « multiplicité sensible » que celle-ci soit saisie *directement* comme un caractère phénoménologique propre à tel ou tel ensemble et qui nous est immédiatement *donné*. La saisie intuitive d'une multiplicité ne dépend nullement d'une forme conceptuelle que nous aurions besoin d'imposer au donné. Elle met au jour une forme *concrète* qui prend corps dans l'apparaître lui-même et qui relève de l'organisation immanente du sensible. Il s'agit donc d'une « configuration » très remarquable des données sensibles dans la mesure où celle-ci ne saurait être décrite simplement en termes de forme ou de figure, mais s'impose à notre regard comme une *qualité* spécifique effectivement donnée dans l'intuition [3], ce qui nous contraint à lui accorder un traitement à part et à redéfinir ce que nous entendons sous le concept de « forme » (dans son application à la matière sensible).

1. *Ibid.*, p. 249-250.
2. *Ibid.*, p. 251.
3. « *wie eine Qualität* ». C'est ce qui amènera Husserl à parler au sujet de l'appréhension de ce type de multiplicités de « quasi-qualités » : si elles n'en ont pas le statut ontologique, leur mode d'apparaître n'en reste pas moins comparable à celui des qualités sensibles.

Simplicité de l'intuition, complexité du sensible

L'idée de *sinnliche Menge* nous oblige ainsi à concevoir un modèle perceptif susceptible de constituer une alternative à l'idée d'une perception qui découperait le monde en objets construits de façon synthétique comme ensembles de sensations co-présentes, et qui serait structurée par la relation *verticale* de tout à partie ne prenant en compte que la hiérarchie sur laquelle se fonde la dépendance de la partie à l'égard du tout dans lequel elle s'intègre. Il faut au contraire rendre compte de la possibilité fondamentale de percevoir une configuration produite par des relations horizontales entre les parties elles-mêmes, de telle sorte que soit secondarisée la question de leur intégration dans un tout. Dans ce cas, le tout donné à la perception n'est ni réductible à la somme de ses parties, ni donné indépendamment de celles-ci dans la mesure où une multiplicité étant constitutivement dépendante du rapport de ses parties *entre elles* ne peut pas, par principe, les précéder dans l'ordre de la donation ou leur être préexistante. En ce qui concerne ce cas très précis, l'idée même d'une relation hiérarchique entre les parties et le tout – que l'on conçoive le tout comme produit par la somme de ses parties ou inversement les parties comme subordonnées au tout – doit être rejetée au profit d'une identification radicale du tout aux relations horizontales entre les éléments des perceptions partielles qui le constituent intégralement. C'est très précisément pour cette raison que, bien que Husserl insiste constamment sur le fait qu'une multiplicité est une « totalité perceptive » qui ne se réduit pas à la somme de ses parties, il n'en reste pas moins vrai que les éléments d'une multiplicité ne sont pas modifiés ou déterminés de façon spécifique par leur appartenance au tout constitué par cette dernière[1]. L'appréhension de multiplicités atteste ainsi l'existence d'un niveau minimal d'organisation immanente des données qui ne les modifie pas pour autant en profondeur en provoquant leur intégration radicale dans un tout perçu.

Une telle analyse de la perception, cela vaut la peine d'être noté, va de pair avec une relativisation du primat accordé à l'*objet* au sein de l'activité perceptive, dans le mesure où l'appréhension de multiplicités met en valeur un mode de structuration des contenus sensibles qui n'est plus indexé à l'identité substantielle de la chose réelle et n'est de ce fait plus polarisé par l'unité de l'« objet simple » donné à la perception. Les appréhensions de

1. « Chaque membre [de la multiplicité] pourrait aussi bien exister pour lui-même et en étant exactement tel qu'il est dans la multiplicité ; du fait qu'il est rassemblé avec les autres, il ne reçoit aucune marque positive nouvelle ». *PA*, p. 246.

multiplicités sensibles font valoir l'idée selon laquelle il existe une forme de simplicité qui ne correspond ni à celle d'une pure donnée de sensation (un *sense-datum* qui serait l'analogue relativement au champ de la perception du point idéal par rapport à l'espace géométrique), ni à la simplicité de l'objet pris comme pôle identitaire et unitaire vers lequel s'oriente immédiatement notre regard. Le caractère de « simplicité » (*Einfachheit*) n'est pas ici un trait qui devrait dépendre de ce sur quoi porte la perception et serait susceptible de le définir, mais un caractère propre à la perception elle-même, une façon de se rapporter au sensible ou un mode d'ouverture au monde qui peut aussi bien nous mettre en rapport avec du complexe sans pour autant – c'est là le point important – cesser de nous le donner *de façon simple*. Ce point est fondamental pour comprendre le sens accordé par Husserl à ces « caractères quasi-qualitatifs de l'intuition » qui rendent possible l'appréhension de multiplicités en tant que telles :

> Nous appréhendons le caractère quasi-qualitatif de l'intuition tout entière comme quelque chose de simple (*Einfache*), et non pas comme un collectivum de contenus et de relations. Mais ce quelque chose de simple pour notre première appréhension apparaît dans une analyse ultérieure comme quelque chose de divers (*Vielfaches*) [1].

> Il n'y a aucun inconvénient à ce que nous détachions le moment quasi-qualitatif à la manière de quelque chose de simple, et que plus tard pourtant nous devions l'analyser en une quantité de parties remarquables pour elles-mêmes [2].

Ce à quoi se rapporte notre perception ou notre appréhension n'est rien qui en lui-même doive être déclaré simple (*einfache*) ou divers (*vielfache*) et qui contraindrait à partir de là l'intuition à être de telle ou telle sorte. C'est l'intuition elle-même qui fonde les rapports entre le simple et le complexe dans la mesure où elle appréhende comme quelque chose de simple le caractère d'une configuration sensible qui nous permet de l'identifier immédiatement *dans sa complexité même* (comme multiplicité d'étoiles ou comme rangée de soldats) – configuration à l'intérieur de laquelle l'analyse nous permettra par la suite de retrouver un certain nombre de parties distinctes. Aussi la forme du phénomène n'est-elle plus quelque chose d'extrinsèque à sa donation et qui « doit résider *a priori* dans l'esprit » [3] ; elle apparaît au contraire maintenant comme une

1. *Ibid.*, p. 250.
2. *Ibid.*, p. 251.
3. *Cf.* Kant, *Critique de la raison pure* (A20/B34), trad. fr. p. 118.

caractéristique constitutive de l'intuition elle-même, qui lui appartient de plein droit. Une multiplicité rend visible une complexité d'ordre rigoureusement sensible (par opposition à une complexité synthétique, conceptuelle ou catégoriale), et que nous saisissons *comme telle*. L'intuition n'est donc plus seulement comprise à partir de ce sur quoi elle porte mais elle l'est d'une certaine façon *à partir d'elle-même*, ce qui se justifie par le fait qu'elle n'est pas un simple rapport à quelque chose qui la précéderait mais une modalité effective d'accès aux choses (une *Auffassung*, c'est-à-dire une façon particulière de se saisir de cela même qu'elle fait apparaître) qui possède déjà elle-même une certaine « constitution » susceptible d'informer le réel ou du moins de le saisir sous telle ou telle configuration sensible.

Les moments figuraux comme « signes indicatifs »

Toutefois, ce qui oppose selon Husserl un obstacle à l'intelligibilité des appréhensions intuitives de multiplicités est d'abord une barrière d'ordre *psychologique* – Husserl restant encore à ce niveau le disciple de Brentano : la raison pour laquelle il ne saurait être simplement question de « construire une représentation d'ensemble » à partir de l'intuition de chacun des éléments qui la composent est que « notre esprit manque d'une capacité opératoire correspondante » [1]. Cette impossibilité psychologique met en évidence la contradiction présente dans le phénomène de la multiplicité que nous venons de rencontrer – phénomène, qui d'un côté, se donne bel et bien dans une apparence unitaire, mais dans lequel nous trouvons en même temps des parties séparées intuitivement qui jouent un rôle essentiel dans l'unité de l'apparition phénoménale. La perception d'un objet isolé est pourtant elle aussi perception d'un tout dans lequel nous pouvons toujours faire apparaître un certain nombre de parties, bien que l'appréhension d'un tel objet ne mette pas en jeu le caractère unitaire spécifique propre à la saisie intuitive d'une multiplicité mais relève d'une autre forme d'unité. Le problème tel que le pose Husserl en 1891 est donc de comprendre *sur quoi* peut bien porter l'intuition de la multiplicité, si ce n'est ni sur les parties ni sur la représentation d'ensemble composée à partir d'elles, ou de savoir sur quoi se fonde l'intuition de ce caractère « unitaire » et instantané du phénomène en question. Or, la mise au jour de l'impossibilité psychologique d'une colligation effective de tous les composants de l'intuition contraint Husserl à aller chercher une solution sur un autre terrain, en réinscrivant la

1. *PA*, p. 239 (voir également p. 241).

dimension *symbolique* du rapport indicatif entre les signes au cœur de l'intuition sensible :

> Il ne fait aucun doute que la représentation concrète de quantité n'est pas ici une représentation propre, et que la subsomption sous le concept général de la quantité, qui est donnée avec l'emploi du nom multiplicité, n'a pu se produire que par voie symbolique [1].

Ce qui doit indiquer une porte de sortie au problème des limites psychologiques de l'activité de colligation explicite, c'est le jeu interne à l'intuitivité entre les représentations propres qui nous donnent « directement » le contenu « comme ce qu'il est » (« *direkt gegeben als das* ») [2] et les représentations impropres qui le caractérisent « indirectement » de façon symbolique. Husserl montre ainsi à quel point il serait illusoire et peu conforme aux phénomènes d'appuyer la distinction entre représentations propres et représentations symboliques sur la distinction entre une réceptivité passive de l'intuition et une activité intellectuelle qui détiendrait le monopole du symbolique. Les représentations impropres sont aussi des façons pour l'objet de nous être « donné », même si ce n'est bien entendu pas au même titre que les représentations propres. Husserl met ainsi en évidence le fait que l'intuition est en elle-même traversée par un jeu subtil entre le propre et l'impropre, entre une mise en présence directe et indirecte de ce à quoi elle se rapporte. De cette façon est ouverte la possibilité d'une intuition « immédiate », instantanée, de multiplicités qui requièrent pourtant à un certain niveau un rapport « indirect » à l'objet, qui ne soit pas intégralement adossé à une représentation propre. La question est alors, poursuit Husserl, « de savoir sur quoi se fonde et s'appuie la symbolisation », c'est-à-dire sur quoi doit porter l'intuition pour légitimer l'attribution d'un caractère global à la multiplicité alors que les parties qui la constituent ne sont pas actuellement colligées et remarquées pour elles-mêmes.

La solution que retient l'auteur repose ainsi sur l'idée selon laquelle la multiplicité nous est rendue visible non par elle-même mais par des *signes indicatifs* qu'elle porte en elle et qui peuvent pour leur part être saisis immédiatement :

> Une seule issue est ici possible, il doit y avoir dans l'intuition de la multiplicité sensible des *signes indicatifs immédiatement saisissables*, sur lesquels on puisse reconnaître le caractère de multiplicité [3].

1. *Ibid.*, p. 241.
2. *Ibid.*, p. 236 (*Husserliana* t. XII, p. 193).
3. *PA*, p. 246.

L'auteur fait ici appel à une idée qui avait été développée par Lotze au sujet de l'espace avec sa fameuse théorie des « signes locaux », que Husserl réaménage à partir de la critique qu'en avait proposé Stumpf dans son *Raumbuch*. Loin d'être réductible au pur donné de sensation, l'intuition est traversée par la présence de signes qui ne doivent pas pour autant être assimilés à des signes purement naturels, conformément à la distinction canonique mise en place par Aristote au début du traité *De l'interprétation* entre signes (*sêmeion*) et symboles (*sumbolôn*)[1]. Les signes indicatifs de la multiplicité ne sont en aucune façon comparables au signe naturel du feu qu'est la fumée : il ne s'agit pas d'un marqueur *ontologique* de l'existence d'une multiplicité mais d'une détermination *phénoménologique* de l'intuition qui structure et organise le champ de l'apparaître. L'hypothèse retenue par Husserl est qu'il doit exister dans la perception quelque chose comme des marques sensibles immédiatement perceptibles (des «*Merkzeichen*») qui nous font apparaître les multiplicités en tant que telles bien qu'elles ne nous soient pas directement données dans des représentations propres. L'idée de *Merkzeich* joue à la fois sur le registre de ce qui est directement appréhendé à même l'objet – le *Merkmal*, c'est-à-dire le caractère ou la marque sensible qu'il porte en lui et qui le singularise – et sur le registre de la structure de renvoi propre aux signes – aux *Zeichen* – dont la fonction leur permet de se substituer à une chose qui n'est pas directement donnée mais à laquelle ils renvoient. L'appréhension d'une telle marque sensible doit ainsi permettre de se passer de l'opération de colligation explicite sans pour autant rendre inintelligible le fait qu'une multiplicité puisse nous être donnée : la perception est décrite en des termes qui la rendent capable d'assumer le rôle de la synthèse active et de s'y substituer. La découverte des moments figuraux permet de cette façon à Husserl de gagner un résultat important, puisqu'elle met au jour l'existence d'une base non-synthétique de l'organisation perceptive des données sensibles.

Ce sont ces marques sensibles qui confèrent « à l'apparence entière de la multiplicité un *caractère particulier immédiatement remarquable* [*unmittelbar merklichen besonderen Charakter*] »[2], et qui doivent, précisément en tant qu'elles sont «*merklichen*», s'apparenter à des qualités sensibles même s'il ne s'agit là que de qualités sensibles «de second degré» ou de «quasi-qualités». La manifestation de ce que Husserl désigne sous le nom de «moments figuraux» (*figuralen Momenten*) suppose ainsi que des configurations sensibles puissent nous apparaître

1. *Cf.* Aristote, *De l'interprétation*, I, 16a.
2. PA, p. 247.

comme et au même titre que des qualités sensibles en se constituant sur la base d'une mise en relation spécifique des « *intuitions partielles séparées* pour elles-mêmes » [1] (*gesonderter Teilanschauugen*) qui composent le tout d'une intuition donnée. C'est ce point qui doit permettre de comprendre en dernière analyse le processus sur lequel se fonde l'organisation du sensible en complexes ou en multiplicités qui ne dépendent pas d'une activité de synthèse. Au-delà des actes effectivement accomplis par la conscience percevante, Husserl se montre ainsi en 1891 particulièrement attentif à cette forme originale d'autonomie propre au sensible que met en majesté le phénomène des moments figuraux. Le sensible est caractérisé comme un champ autonome d'intuitions (possibles ou effectives) obéissant à une logique qui leur est propre, et que l'analyse des moments figuraux tente de restituer. Ce travail, entrepris dès la *Philosophie de l'arithmétique*, devait en même temps permettre à Husserl de reconnaître la limite à partir de laquelle une autre forme d'intuition, non plus sensible mais catégoriale, trouve une légitimité.

1. *Ibid.*, p. 239.

CHAPITRE II

LA LOGIQUE DU « SENSIBLE » : DE LA PSYCHOLOGIE À L'ONTOLOGIE

LE STATUT AMBIGU DES PHÉNOMÈNES DE « FUSIONNEMENT » : HUSSERL ET STUMPF

La fusion et l'apparition des « quasi-qualités »

En décrivant la manière selon laquelle les «moments figuraux» peuvent faire apparaître le caractère de multiplicité des totalités sensibles comme une «quasi-qualité», Husserl s'inscrivait dans l'important débat, au sein de l'école brentanienne en psychologie descriptive, relatif à ce que Von Ehrenfels allait désigner sous le titre de « qualités de forme », dans un article de 1890 qui devait rester célèbre [1]. La solution retenue par Husserl dans la *Philosophie de l'arithmétique* le rapproche des travaux de Carl Stumpf, auprès de qui il était venu rédiger sa thèse d'habilitation à Halle, et qui exerça une influence décisive sur l'ensemble des travaux en psychologie issus de la pensée brentanienne. C'est à la *Tonpsychologie* de Stumpf

1. *Cf.* Ch. Von Ehrenfels, «Über "Gestaltqualitäten"», dans *Vierteljahrsschrift für wissenschaftliche Philosophie*, t. XIV, vol. III, 1890, p. 249-292 (trad. fr. D. Fisette, *Brentano et son école, de Würzbourg à Vienne*, Paris, Vrin, 2007). Husserl a attentivement lu cet article dès sa parution, ainsi qu'en témoignent ses travaux durant le début de cette décennie 1890-1900 (*cf.* notamment l'importante référence à ce texte dans les *Études psychologiques pour la logique élémentaire* de 1894). Il semble toutefois que la *Philosophie de l'arithmétique* ait été rédigée avant que Husserl ait pu lire ce texte, ainsi que l'explique l'auteur dans une note de la page 258, tout en soulignant leur forte communauté d'influence et la proximité de leurs recherches.

que Husserl emprunte le concept lui permettant de conduire jusqu'au bout l'analyse des relations sur le fondement desquelles l'intuition d'une multiplicité donne lieu à la production d'une «quasi-qualité», à savoir le concept de « fusionnement » (*Verschmelzung*) :

> Partout où à l'intérieur d'une apparence unitaire nous trouvons d'avance des parties séparées intuitivement, dont l'ensemble global, détaché dans un processus successif d'appréhensions singulières, épuise finalement le tout en entier, [...] nous trouvons précisément aussi en permanence certains signes distinctifs marquants qui, provenant du fusionnement des contenus partiels ou de leurs relations sont immédiatement remarquables à la manière des qualités sensibles [1].

Dans le droit fil des analyses de Stumpf, Husserl confie dans ces lignes à la *Verschmelzung* le soin d'assurer l'autonomie des complexes de sensations élémentaires, et de donner de cette façon une cohérence unitaire à une totalité perçue : c'est de cette « fusion » que dépend le caractère quasi-qualitatif qui s'impose à notre appréhension perceptive dans les cas où nous avons affaire à des moments figuraux. En deçà de l'activité psychique nous permettant de saisir par exemple cette rangée de soldats comme la simple somme ou la conjonction de tels et tels individus isolés, le fusionnement des intuitions partielles (ou «parties séparées intuitivement», comme Husserl le dit encore ici) donne son caractère phénoménologique propre à la perception en question et fait de cette « rangée » en tant que telle un trait qualitatif appartenant de plein droit à sa manifestation phénoménale. Grâce au fusionnement des contenus partiels, la totalité sensible est perçue en tant qu'elle constitue un tout, saisie en tant que totalité *organisée* d'un genre déterminé, et non comme une simple pluralité résultant d'une mise en série progressive de chacun de ses éléments. Cette analyse, ordonnée autour d'une opposition entre la perception d'un *tout* en tant que tel et celle qui réalise la synthèse des différentes *parties* qui le composent, retrouve les termes de la définition que Stumpf avait donné de la *Verschmelzung* dans le deuxième tome de sa *Tonpsychologie* :

> Nous avons nommé fusion ce rapport entre deux contenus et spécialement entre deux contenus de sensation [*Empfindungsinhalte*], en vertu duquel ils ne forment pas une simple somme [*eine Bloße Summe*] mais un tout [*ein Ganzes*] [2].

1. *PA*, p. 248-249.
2. *Tonpsychologie* II, § 19, Hirzel, Leipzig, 1890, p. 128.

L'exemple paradigmatique que Stumpf analyse dans le cadre de son étude des sons est le phénomène de l'accord sonore, phénomène dont il semble très clairement impossible de pouvoir rendre compte à partir de l'analyse des différents sons qui le constituent. Or, s'il est nécessaire de reconnaître une dimension phénoménale propre à l'accord en tant qu'il ne peut se réduire à la simple somme des sensations distinctes qui entrent dans sa composition, l'accord a ceci d'intéressant qu'il ne peut pour autant être analysé comme un son nouveau venant occuper une place spécifique *à côté* des autres sons. Le son produit par un accord ne saurait être rangé parmi les différentes notes qui composent la gamme, en conséquence de quoi il ne peut, selon Stumpf, être considéré comme une nouvelle donnée tonale unitaire [1]. La *Verschmelzung* a donc pour fonction de répondre à cet apparent paradoxe en accordant un statut à cette autonomie phénoménale du sensible, lequel se donne à nous de façon organisée et dans une relative indépendance à l'égard de l'ordre physique des sensations, ainsi que des lois causales qui peuvent décrire leur mise en rapport.

Ce que l'auteur de la *Tonpsychologie* cherche à décrire au travers des phénomènes de fusionnement, c'est l'existence de complexes sensibles qui ne peuvent se réduire ni à de simples concrétions inanalysables de données élémentaires, ni inversement à une conjonction explicite d'éléments rassemblés dans une seule et même saisie. En effet, si le fusionnement correspondait à un « processus de concrétion » des sensations, nous n'aurions alors plus du tout affaire à des sensations individuelles, celles-ci devant par définition être intégralement absorbées dans une masse inarticulée ne permettant plus de retrouver ni de distinguer en elle aucun de ses éléments. Inversement, s'il était toujours possible de revenir aux données élémentaires du complexe sensible, le concept de fusion perdrait toute pertinence puisque son effet serait nul et non avenu : le complexe ne présenterait plus aucun trait phénoménal spécifique susceptible de l'autonomiser et de le distinguer d'une simple somme de sensations. Nous pouvons ainsi conclure de ces analyses que la fusion assure le point d'équilibre entre deux tendances opposées de la perception la conduisant dans des directions très différentes : d'un côté, une tendance guidant le regard vers le détail de la perception et suscitant l'analyse des éléments particuliers qui s'y manifestent conjointement, et de l'autre, une tendance nous conduisant, à l'inverse cette fois, à appréhender le phénomène dans son

1. Cf. *Tonpsychologie* I, *op. cit.*, p. 101 : le phénomène acoustique auquel donne lieu un accord n'est jamais équivalent à l'unification réelle des sons qui le composent et ne saurait produire « un nouveau son ».

unité et à embrasser d'un seul regard l'ensemble de ce qui se présente à nous pour n'en retenir, au premier abord, que les traits phénoménologiques susceptibles de caractériser cette totalité en tant que telle.

Le fusionnement correspond ainsi, selon Stumpf, au phénomène d'une totalité dépassant les éléments qui la composent sans devoir pour autant les nier ou les absorber totalement. Il ne s'agit pas d'un *processus* de transformation des données sensorielles, qui seraient irrémédiablement altérées ou modifiées à l'occasion de leur « fusionnement » [1]. La *Verschmelzung* ne requalifie pas les sensations auxquelles elle s'applique, ces dernières demeurent identiques qu'elles soient ou non fusionnées les unes avec les autres. Simplement, ces données élémentaires entrent dans une *relation* nouvelle à partir de laquelle se dégage une organisation phénoménale du sensible manifestant une certaine autonomie par rapport au niveau des sensations sur lesquelles elle se fonde :

> Dans le fusionnement, [les éléments] ne sont pas du tout modifiés, mais un nouveau rapport se présente entre eux, qui établit une unité plus étroite que celle qui a lieu entre les membres d'une simple somme [2].

Ce point est absolument déterminant pour Stumpf comme pour Husserl, qui suit scrupuleusement son directeur de thèse sur ce point lorsqu'il reprend à son compte le concept de fusion pour expliquer comment les moments figuraux sont appréhendés comme des « quasi-qualités ». Il leur permet d'expliciter ce qui semblait évident ou qui allait de soi pour Ehrenfels, à savoir le fait que les qualités phénoménales relevant en propre de l'organisation des complexes sensibles sont parfaitement extrinsèques aux données élémentaires sur lesquelles se fondent pourtant ces éléments.

Les « phénomènes sensibles » et la psychologie empirique

Ce point précis a une importance particulière pour comprendre le sens du projet phénoménologique, qui doit beaucoup à la psychologie de Stumpf. C'est en effet sur cette thèse que repose la possibilité de penser une structuration de la perception qui ne soit pas directement indexée sur l'analyse des actes psychiques établissant la synthèse du divers, mais qui s'intéresse au seul champ de la phénoménalité et de l'apparaître pour en comprendre la logique et l'organisation propre (ce que Gurwitsch appelle

1. Cf. Stumpf, *Tonpsychologie* II, § 19, *op. cit.*, p. 129 : « La fusion ne signifie pas ici un processus [*Process*] mais un rapport donné ».

2. *Ibid.*, § 17, p. 64.

l'organisation « autochtone » du sensible). Si les sensations élémentaires ne sont pas irrémédiablement modifiées par leur fusionnement, alors nous sommes légitimés à distinguer entre deux niveaux relativement indépendants de la sensibilité (quoique l'un de ces niveaux soit fondé sur l'autre), et à les traiter selon des approches distinctes (une approche purement physiologique dans un cas, « phénoménologique » dans l'autre – même si Stumpf n'emploie pas encore ce terme, contrairement à Ehrenfels qui le reprend à Mach pour dégager le sens de ses « qualités de forme »). Mais si, inversement, les complexes sensibles produits par le fusionnement de certaines sensations établissent une relation nouvelle et qui ne peut plus ne pas être perçue en tant que telle lorsque cette relation a lieu (comme dans le cas de l'accord musical), alors ce niveau d'analyse du sensible ne peut bien évidemment plus être justiciable d'une analyse tournée vers les actes psychiques proprement dits : la *Verschmelzung* a lieu au niveau du « phénomène sensible » en tant que tel et indépendamment de fonctions intellectuelles quelles qu'elles soient. Stumpf s'avançait ici sur une voie que Husserl n'aura de cesse de radicaliser à la suite de sa thèse d'habilitation, celle d'une remise en cause critique des concepts psychologiques issus de l'analyse brentanienne des « actes » mentaux : sa découverte justifie pleinement l'analyse d'un niveau spécifique de phénoménalité ou d'organisation de l'apparaître dont on ne saurait rendre raison ni par une « analyse des sensations », ni par l'intervention de quelque activité mentale que ce soit. Elle fait ainsi apparaître ces quasi-qualités comme un lieu intermédiaire entre une physiologie étudiant les rapports causaux constitutifs des sensations élémentaires et une psychologie consacrée à la description des seuls *actes* mentaux.

Toutefois, si, en un sens, les analyses de Stumpf préparent le terrain qui conduira Husserl vers une phénoménologie venant limiter la portée de la psychologie brentanienne, les choses ne sont pourtant pas si claires dans la *Tonpsychologie*, qui revendique elle aussi le titre de psychologie empirique. Il s'agit certes d'une psychologie descriptive et non plus génétique ou explicative [1], mais il s'agit bien tout de même d'une psychologie, c'est-à-dire d'une science ayant pour horizon l'établissement de lois empiriques dressant le constat des possibilités ou des impossibilités relatives à notre constitution psychique. C'est pourquoi les phénomènes de fusionnement dépendent selon Stumpf de conditions psychologiques très précises : c'est la simultanéité des données sensorielles qui doit entrainer leur fusion. C'est

1. *Cf.* L'article de Stumpf, « Psychologie und Erkenntnistheorie » publié dans les *Abhandlungen der königlich bayrischen Akademie der Wissenschaften*, XIX, 1891.

donc cette modalité temporelle spécifique de donation des contenus sensibles qui se traduit, relativement à notre constitution psychique, par la loi nécessaire conformément à laquelle il nous est impossible de percevoir autrement des données simultanées « fusionnées » les unes avec les autres :

> Si les sons sont sentis en même temps, alors il est impossible de ne pas les sentir comme une totalité, comme entrant dans un rapport de fusion [1].

Lorsque nous entendons un accord, nous ne sommes pas libres de percevoir séparément les notes qui le composent : celles-ci ne sont données que *dans* cette relation spécifique. Lorsque les données sensorielles se présentent simultanément à la conscience, nous percevons alors immédiatement le phénomène en question comme un tout, ce qui signifie que nous perdons par la même occasion la possibilité de le saisir comme une somme d'éléments distincts dont l'individualité nous serait en même temps donnée. La fusion caractérise les phénomènes sensibles qui opposent une résistance à notre capacité psychologique de discriminer à l'intérieur de ces phénomènes les diverses sensations élémentaires qui les constituent [2]. Il n'y a donc de fusionnement des sensations qu'en raison de notre incapacité psychologique à percevoir les éléments composant une pluralité donnée. Ainsi que le remarque avec justesse Bruce Bégout, cela implique que la fusion a bien le statut d'un phénomène psychique et qu'elle doit être distinguée de la façon la plus stricte de lois ontologiques relatives à l'essence de tels ou tels contenus sensibles qui devraient nécessairement fusionner [3].

Or, dès la *Philosophie de l'arithmétique*, ce point pose problème à Husserl, et il l'amènera dans la décennie suivante à retravailler les distinctions à partir desquelles pourra être précisé le statut de ces « phénomènes sensibles », qu'il ne peut se résoudre à considérer comme de simples phénomènes psychiques. Ce qui sera pour lui déterminant, et qui le conduira à se détacher progressivement de la psychologie de Stumpf, c'est la nécessité de définir non pas seulement une nouvelle sorte de psychologie, mais bien une *logique* propre au sensible en tant que tel.

1. Stumpf, « Psychologie und Erkenntnistheorie », art. cit., p. 65.

2. C'est la raison pour laquelle la fusion est, selon Stumpf, susceptible de degrés différents : la possibilité d'une distinction analytique des notes d'un accord sera ainsi plus forte si l'accord est dissonant, et elle sera d'autant plus faible que l'accord est plus « consonnant ».

3. *Cf.* B. Bégout, « Stumpf et Husserl. La théorie de la fusion », à paraître dans R. Brisart (éd.), *Festschrift pour Jacques English*, Hildesheim, Olms.

L'extension « analogique » du champ d'application de la Verschmelzung

Dans les recherches que Husserl consacre en 1891 à la notion de « moments figuraux », cette distance prise par rapport au sens strict que Stumpf avait donné à la *Verschmelzung* se marque en deux temps. Le premier moment de cette reprise consiste pour Husserl à proposer un élargissement du champ d'opérativité de la fusion, en levant les restrictions que faisait peser sur elle l'approche suivie par Stumpf dans la *Tonpsychologie*, et en insistant sur le fait que son concept de fusion n'est que l'*analogue* de celui que Stumpf a découvert dans les qualités de sensations simultanées et que Husserl entend appliquer au-delà de ce champ limité [1]. Stumpf a vu juste, en d'autres termes, mais sans véritablement saisir la portée exacte de sa thèse sur les phénomènes de fusionnement.

Or, c'est précisément en retravaillant le statut que doit avoir cette fusion relativement aux phénomènes sensibles que Husserl va progressivement parvenir à dégager ses analyses du terrain exclusif que leur réservait la psychologie empirique de Stumpf. En limitant la *Verschmelzung* au seul cas de figure d'une donation simultanée de contenus sensibles distincts, la première erreur commise par Stumpf consistait à s'empêcher de penser cette relation de fusionnement autrement que comme une relation s'appliquant spécifiquement à des *contenus de sensation*. Au contraire, Husserl envisage d'abandonner cette clause restrictive qui scelle le caractère strictement psychologique des phénomènes de fusionnement chez Stumpf, en examinant l'hypothèse selon laquelle les moments figuraux ne proviennent pas seulement du fusionnement de ce qu'il appelle dans ce texte les « contenus absolus » [2], mais tout autant du fusionnement *des relations entre contenus elles-mêmes* :

> Les rapports qualitatifs conditionnent eux-mêmes à leur tour de manière diverse le caractère de l'apparence tout entière de la multiplicité, en fusionnant souvent en des moments quasi-qualitatifs très marquants [3].

Husserl rompt ici avec la conception statique que Stumpf se faisait de la *Verschmelzung*, pour envisager une sorte d' « étagement » des différents niveaux du fusionnement en admettant « que le fusionnement global des contenus partiels forme lui-même un produit de fusionnement des

1. *PA*, p. 253.
2. *Ibid.*, p. 259.
3. *Ibid.*, p. 255.

fusionnements élémentaires qui sont possibles en lui »[1]. Un tel « entrelacement » des relations de fusion autorise ainsi Husserl à étendre ses analyses aux configurations non plus seulement spatiales ou immédiates (qui ne forment jamais qu'un « cas particulier » de moments figuraux[2]), mais temporelles, en intégrant la durée elle-même aux phénomènes de fusionnement (puisque la simultanéité n'en est plus la condition nécessaire). Il peut ainsi déplacer l'analyse de Stumpf, prenant pour modèle l'accord, au cas paradigmatique de la mélodie musicale : « le moment de la configuration temporelle fusionne par exemple avec les moments de la qualité et de l'intensité, et le mélange a tout d'abord un caractère figural unitaire qui ne se divise en ses éléments composants que par analyse. C'est un mélange complexe de cette sorte que renferme une mélodie »[3].

Or, ce point confère une portée sans précédent à la *Verschmelzung* en l'émancipant de façon remarquable à l'égard des données élémentaires ou des contenus de sensation. Il signifie, comme le fait encore remarquer Bégout, que la fusion n'est plus simplement une relation (entre des contenus sensibles), mais *la* « relation des relations » : le fusionnement n'est pas simplement une donnée parmi l'ensemble de celles que nous livre l'expérience sensible et, en quelque sorte, à égalité avec elles. Stumpf ne dirait certes pas que la fusion est une donnée *du même type* que celle qui caractérise les éléments qu'elle met en relation, mais elle est bien, toutefois, une donnée qui se présente à nous dans l'expérience du sensible (et c'est précisément ce caractère de donnée qui en fait un « phénomène psychique », puisque celle-ci est très exactement *à la mesure* de notre incapacité à discriminer les contenus élémentaires fusionnés). La perspective de Husserl, bien qu'elle puisse apparaître comme proche, est en réalité très différente. Car la fusion ne peut plus être isolée à l'intérieur du champ de la sensibilité, et elle devient chez Husserl *la* relation structurant l'intégralité du sensible, entrant en ligne de compte y compris au niveau des « relations primaires » elles-mêmes (la similitude, la continuité, la croissance, etc. – qui possèdent le caractère de « phénomènes physiques » au sens défini par Brentano – mettent déjà en jeu des phénomènes de fusionnement[4]). La fusion ne rend plus du tout compte d'un cas particulier de phénomènes

1. *Ibid.*, p. 248.

2. *Ibid.*, p. 258.

3. *Philosophie de l'arithmétique*, p. 257.

4. *Ibid.*, p. 255. C'est le sens de la citation que nous venons de restituer, et dans laquelle Husserl expliquait que les « rapports qualitatifs » – les relations primaires – fusionnent en des moments quasi-qualitatifs.

sensibles (limité à la simultanéité des données), elle est pour Husserl au contraire *de règle* dans le champ de la sensibilité en général, puisqu'elle est en droit applicable, non seulement à ses contenus, mais également à l'ensemble des relations primaires qui l'ordonnent. Rien ne peut donc venir borner son applicabilité, tant et si bien que la possibilité d'isoler ce que Stumpf maintient encore, au nom du partage brentanien entre phénomènes physiques et phénomènes psychiques, sous le titre de contenus de sensation, ne peut plus relever, au sens propre, que d'un travail d'« abstraction »[1], de même que la possibilité de traiter la fusion comme un « phénomène psychique » ouvert à la description empirique.

Si la fusion définit la loi par excellence de structuration du sensible que l'on retrouve toujours d'une façon ou d'une autre impliquée à chacun des niveaux en lesquels celui-ci se laisse décomposer, alors elle exige d'être pensée non plus simplement comme une *relation* déterminée, mais bien comme un type de *légalité* spécifique à l'intuition sensible, laquelle outrepasse constamment la distinction ferme et tranchée qui avait permis à Brentano de séparer les domaines du physique et du psychique, sans pour autant revenir à une forme empiriste de naturalisme, puisqu'elle remet précisément en question la pertinence qu'il peut y avoir à raisonner en termes de sensations là où il est question de « *phénomènes* sensibles ».

La fusion et la « constitution intrinsèque » de l'intuition

C'est cette conséquence extrêmement importante de l'élargissement de la notion stumpfienne de fusion qui définit le second moment, décisif s'il en est, de la prise de distance initiale de Husserl par rapport à Stumpf. Ce qui disparaît en quelque sorte dans l'analyse husserlienne de la fusion, c'est le rôle structurel de cette distinction interne à la sensibilité sur laquelle s'appuyait constamment le texte inaugural de Stumpf en isolant systématiquement les différents contenus sensibles d'un côté, et les relations fondamentales qui affectent ces impressions élémentaires lorsqu'elles s'intègrent dans un phénomène psychique de l'autre. Ce dualisme de principe, s'il n'est pas radicalement évacué par Husserl, est largement remis en cause par l'extension qu'il donne au concept de fusion, dans la mesure où celle-ci, en descendant jusqu'au niveau des relations primaires relevant du domaine des « phénomènes physiques » au sens de Brentano, ne peut plus s'appuyer sur l'opposition entre deux étages de la sensibilité, qui lui servait en quelque sorte de pivot. La fusion ne tire plus, en quelque

1. *Ibid.*, p. 257

sorte, sa loi, d'une division qui lui serait extérieure (celle du physique et du psychique), mais c'est elle, au contraire, qui constitue la règle autonome de l'organisation du sensible, en-deçà de laquelle il n'est pas véritablement possible de remonter et à l'extérieur de laquelle cela ne peut avoir de sens que de vouloir se placer : le sensible n'obéit pas à une structuration élémentaire reposant sur le niveau des simples contenus, mais il se décline en une infinité de formes de fusionnement qui n'engagent pas seulement les relations entre contenus mais se répercutent sur les relations de relations elles-mêmes, de façon à constituer une texture beaucoup plus dense et intriquée du sensible que celle qui croit pouvoir le reconstruire à partir d'un étage élémentaire : ce qui caractérise le sensible en tant que tel n'est pas cet étage primordial des contenus sensibles mais au contraire cette prolifération illimitée ou infinie des formes de fusionnement [1].

L'extension de la fusion et son applicabilité à l'ensemble des relations entre contenus, entre relations de relations, etc., va donc beaucoup plus loin que ce que Husserl semble indiquer dans ce chapitre de la *Philosophie de l'arithmétique*, puisqu'elle entérine déjà en un sens le dépassement de l'analyse psychologique de Stumpf. La fusion n'appartient ni aux seuls contenus sensibles, ni aux actes psychiques, mais *à la structuration logique de l'intuition elle-même*, dont elle exprime un trait *essentiel* (plutôt qu'une simple contingence empirique). Ce point permet de mettre en évidence l'écart instauré par Husserl, dès 1891, par rapport à une lecture unilatéralement psychologique des phénomènes de fusionnement. L'objectif que poursuit Husserl, à travers l'analyse des moments figuraux, n'est autre que celui de parvenir à déterminer la *Beschaffenheit* propre à l'intuition du divers sensible, cette « *constitution intrinsèque caractéristique* de l'intuition » que font apparaître les multiplicités sensibles.

1. Comme le feront plus tard Koffka et Wertheimer, Husserl prend à cet égard ses distances avec ce que Gurwitsch nomme l'« hypothèse de constance », hypothèse établissant un rapport de dépendance stricte entre les données sensorielles et les stimuli extérieurs, et venant selon lui de l'« optique physiologique » d'Helmholtz (*Théorie du champ de la conscience*, trad. fr. M. Butor, Paris, Desclée de Brouwer, 1957, p. 80). En effet, si cette multiplication à l'infini des rapports de fusionnement entre contenus sensibles constitue la trame de toute notre perception, il faut en conclure qu'un accès à ces parties ultimes que seraient les sensations, prises pour elles-mêmes et sans tenir compte de leur rôle de parties (donc indépendamment de leur intégration dans un tout à l'intérieur duquel elles fusionnent de façon à produire un « moment d'unité ») devient extrêmement problématique. Les sensations définissent un cas limite de l'intuition, puisqu'elles ont bel et bien *en droit* un sens phénoménologique, bien qu'elles ne soient *de fait* accessibles qu'en tant que fonctions ou moments de vécus perceptifs (et non en tant que pures données intuitives dont nous pourrions disposer et dont la description pourrait partir).

Cet intérêt porté à l'intuition sensible prise pour elle-même et indépendamment de toute approche *ontologique* relative à la nature des contenus sensibles, Husserl le doit pourtant aussi à Stumpf et à l'héritage empiriste que ce dernier avait lui-même reçu de l'analyse humienne des « *relations of ideas* ». On pourrait en un sens déjà trouver chez Stumpf les raisons qui poussent Husserl à faire du fusionnement une sorte de loi d'essence atteignant la constitution intrinsèque de l'intuition sensible. Mais il y a toutefois une profonde différence qui se fait jour dans le passage de la *Tonpsychologie* à l'analyse des moments figuraux : en admettant l'idée selon laquelle ce ne sont plus seulement les sensations ou les contenus sensibles, mais également les relations entre contenus qui fusionnent, Husserl ne considère plus du tout le fusionnement comme une sorte de *fait relationnel* correspondant à un événement psychique (sur lequel pèsent des conditions temporelles fixes et qui s'insère de cette façon dans une histoire de la vie psychique), mais comme une relation *de droit*, fondée pour ainsi dire dans la structure logique de la sensibilité elle-même – dans sa *constitution intrinsèque*. Ce que cette notion de *Beschaffenheit* propre à l'intuition sensible fait ainsi apparaître, c'est l'idée fondamentale selon laquelle cette irréductibilité du sensible que Stumpf avait vue et analysée avec beaucoup de finesse de perspicacité n'est pas simplement quelque chose de factuel ou de contingent, se révélant à nous à certaines occasions et sous des conditions circonstanciées. Cette irréductibilité définit bien plutôt un trait absolument essentiel du sensible qui nous amène bien au-delà d'une interprétation simplement empirique des faits psychiques auxquels elle donne lieu. En ce sens, ce que Stumpf interprétait comme une impossibilité psychologique relevant des prérogatives de la description empirique nous renvoie à une *logique* propre au sensible, en tant qu'il appartient rigoureusement à l'essence de ce dernier d'exercer un pouvoir de contrainte inéliminable sur la perception.

Si Husserl est encore loin de l'interprétation qu'il donnera de ces résultats dans la troisième *Recherche*, il pose toutefois ici le problème des multiplicités sensibles dans des termes qui ne pouvaient par la suite que le conduire à chercher une issue de type *logique* aux difficultés d'ordre psychologique qui retiennent encore son analyse sous l'influence extrêmement forte de son directeur de thèse. On perçoit cette hésitation tout au long de ce chapitre XI, et peut-être plus encore lorsque Husserl semble revenir vers une lecture psychologique des moments figuraux, en expliquant qu'ils se distinguent par la stimulation particulièrement puissante qu'ils exercent sur notre activité d'appréhension[1]. Dans cette dernière formulation apparaît encore ce que Husserl ne peut pas parvenir à éliminer, à savoir la référence implicite à une *extériorité* et à une dimension d'inconstituabilité radicale du sensible, qui pèse de tout son poids sur la constitution intrinsèque de l'intuition que Husserl cherche à déterminer, puisqu'elle nous renvoie à la modalité phénoménologique essentielle de toute donation sensible. Il appartient au sensible de se donner toujours à nous *avec* son propre pouvoir de contrainte sur la conscience perceptive. C'est donc bien à lui qu'il appartient de ne nous donner les phénomènes que *comme* quelque chose d'extérieur, comme quelque chose qui nous résiste et s'oppose à notre appréhension.

Telle est, en dernière analyse, la teneur phénoménologique qui fait le propre de ces multiplicités sensibles et des moments figuraux qui les sous-tendent: avec elles, tout se passe comme si les relations sensibles s'exerçaient *de l'extérieur* sur la conscience que nous pouvons en avoir; tout se passe comme si elles appartenaient à la texture ou à la contexture mêmes de la réalité sensible, et ne relevaient donc pas simplement de sa mise en relation *de facto* avec une conscience donnée. Cette dimension d'extériorité prend ainsi en défaut une psychologie qui, comme celle de Brentano et de Stumpf, prétend se focaliser sur la description de la perception interne, et qui manque ici une détermination fondamentale des phénomènes en question: l'impossibilité psychologique décrite par Stumpf dans le cas du fusionnement des données sensibles simultanées que nous ne sommes plus capables de discerner les unes des autres ne saurait donc être le principe ou l'« origine » du phénomène psychique, puisqu'elle n'est au contraire que la *conséquence* de cette irréductibilité comme détermination essentielle et non pas factuelle de l'intuition sensible, dont Husserl s'est ainsi donné les moyens de penser la « constitution intrinsèque ».

De Kant à Husserl, en passant par Brentano

Avant d'aller plus loin et de suivre la transformation que Husserl fera subir aux moments figuraux dans les années qui précèdent et jusqu'à l'écriture des *Recherches Logiques*, tirons quelques conclusions de ce qui vient d'être dit. S'il est tout à fait clair que la *Philosophie de l'arithmétique* subit une forte influence de la psychologie brentanienne et stumpfienne qui lui vaudra notamment de s'attirer les critiques célèbres et acerbes d'un

1. *PA*, p. 258.

Frege, y reconnaissant une forme évidente de psychologisme [1], il est non moins clair qu'elle introduit déjà une certaine distance par rapport à la psychologie, et sème sans doute par la même occasion les germes des réflexions qui mettront dans la décennie suivante Husserl sur le chemin d'une phénoménologie, entendue cette fois au sens strict qu'il donnera à ce terme. Mais cela signifie également que si, comme nous avons voulu le montrer au cours du chapitre précédent, Husserl joue la carte que lui offre cette psychologie descriptive *contre* la conception kantienne de l'expérience faisant systématiquement intervenir les synthèses catégoriales pour mettre en forme le sensible, la solution vers laquelle s'achemine la *Philosophie de l'arithmétique* et qui consiste à opposer de la façon la plus stricte les actes de colligation explicite aux liaisons déjà présentes dans la constitution intrinsèque de l'intuition sensible ne peut être tout à fait satisfaisante à ses yeux. Certes, Husserl a fait un pas important dans son approche de la sensibilité en montrant comment apparaissent les caractères par lesquels la multiplicité reçoit en tant que telle une apparence phénoménale qui lui est propre, et en indiquant le rôle de loi structurale que joue le fusionnement dans le champ de l'intuition sensible : la fusion peut ainsi assumer, en deçà de toute activité catégoriale, l'unification du divers des sensations nous permettant de saisir des totalités et non seulement des données isolées (Husserl s'en souviendra jusque dans la sixième *Recherche*). Mais ce qui reste problématique dans cette analyse, et qui place la *Philosophie de l'arithmétique* dans une position particulièrement inconfortable relativement à une psychologie dont elle voit l'insuffisance sans pouvoir pour autant se résoudre à l'abandonner, c'est le statut de cette opposition radicale entre colligation explicite et liaisons matérielles.

En effet, loin d'entériner un dépassement définitif des termes métaphysiques sous lesquels Kant avait posé le problème de la synthèse, la solution vers laquelle s'achemine la *Philosophie de l'arithmétique* ne fait en un sens que répercuter le dispositif général sur lequel fait fond la problématique kantienne, en le réinterprétant seulement dans les termes de la psychologie brentanienne. En s'en tenant à l'opposition rigide entre les actes psychiques de colligation d'un côté, et les « liaisons situées dans les contenus » [2] de l'autre, Husserl réinvestit très clairement le schéma oppositionnel entre la spontanéité (active) dont relèvent les catégories de l'entendement et la réceptivité (passive) de l'intuition sensible. Ce que l'analyse

1. *Cf.* la recension de Frege, traduite par C. Imbert dans les *Écrits logiques et philosophiques*, Paris, Seuil, 1994.

2. *Ibid.*, p. 51.

des moments figuraux apporte à ce schéma, c'est la possibilité d'introduire un niveau pré-catégorial d'organisation du sensible en dévoilant, au travers de ces qualités de forme auxquelles Husserl a donné le nom de « quasi-qualités » un équivalent purement sensible des formes qui relevaient toujours ultimement chez Kant de la juridiction exclusive du pouvoir synthétique de l'entendement. Mais le cadre à l'intérieur duquel cette découverte originale trouve son sens est encore celui de l'opposition entre les dimensions de l'activité et de la passivité qui caractérisent la conscience, relue à présent à l'aune de la distinction brentanienne entre phénomènes psychiques et physiques, c'est-à-dire à partir de la séparation entre des actes intentionnels relevant de la sphère du « mental » et des phénomènes non-intentionnels appartenant au contraire au monde physique. C'est bien en effet à cette distinction que se réfère Husserl, lorsqu'il expose ces deux types de relations, qu'il considère comme de la plus haute importance de bien différencier, que sont les « relations primaires » et les « relations psychiques » [1]. À ce niveau de l'analyse, la distinction entre le catégorial et le sensible recoupe donc aussi bien les différences entre l'intentionnel et le non-intentionnel, le psychique et le physique, l'activité et la passivité.

Or, nous avons vu que l'élargissement de la fusion auquel procède la théorie husserlienne des moments figuraux met déjà d'une certaine façon à mal ce régime de dichotomies, puisqu'il conduit Husserl à étendre le fusionnement aux relations primaires (donc aux phénomènes physiques au sens de Brentano) et fait ainsi valoir son caractère de loi générale exprimant la constitution intrinsèque de l'intuition. Ainsi, si l'analyse phénoménologique de l'intuition qui va se mettre en place à partir de ces considération ne peut plus s'accommoder du partage brentanien du physique et du psychique et le conserver tel quel, c'est toute la question de la délimitation entre actes catégoriaux et liaisons sensibles ou matérielles (pour lesquelles Husserl parle encore en 1891 de « liaisons dans le contenu ») qui devra être remise en chantier et reposée à nouveaux frais. C'est très précisément cette nouvelle façon de concevoir les rapports entre les liaisons sensibles et les actes de l'esprit qui mettra Husserl sur le chemin de la problématique catégoriale, dont le point d'aboutissement se trouvera dans la sixième *Recherche*. La théorie des multiplicités sensibles constitue bien de ce point

1. *Cf.* le paragraphe du troisième chapitre (« la nature psychologique de la liaison collective ») de la *Philosophie de l'arithmétique* dans lequel Husserl revient sur « la théorie de la relation » (*op. cit.*, p. 81-88), qui se réfère très ouvertement à la *Psychologie du point de vue empirique* de Brentano.

de vue le point de départ génétique du questionnement qui sous-tend l'analyse des catégories que proposera Husserl dans les *Recherches Logiques* : elle engage une réinterprétation de fond de la distinction entre le sensible et le catégorial, que Husserl s'efforcera de fonder sur la distinction entre deux régimes différents de légalité et d'*aprioricité*.

MOMENTS DÉPENDANTS ET INDÉPENDANTS : LE TOURNANT DE 1894

La distinction problématique entre liaisons sensibles et liaisons catégoriales va faire l'objet d'importants réaménagements dans les années qui suivent la publication de la *Philosophie de l'arithmétique*. Le jalon le plus significatif de l'évolution que suivra la pensée husserlienne, au cours de cette décennie qui sépare son premier ouvrage des *Recherches Logiques*, se situe dans le texte décisif de 1894, les *Études psychologiques pour la logique élémentaire* [1], texte fondateur à bien des égards de la « percée » qui sera accomplie dans les *Recherches*. À mi-chemin entre la psychologie et la logique, ce texte se présente d'abord comme un bilan des recherches que Husserl a consacré à la question de la « teneur intuitive de la perception » [2], c'est-à-dire, en un sens, à la question qu'abordait, sans pouvoir l'examiner à fond, l'ouvrage de 1891.

La « teneur intuitive de la perception » et la « nature » de ses contenus

En traitant en effet de la « constitution intrinsèque de l'intuition » que rendent manifeste les traits figuraux de la perception sensible des multiplicités, ce dernier texte ouvrait un important champ d'analyses dont le statut restait problématique, puisque celles-ci ne pouvaient plus relever du domaine des seuls phénomènes psychiques et débordaient tout autant la sphère purement physiologique des rapports entre stimuli et sensations correspondantes, comme celle, ontologique, relevant de l'analyse des purs « contenus » sensibles. L'opuscule de 1894 tente de répondre à cette difficulté, et l'un des aspects essentiels de ce texte consiste à déplacer l'ensemble des termes des anciennes analyses de Husserl afin de pouvoir en déterminer plus clairement le sens et le statut : c'est la raison pour

1. Texte initialement paru dans *Philosophische Monatschefte* 30, 1894, p. 159-191, et traduit par J. English dans *AL*, p. 123-167.

2. *AL*, p. 124.

laquelle Husserl ne parle plus directement des moments figuraux, ces derniers se voyant intégrés dans une analyse plus générale des liaisons non plus seulement sensibles, mais appartenant à la structure unitaire de la « conscience globale » [1] (*Gesammtbewusstsein*).

La question qui intéresse Husserl est bien toujours celle de l'autonomie de ces formes de liaisons sensibles par rapport aux actes psychiques, mais son coup de force théorique va consister à objectiver les premières, en resserrant l'analyse que la *Philosophie de l'arithmétique* consacrait, de façon encore assez imprécise, à ces *Verbindungen* – analyse qui ne permettait pas de déterminer clairement si ces liaisons correspondent aux formes relevant de la structure des objets sensibles ou si elles sont simplement relatives aux conditions psychologiques de l'intuition – autour de l'intuition elle-même : il va désormais s'agir d'établir les *lois logiques* de relations entre les contenus intuitifs. Ce sur quoi repose la structure complexe et unitaire de tels contenus, ce n'est donc déjà plus tout à fait des liaisons au sens des *Verbindungen* dont le modèle pouvait encore paraître emprunté au « divers de l'intuition » kantien, mais ce sont des « connexions » (*Verknüpfungen* [2]), terme qui justifie à lui seul le passage d'une analyse psychologique à une analyse strictement logique des relations de « dépendance » et d'« indépendance » entre contenus qui structurent de part en part la « *gesammtbewusstsein* », et en l'occurrence le champ entier de l'intuition. Ce sera alors sur ce terrain logique que Husserl pourra retrouver le sens et la vérité des recherches qu'il avait d'abord consacrées aux moments figuraux, en affirmant que l'ensemble des analyses qu'il propose des relations de dépendance entre contenus valent aussi bien « pour les moments quasi-qualitatifs des intuitions », pour « les qualités de forme de Von Ehrenfels » ou pour les « contenus fondés » de Meinong [3].

Or, quoique Husserl les ait initialement abordées sous l'angle de leur rapport intrinsèque à l'unité d'une conscience, ces relations de dépendance (*Abhängigkeitsbeziehung*) entre contenus font apparaître de façon

1. *AL*, p. 123.

2. *Ibid.*, p. 124 ; *Husserliana* XXII, p. 93. Nous modifions ici la traduction de J. English par « jonction », dans le but de souligner le caractère spécifiquement logique de la *Verknüpfung*.

3. *Ibid.*, p. 127 ; les textes d'Ehrenfels et de Meinong auxquels Husserl fait ici référence sont, respectivement, l'article déjà cité « Über "Gestaltqualitäten" », et pour le second, le texte de 1891 intitulé « Zur Psychologie der Complexionen und Relationen » (*Zeitschrift für Psychologie und Physiologie der Sinnesorgane*, vol. 2, 1891, repris dans le t. I de la *Gesamtausgabe*, Graz, Akademische Druck- und Verlagsanstalt, 1969, p. 281-300).

beaucoup plus évidente la valeur et le statut très remarquables des lois qu'elles permettent d'établir (leur portée « ontologique », aurait-on envie de dire ici, même si ce terme est dans le cas présent particulièrement anachronique [1], et pourrait encore prêter à confusion), tenant essentiellement à leur décrochage par rapport au niveau empirique ou psychologique de l'analyse.

> Il n'est pas facile de dire en quoi consiste cette autonomie [des contenus]. Pour la caractériser, on pourrait avoir recours à ce qui suit : les choses objectives [*die objektiven Dinge*] agissent les unes sur les autres et conditionnent par là des relations de dépendance entre les apparences [*Erscheinungen*] perçues, et donc aussi entre leurs teneurs intuitives. [...] Mais il n'entre cependant pas dans la nature des contenus intuitionnés eux-mêmes qu'ils se trouvent dans ces rapports de dépendance ; en eux nous ne trouvons rien qui rende évidente la nécessité de la relation ; cette relation ne porte pas sur les contenus en tant que tels, mais seulement sur les choses objectives [2].

L'auteur de ces lignes nous met en garde contre une mauvaise interprétation possible des rapports de dépendance qui structurent le champ perceptif, laquelle consisterait à n'entendre par là rien d'autre que ces jeux d'apparences dont nous nous attendons communément à ce que l'explication nous ramène toujours aux « choses objectives » auxquelles elles se rapportent. Il faut donc prendre en considération, indépendamment de cette sphère des apparences, et bien qu'il s'y rattache d'une certaine façon, un sens de la dépendance ou de l'autonomie ne se fondant plus dans l'être problématique des « choses objectives » mais dans la « teneur intuitive de la perception » elle-même (*anschaulichen Gehalt der Wahrnehmung*) [3], et tirant de là sa supériorité sur le premier. C'est ce que fait immédiatement apparaître Husserl, en poursuivant ce texte par une anticipation saisissante de ce qui deviendra plus tard, sous le nom de « variation imaginative », l'un

1. Rappelons que Husserl ne l'utilisera que de nombreuses années plus tard, non pas au moment des *Recherches*, comme on le croit trop souvent, mais seulement lors de leur tentative de réécriture, en 1913, c'est-à-dire lorsqu'il sera question de requalifier le statut des analyses conduites dans la troisième des *Recherches Logiques*, et à l'occasion d'une discussion avec la *Théorie de l'objet* de Meinong et son plaidoyer pour une « ontologie formelle », que nous expose l'*Esquisse d'une préface aux Recherches Logiques* datant de la même époque.

2. *Ibid.*, p. 124.

3. *Husserliana* XXII, p. 93.

des piliers cardinaux de la méthode phénoménologique, lui permettant alors de dégager l'invariant eidétique des phénomènes [1] :

> En effet, au moyen de l'imagination, nous pouvons nous représenter les relations causales comme totalement supprimées, sans que nous trouvions changée la teneur intuitive de la perception. C'est une telle dissociabilité par rapport à ce qui est joint que montrent les contenus qui doivent être considérés ici [2].

Husserl prépare ainsi, dès les premières pages de ce texte, le geste philosophique qui sera à l'origine de la troisième *Recherche*, à savoir cette possibilité de convertir les analyses menées d'abord sur le terrain des liaisons intuitives entre les touts et les parties des objets sensibles en analyses strictement objectives, caractérisant la logique même de l'objet en général. Dans un mouvement similaire, ce passage des *Études* de 1894 appelle et légitime cette conversion phénoménologique [3] qui, partant de la simple description des relations intuitives de dépendances entre apparences, la traduit en une analyse logique de l'autonomie (*Selbständigkeit*) ou de la non-autonomie (*Unselbständigkeit*) propre à ces contenus intuitifs. Nous devons détourner notre intérêt des « choses objectives » pour le porter exclusivement sur « les contenus en tant que tels », de sorte qu'en s'autonomisant par rapport à sa possible fondation dans la sphère

1. Précisons toutefois qu'il ne faudrait surestimer ni l'originalité, ni l'originarité de cette « découverte » méthodologique, dont on pourrait déjà trouver un échantillon dans l'article de 1890 sur les « qualités de forme » d'Ehrenfels, que Husserl a attentivement lu. On peut en effet rappeler que Von Ehrenfels se servait d'une méthode tout à fait similaire pour identifier la présence des « *Gestaltqualitäten* », en faisant varier, de façon imaginative, les éléments qui composent un complexe de données sensorielles *x* ou *y*. Si la « présentation » phénoménale du complexe en question (par exemple la manifestation de telle ou telle mélodie) n'est pas affectée par ces variations (si, donc, l'on identifie bien la mélodie entendue comme étant la même lorsque l'on change la hauteur des notes qui la composent), tandis que d'autres variations possibles modifieraient complètement le phénomène global, alors cette différence entre le phénomène et les éléments sensibles qui le génèrent nous oblige à reconnaître là une « qualité de forme » spécifique (propre, dans notre exemple, à la mélodie elle-même), laquelle se surajoute au complexe de sensations (*cf.* Ch. Von Ehrenfels, « Über "Gestaltqualitäten" », § 4, trad. fr. dans D. Fisette (éd.), *Brentano et son école, de Würzbourg à Vienne*, *op. cit.*, p. 235 *sq.*).

2. *AL*, p. 124.

3. C'est cette conversion encore phénoménologique (puisqu'elle oppose ici l'analyse de l'intuition à celle des « choses objectives » et de leurs apparences) qu'une note de la deuxième édition des *Recherches* traduira en « conversion ontologique », et Husserl assignera dans cette même note l'origine de cette découverte aux travaux concernant la logique qu'il avait réalisé durant l'année 1894 (cf. *RL*3, § 7, p. 22, n. I).

transcendante des «choses», le niveau phénoménologique de l'analyse gagne en même temps une rigueur logique qui faisait cruellement défaut à l'approche psychologique.

Le point important est ici que cette conversion ne permet plus seulement de faire apparaître les relations qui structurent le champ intuitif, mais elle autorise Husserl à revendiquer pour les rapports de dépendance et d'indépendance qui sont ici en cause le titre de lois d'essence valables de façon universelle pour toute conscience perceptive : car ce que la dichotomie de l'autonome et du non-autonome permet de gagner n'est autre que l'essence ou la «nature» (*Natur*)[1] même des contenus qu'elle qualifie, contenus qui «restent, semble-t-il, ce qu'ils sont, même si l'on se représente ceux auxquels ils sont liés comme en train de disparaître ou de changer d'une manière ou d'une autre»[2]. Husserl aborde ici de front le motif qui se situait à l'horizon des considérations sur la «constitution intrinsèque de l'intuition» développées dans la *Philosophie de l'arithmétique* : ce qui le préoccupe avant tout et qui constitue le point de départ sur le fondement duquel va se mettre en place l'analyse de la différence entre contenus autonomes et non-autonomes (que Husserl doit, une fois de plus, à Carl Stumpf[3]), c'est la possibilité de distinguer strictement entre ce qui relève et ce qui ne relève pas de la nature des contenus intuitifs, entre ce qui appartient ou non *par essence* à l'intuition de tout objet, quel qu'il soit. Peu lui importe, en l'occurrence, «que le changement d'une première apparence (ou intuition) entraine un changement correspondant dans l'apparence coordonnée» ; toute la question est au contraire de savoir « s'il entre dans la nature des contenus intuitionnés eux-mêmes qu'ils se trouvent dans ces rapports de dépendance »[4].

L'évidence intuitive et l'essence logique des contenus

La suite du texte de 1894 se construit ainsi sur l'opposition, à l'intérieur de la sphère générale de l'intuition, entre deux niveaux de relation : les relations ayant simplement une existence *de fait* d'un côté, et de l'autre, les relations obéissant à la logique de ce que Husserl nomme dans ces pages

1. *AL*, p. 124 (*Husserliana* XXII, p. 93).

2. *Ibid.* Ce texte définit ainsi, en un sens, l'épine dorsale de la phénoménologie, en tant que celle-ci repose sur la possibilité de faire apparaître les lois d'essence propres aux phénomènes, ce que confirme son usage remarquable de la variation imaginaire.

3. Husserl se réfère ici à son texte *Ueber den psychologischen Ursprung der Raumvorstellung*, Leipzig, Hirzel, 1873, p. 109.

4. *AL*, p. 124.

une « nécessité évidente » fondée dans la « teneur intuitive de la perception » (et c'est bien entendu de ce dernier type de nécessité que relève l'autonomie ou la non-autonomie des contenus intuitifs) :

> Les cochangements éventuels des contenus joints, qui ne nous échappent pas quand nous portons l'attention qui convient à ce qui est effectivement [*wirklich*] vécu, nous apparaissent comme de simples faits [*tatsächliche*] ; dans les contenus, il n'y a rien qui exigerait une dépendance fonctionnelle de leurs changements, en tant que ce serait là une *nécessité évidente* [1].

L'intervention de cette notion d'évidence n'a ici rien de fortuit, et elle joue au contraire un rôle crucial dans la réinterprétation que propose Husserl du statut des relations autour desquelles se structure le champ de l'intuition. D'une part, en effet, le recours à cette forme d'évidence signifie le refus de toute interprétation psychologisante des lois qu'elle concerne, dans la mesure où des rapports *nécessaires* de dépendance entre contenus ne dépendent plus des conditions subjectives de la perception ou de l'effet produit par telle ou telle sensation sur une constitution psychique donnée. Husserl tire ici les conséquences des analyses préparatoires qu'il avait consacré un an plus tôt, en 1893, à l'intuition et aux « circonstances subjectives du voir » [2]. S'appuyant dans ce texte, sur la lecture très attentive qu'il a faite, depuis 1892, des *Principles of psychology* de William James et de sa théorie des « halos de conscience », Husserl met en évidence la secondarité de ces circonstances subjectives à l'intérieur des « phénomènes de conscience » auxquels elles se rattachent pourtant essentiellement [3]. Cela l'autorisait ainsi à en conclure, dans un texte rédigé en appendice à ce paragraphe à peu près au même moment que les *Études psychologiques pour la logique élémentaire*, que « les circonstances n'appartiennent pas au contenu ; car elles ne sont qu'un moyen de le pointer et de l'intentionner, éventuellement de l'atteindre » [4]. Quoique la perception soit toujours nécessairement située, quoiqu'elle soit toujours relative à certains mouvements corporels nécessairement exercés depuis un « point de vue »

1. *AL*, p. 125 (c'est Husserl qui souligne).

2. *Cf.* « Intuition et re-présentation, intention et remplissement », I, § 2, traduit par J. English dans le volume consacré au débat entre Husserl et Twardowski, *Objets Intentionnels*, Paris, Vrin, 1993 (cité *OI*).

3. Cf. *OI*, p. 231-232.

4. *Appendice* à « Intuition et re-présentation, intention et remplissement », daté de 1894, *OI*, p. 272.

déterminé[1], nous sommes donc légitimés à distinguer de ces conditions subjectives du voir l'analyse des purs contenus intuitifs. C'est dans l'ouverture de cette brèche que s'engouffrera la troisième *Recherche* en opposant la «*nécessité idéale objective* de ne-pas-pouvoir-être-autrement» à cette nécessité seulement «subjective» que Husserl traduit comme «une *incapacité subjective* de ne-pas-pouvoir-se-*représenter*-autrement»[2].

D'autre part, en rejetant les conditions psychologiques qui pesaient sur l'analyse descriptive de l'intuitivité, cette notion d'évidence déplace le sens même du questionnement que l'on peut adresser à l'intuition, et corrélativement le type de réponse que l'on peut en attendre. En ayant recours à cette notion d'évidence comme *critère* de l'autonomie ou de la non-autonomie des contenus, Husserl indiquait en effet que cette distinction ne qualifie pas seulement l'*apparaître* de ce qui se donne à l'intuition (les *Erscheinungen*), mais repose sur des déterminations plus fondamentales qui conditionnent la possibilité, non plus seulement *matérielle*, mais *logique*, de tout apparaître : il s'agit de conditions qui ne pèsent pas tant sur l'intuition en tant que fait empirique, que sur la structure logique de l'intuitivité même. La bonne question à poser à l'intuition ne porte pas sur son être effectif (sur sa *Wirklichkeit*), mais sur la *signification* que l'on doit accorder aux changements susceptibles d'en affecter le contenu, là où les modifications factuelles de l'environnement intuitif d'un contenu autonome sont *insignifiantes* (*bedeutunglos*)[3]. Husserl poursuit cette référence à la sphère du *sens* en donnant deux pages plus loin pour critère définitionnel de l'« autonomie » d'un contenu, l'« absurdité » (*Absurdität*)[4] qu'il peut ou non y avoir à «penser que la suppression de tous les contenus simultanés le laisserait lui-même intact»[5]. Ainsi, l'évidence au moyen de laquelle un contenu manifeste son autonomie ou sa non-autonomie au sein de la conscience perceptive, fait signe vers une sorte d'*essence logique* des contenus intuitifs en question, laquelle fait apparaître leur statut à l'intérieur de la différence partie-tout :

1. On remarquera à cet égard l'attention soutenue que prête ce § 2 du texte de 1893 aux « mouvements des yeux, ainsi que de ceux de la tête et du reste du corps » (*op. cit.*, p. 223).

2. Cf. *RL*3, § 7, p. 21-22.

3. *Ibid.*, p. 125 (*Husserliana* XXII, p. 93) ; nous modifions la traduction d'English qui supprime cette référence remarquable à la notion de signification (*Bedeutung*) en traduisant ici « sans importance ».

4. *Husserliana* XXII, p. 95.

5. *Ibid.*, p. 127.

> Dans la première sorte de contenus [non autonomes], nous avons l'évidence, on pourrait aussi s'exprimer de cette façon, que, tels qu'ils sont, ils ne sont possibles que comme parties de touts plus vastes, tandis que dans la seconde sorte de contenus une telle évidence fait défaut [1].

La question de l'autonomie des contenus nous ramène de ce fait à la différence méréologique absolument générale entre les touts et leurs parties qui parcourt l'ensemble des recherches menées par Husserl durant cette décennie. Cela signifie que la généralité des lois de dépendance ou d'indépendance qui sont ici analysées sur le terrain de l'intuition sensible ne vaut pas seulement pour le type spécifique de contenus qui sont ici concernés, mais a une portée et une signification logique beaucoup plus large et fondamentale (car, encore une fois, ce qui est en cause n'est pas leur effectivité, mais la possibilité logique même de leur donation). C'est la raison pour laquelle le compte-rendu que Husserl donnera de ses propres *Études psychologiques pour la logique élémentaire* trois années après leur parution, soit en 1897, accusera rétrospectivement une radicalisation décisive de la portée que l'on doit selon lui accorder à ses résultats. Husserl veut alors donner à la définition de l'autonomie « une forme qui soit objective » et interdise toute mésinterprétation traitant l'évidence qui en est le critère comme un simple « vécu contingent » [2]. Or, c'est précisément ce que permet de faire la reformulation de ces lois en termes méréologiques, Husserl pouvant en effet affirmer dès lors que les lois d'autonomie ne valent pas seulement pour les contenus, mais pour les objets en général (qu'ils doivent être intuitionnés ou même seulement pensés) :

> C'est une loi qui vaut objectivement qu'un contenu appartenant au genre des contenus relatifs ne peut exister que comme partie d'un tout, donc joint à d'autre contenus. [...] On voit alors immédiatement que cette importante différence n'est pas limitée aux contenus, mais qu'elle est applicable d'une manière générale aux objets, ce qui lui confère une signification métaphysique. La même chose vaut aussi alors pour les autres différences rattachées à elle dans cette étude [3].

1. *Husserliana* XXII, p. 127.

2. *Compte-rendu des ouvrages allemands de logique de l'année 1894*, *Archiv für systematische Philosophie*, 3, 1897, trad. fr. dans *AL*, p. 178-179, n. I.

3. *Ibid.* La troisième *Recherche* prendra cet acquis fondamental des *Études psychologiques pour la logique élémentaire* comme point de départ de ses analyses, en le posant ouvertement dès le premier paragraphe : « Des objets peuvent être entre eux dans le rapport de *touts* à *parties*, ou aussi dans le rapport de parties coordonnées d'un tout. Ce sont là des modes de relation fondés *a priori* sur l'idée de l'objet » (*RL*3, § 1, p. 7).

Les recherches de Husserl enregistrent dès lors une avancée fondamentale qui constituera l'assise de sa troisième *Recherche*, laquelle convertira immédiatement en « différence objective fondamentale [*fundamentalen* objektiven *Unterschied*] »[1] la distinction entre dépendance et indépendance des contenus intuitifs. Il ne s'agit plus, bien entendu, de l'objectivité au sens de ce qui a rapport aux *objektiven Dinge* que le texte de 1894 écartait de ses analyses, mais d'une différence d'essence valant pour tout *Objekt* en général, et que seule la voie d'accès phénoménologique à l'intuition déployée à partir de ce texte a permis de gagner. Autrement dit, la sphère d'objectivité authentique ne s'atteint pas en allant directement aux choses, entendues comme *Dinge* et dans leur opposition naïve aux phénomènes (derrière lesquels elles prétendent se trouver), mais en plongeant au contraire dans l'épaisseur phénoménologique de l'intuition, qui sert ici de vecteur ou de révélateur aux distinctions logiques fondamentales valables pour tout objet en général.

FUSION ET FONDATION DES CONTENUS : L'UNITÉ ONTO-LOGIQUE DE L'OBJET DANS LA TROISIÈME *RECHERCHE LOGIQUE*

Le problème de l'« apparence » de fusionnement

Nous avons donc maintenant reconstitué à grands traits le trajet qui sépare l'intérêt manifesté par Husserl pour les moments figuraux dans la *Philosophie de l'arithmétique* du rôle central qu'il confiera à l'analyse des « moments dépendants » dans la troisième *Recherche Logique*. Avant de poursuivre notre enquête sur la mise en place de la distinction entre le sensible et le catégorial en en faisant apparaître la nécessité à partir de cette problématique initiale, il nous faut encore, pour finir, nous interroger sur le devenir du concept de *Verschmelzung* au sein des réinterprétations successives données par Husserl de ses propres analyses concernant la structure complexe des touts sensibles. Nous avons vu que la sphère des phénomènes sensibles dont le concept de « fusionnement » permettait de rendre compte a été réintégrée à partir de 1894 dans des analyses plus larges qui allaient aboutir à mettre en évidence la structure logique et objective de l'intuitivité en tant que telle, mais en payant toutefois cette réintégration au

1. *RL*3, § 9, p. 31/327 [252] ; nous citons ici le texte de la première édition, qui, comme nous y faisions allusion un peu plus haut, exprimait toujours à travers le lexique de l'*Objektivität* ce que la seconde édition traduit systématiquement par *ontologisch*, « ontologique ».

prix d'une exclusion des caractères seulement factuels (*tatsächliche*) ou contingents de l'intuition empirique [1]. Or, cette détermination plus précise de la portée logique (ou logico-ontologique) qu'il convient d'accorder aux relations de dépendance ou d'indépendance entre contenus intuitifs conduit Husserl à substituer au concept de « fusion » ce qui prend dans les *Études* de 1894 la figure d'une « interpénétration » nécessaire et évidente des contenus. L'exemple auquel s'attache alors l'auteur est celui de l'intensité d'un son, laquelle n'est « rien pour elle-même », et « n'est quelque chose qu'avec et dans la qualité » [2]. Le texte se poursuit de la façon suivante :

> Un changement de l'intensité signifie inévitablement un certain changement de la qualité, quoique son espèce puisse rester intacte. [...] Les deux contenus s'interpénètrent [*durchdringen sich*], ils sont l'un dans l'autre, et non pas l'un extérieur à l'autre [3].

Husserl fait à présent intervenir cette interpénétration non plus seulement au niveau des rapports entre apparences sensibles, mais au niveau de l'essence logique même des contenus en question ; ce faisant, il est amené à inscrire une différence fondamentale de statut entre les phénomènes d'interpénétration d'une part, et de fusionnement de l'autre. L'interpénétration de l'intensité et de la qualité d'un son n'est pas une simple loi d'association empirique qui rattacherait les uns aux autres des contenus qui, *de fait*, se trouveraient toujours simultanément donnés. Si tous les objets sphériques appartenant au monde dans lequel nous vivons étaient de couleur rouge, nous aurions alors très certainement pris l'habitude d'associer toujours la forme spatiale de la sphère à la qualité sensible de la rougeur, comme si l'une venait toujours se fondre dans l'autre ; mais il n'y aurait nullement ici d'interpénétration des contenus au sens que Husserl lui donne dans le texte que nous venons de citer. Cette interpénétration ne concerne pas l'association factuelle des différentes déterminations de l'apparaître, mais relève de la seule *logique* des rapports entre contenus, dont l'autonomie ou la non-autonomie définissent l'essence (dans la mesure où elles se manifestent à chaque fois avec une « nécessité évidente »).

1. Cf. *AL*, p. 125.
2. *Ibid.*, p. 126.
3. *Ibid.*

Husserl est donc tenu de distinguer clairement la non-autonomie essentielle des contenus (qui conditionne *logiquement* la possibilité de toute intuition), des « liaisons extrêmement fixes », mais empiriques et contingentes, qui résultent seulement de « l'association des idées » [1]. De telles liaisons, en effet, produisent, relativement aux « contenus intimement joints à d'autres », une « apparence » (*Schein*) d'autonomie qui ne peut, au sens strict, leur être reconnue :

> [Ces contenus] font croire en apparence (*Anschein*) qu'ils ne sont pas autonomes, alors qu'au sens strict ce n'est pas le cas. [...] Le voyant-né croit voir la chose avec toutes ses qualités, et celles-ci lui apparaissent (*erscheinen*) toutes alors comme également inséparables. Même à la réflexion, cette apparence (*Schein*) oppose une forte résistance [2].

La surabondance du lexique de l'*erscheinen* dans ce passage indique qu'il s'agit bien ici de ce que Husserl avait assimilé plus haut aux relations « entre les apparences (*Erscheinungen*) perçues », ne portant pas « sur les contenus en tant que tels mais seulement sur les *objektiven Dinge* » [3]. Il est donc pour le moins nécessaire de distinguer deux concepts de dépendance des contenus qui ne sauraient être identifiés l'un à l'autre, dans la mesure où ils relèvent de deux niveaux très différents d'analyse des phénomènes. Si le « concept *strict* » ou « étroit » de la non-autonomie correspond au niveau logique-objectif supérieur (à l'intérieur duquel celle-ci est traitée comme appartenant purement et simplement à la « nature » des contenus), il faut pour autant faire droit à un « concept *lâche* » ou « *élargi* » [4] se rattachant à un niveau que Husserl décrit comme « intermédiaire » [5], se situant entre les niveaux logique et physiologique de l'analyse. Ce niveau intermédiaire concerne exclusivement cette fois le versant sensible-empirique de l'analyse dont Husserl, suivant en cela la psychologie de

1. *Ibid.*, p. 128.
2. *Ibid.*
3. *Ibid.*, p. 124. Précisons ici, en suivant la note de traduction introduite par J. English p. 128 de sa traduction, qu'il faut faire une distinction terminologique que manque la langue française entre *Erscheinung* – l'apparence au sens de la manifestation d'une chose, laquelle ne présuppose pas son opposition à une réalité dont elle se différencie – et *Schein* – l'apparence comme « faux-semblant », dont on doit alors souligner le pouvoir d'illusion. Le point essentiel est ici que le type d'apparaître correspondant aux liaisons associatives empiriques tient du faux-semblant, dans la mesure où il est toujours susceptible de masquer la nature des contenus qu'il nous présente en raison de cette « résistance » que l'habitude nous oppose.
4. *Ibid.*, p. 129, pour l'ensemble de ces références.
5. *Ibid.*, p. 128.

Stumpf, était d'abord parti dans la *Philosophie de l'arithmétique*, et auquel il peut maintenant attribuer un statut plus précis.

Or, si Husserl a forgé ce concept d'interpénétration (*Durchdringung*) pour décrire le type de connexions logiques essentielles relevant de la nature même des contenus (concept strict de la non-autonomie), c'est pour mieux la distinguer du fusionnement empirique des contenus sensibles (concept *lâche*) que l'on retrouve incontestablement à ce niveau intermédiaire d'analyse. Husserl retrouve en effet le lexique utilisé dans la description des moments figuraux lorsqu'il explique, dans la citation donnée ci-dessus, que les apparences sensibles peuvent opposer « une forte résistance » (*kräftigen Widerstand*) à notre appréhension, à ne pas confondre avec la nécessité logique évidente qui sous-tend l'interpénétration des contenus. Et c'est naturellement ici que reparait dans l'analyse husserlienne, au niveau empirique du décryptage des habitudes perceptives, le concept qu'il avait d'abord emprunté à Carl Stumpf :

> Habituellement, les aspérités tactiles (déterminées d'une manière spécifique) *fusionnent* avec certaines inégalités visuelles caractéristiques, et puisque celles-ci sont vues effectivement et qu'elles ne sont pas autonomes, cela fait naitre l'apparence (*Schein*) que la propriété constituée par les aspérités – ce complexe associatif – est vue et n'est pas autonome [1].

Aussi pouvons-nous en conclure que la *fusion*, qui avait mis le pied de Husserl à l'étrier d'un ensemble de recherches portant sur ce qui allait devenir des problèmes fondamentaux pour la délimitation du champ d'application de la phénoménologie, ne permet pourtant pas, en définitive, de gagner une sphère d'aprioricité authentique comme celle que se donnera pour objectif d'atteindre la troisième *Recherche*, avec la découverte de l'*a priori* matériel. Il fallait souligner ce point, car l'on trouve ici les raisons qui pousseront Husserl à tenir la fusion à l'écart des analyses « objectives » portant sur l'essence des contenus dans le texte de 1901.

Les « moments d'unité » des touts sensibles dans la troisième Recherche

Donnant une version radicalisée des thèses encore prudemment avancées à titre d'ébauche dans le texte de 1894, la troisième *Recherche* se donnait pour but de démontrer le caractère de « nécessité *a priori* » qui devait revenir aux rapports de dépendance entre contenus : « ce n'est pas là, de toute évidence, un simple fait empirique, mais une nécessité *a priori*, qui

1. *AL*, p. 128 (nous soulignons).

se fonde sur les essences pures »[1]. Mais cette analyse semble souffrir de ne tenir aucun compte d'une différence qu'elle recoupe pourtant de très près, et que Husserl qualifie de différence «*phénoménologique* [...] immédiatement sensible»[2] : qu'un contenu s'impose à l'analyse comme essentiellement indépendant ne remet en effet nullement en cause le fait que ce contenu ne peut jamais apparaître dans une intuition qu'en étant lié à un certain nombre d'autres contenus formant une unité pour eux-mêmes, et attirant sur eux notre attention. L'analyse logique des rapports entre touts et parties, qui prétend poser dans cette troisième *Recherche* les conditions *a priori* de toute intuition d'objet, semble ainsi oublier certaines conditions inhérentes à l'intuitivité en tant que telle, tenant à son effectuation déterminée et toujours située. La distinction fondamentale que les paragraphes précédents de la troisième *Recherche* ont tenté d'établir risque ainsi fort d'être parasitée par son interférence avec un deuxième régime de distinctions susceptible de remettre en cause le caractère *apriorique* de la première, et que caractérise l'opposition entre les contenus qui «se détachent» intuitivement et ceux qui sont «fusionnés» dans l'intuition. Pour reprendre l'exemple donné ici par Husserl[3], les parties intuitionnées d'une surface uniformément blanche, ou s'atténuant d'une manière continue, sont bien indépendantes en *droit*, bien qu'elles ne soient pas séparées *en fait* et que leur intuition n'est possible que sur le fondement d'une intuition globale de l'ensemble de cette surface. Il faut donc être particulièrement attentifs à ne pas projeter sur le concept d'inséparabilité, dont le § 5 a donné une «définition objective», des déterminations qui ne concernent que la donation *effective* à une conscience de tels ou tels contenus intuitifs: en aucune façon, l'inséparabilité ne signifie que le contenu dont elle définit l'essence puisse être «détaché de tout fusionnement avec les contenus coexistants»[4]. C'est la raison pour laquelle Husserl peut écrire qu'en ce sens, relatif à l'effectivité de la donation intuitive, « tous les contenus sont inséparables »[5].

Ce point est très important car il dresse le bilan des travaux que Husserl a consacré durant les dix années qui précèdent la parution des *Recherches* aux rapports du simple et du complexe dans l'intuition sensible, et permet à la phénoménologie de prendre d'une certaine façon ses distances par

1. *RL*3, § 4, p. 15.
2. *Ibid.*, § 8, p. 25 et 327 (nous citons la première édition).
3. *Ibid.*, p. 27.
4. *Ibid.*, § 5, p. 17.
5. *Ibid.*

rapport à une analyse de type gestaltiste de la perception, dont elle reconnaît pourtant la valeur. Le § 8 ne remet pas en cause ce que les recherches « psychologiques » de 1891 avaient commencé à entrevoir, en traitant de la « constitution intrinsèque de l'intuition » : la fusion définit bien en un sens le paradigme même de la sensibilité, conformément à ce que nous avions mis en avant dans notre lecture de la *Philosophie de l'arithmétique* au chapitre précédent ; elle décrit, encore et toujours, la règle d'organisation immanente et autonome du sensible, dans la mesure où celui-ci impose un certain nombre de conditions d'effectivité à l'intuition (les contenus sont toujours en rapport avec un contexte donné, un arrière-plan par rapport auquel ils se détachent, etc.). De ce point de vue, il est parfaitement clair que « l'acte de remarquer pour lui-même le *concretum dans sa totalité* est, dans l'intuition phénoménale [*in phänomenaler Hinsicht*], premier par rapport à l'acte de remarquer les moments de son contenu distants les uns des autres » [1]. Mais cette priorité chronologique d'une saisie intuitive d'ensemble des complexes sensibles ne remet pas en cause l'analyse de la dépendance ou de l'indépendance relative au statut logico-ontologique des contenus. Cette loi effective d'organisation « autochtone » du sensible qu'est la fusion doit être mise en tension avec des lois nécessaires valables *a priori* pour tout objet en général, à savoir les lois méréologiques pesant sur le versant objectif de l'analyse de l'intuition, et dont dépend la « nature » des contenus pris pour eux-mêmes. Le § 8 de la troisième *Recherche* montre ainsi que, là où le contraire de la « dépendance » est une « indépendance » essentielle au *sens* même de tel ou tel contenu, le contraire du « fusionnement » des divers moments du *concretum* n'est autre qu'un « détachement » intuitif de contenus connexes, une « scission » ou une « séparation par discontinuité » [2] qui exprime, certes, une dimension inhérente à l'intuition sensible, mais qui n'atteint en aucune façon l'essence même des contenus en question.

Les phénomènes de fusionnement, auxquels Husserl avait d'abord accordé tant d'attention, ne représentent ainsi plus dans les *Recherches* qu'« une sorte de corrélation particulièrement intime qui fait ressortir d'un seul coup la complexion globale des moments s'interpénétrant » [3]. La fusion rend compte de la façon effective dont l'objet est donné et saisi dans l'intuition, mais sans créer de nécessité pour le penser en général, et sans

1. *RL*3, § 9, p. 30 et 327 (1re édition) ; nous corrigeons la traduction française.
2. *Ibid.*, p. 29.
3. *Ibid.*, p. 31.

déterminer pour autant une *logique* des phénomènes. Elle doit donc, méthodologiquement, être mise à l'écart de la « définition objective du concept d'inséparabilité » [1] avec laquelle Husserl affranchit la distinction établie par Stumpf entre contenus dépendants et indépendants « de tout rapport, d'une part, avec les actes d'appréhension, et d'autre part, avec toute espèce de contenus psychiques à appréhender » [2] [*aufzufassenden psychischen Inhalten*]. Husserl peut maintenant donner, de cette distinction stumpfienne, une traduction « objective » sous la forme de la distinction entre l'abstrait et le concret qui vient se substituer à elle. La théorie de la fusion semble ici faire les frais d'une sorte de « réduction éidétique » avant l'heure, dont on trouve très clairement le modèle dans ces premiers paragraphes de la troisième *Recherche* : les contenus ne sont ici interrogés qu'en tant qu'ils permettent de mettre en évidence un certain nombre de lois essentielles relatives à leur « nature » (ou « essence idéale » [3]), et d'établir ainsi, par voie de conséquence, un *a priori* objectif valable pour le domaine des objets matériels indépendamment de leur manifestation dans des vécus psychiques ou de leur donation effective à une conscience :

> Il n'est donc besoin d'aucune référence (*Rückbeziehung*) à la conscience, par exemple à des différences dans le « mode du représenter » pour définir la différence dont il est ici question, entre l' « abstrait » et le « concret » [4].

Au contraire, Husserl insiste, dans la première édition des *Recherches*, sur l'irréductibilité des phénomènes de fusionnement à toute analyse d'essence qui permettrait de dégager, sur son seul terrain, une légalité *a priori* dessinant les contours de l'objectivité en général. Quel que puisse être l'intérêt descriptif des analyses relatives à la différence entre les « contenus qui se détachent » et ceux « qui ne se détachent pas », celles-ci nous ramènent toujours à l'intérieur de la « sphère des vécus subjectifs vagues », et nous éloignent en conséquence de cette « différence *objective* fondamentale entre [...] contenus indépendants et contenus dépendants » [5].

Husserl doit donc en venir à radicaliser la distinction amorcée depuis longtemps déjà, entre un certain nombre de conditions *psychologiques* et « subjectives » qui pèsent sur la donation intuitive, et les lois *essentielles* qui donnent à la sphère des objets matériels sa structuration logique (c'est-

1. *Cf.* le titre du § 5 de la troisième *Recherche.*
2. *Ibid.*, § 5, p. 18/326 (1 ère édition) [240].
3. *Ibid.*, p. 17.
4. *Ibid.*, p. 18.
5. *Ibid.*, § 9, p. 31/327 (1 ère édition).

à-dire la légalité sur laquelle repose l'*a priori* synthétique matériel). Mais cela suppose de pouvoir donner une caractérisation précise du type des relations entre contenus auxquelles renverront les « *lois et nécessités synthétiques a priori* » établies au § 11 de cette troisième *Recherche*, et que les *Études* de 1894 analysaient en termes d' « interpénétration » (*Durchdringung*) des contenus dépendants. Qu'une telle caractérisation soit à plus d'un titre apparue insatisfaisante à Husserl, on aura peu de difficultés à en comprendre les raisons : on ne voit pas en effet de façon claire à quel modèle devrait obéir ce concept de *Durchdringung*, lequel reste pris dans une équivoque problématique, entre d'un côté, l'idée d'une fusion *effective* de contenus qui « passent » continuellement les uns dans les autres et « se fondent » les uns dans les autres (au sens d'une « fonte » et non d'une fondation) [1], et de l'autre, l'idée d'une connexion (*Verknüpfung*) purement logique de contenus non-autonomes, contenus dont la grammaire propre interdit *a priori* qu'ils puissent avoir du sens isolément. Husserl devra donc être plus explicite dans la troisième *Recherche*, en opposant au paradigme encore empiriste de la *Verschmelzung* un nouveau type de relations fondant l'approche méréologique des rapports de dépendance et d'indépendance logico-ontologiques sur lesquels repose la question de l'unité de l'objet en général. C'est la raison pour laquelle on le voit très clairement renoncer au concept d'interpénétration entre contenus au § 9 de la troisième *Recherche*, où celle-ci ne peut plus désigner autre chose que ce « fusionnement particulièrement intime des divers moments du *concretum* », en quoi se révèle son caractère de simple fait empirique ou de condition psychologique de l'intuition.

Husserl doit maintenant opposer à ce type de relations une relation purement logique permettant de fonder à un niveau strictement non-psychologique – celui des relations *ontologiques* ou *objectives* de dépendance ou d'indépendance entre contenus – l'unité de l'objet matériel offert à l'intuition. Il s'agit, en d'autres termes, de montrer en quoi l'analyse que propose Husserl des moments dépendants doit permettre de rejoindre la question de l'identité *logique* de l'objet, et ainsi de répondre au problème posé dans la *Philosophie de l'arithmétique* et relativement auquel Husserl avait déjà manifesté son hostilité à l'endroit de la théorie kantienne de la synthèse, celui de l'unité de l'objet perçu. Ce qui intéresse Husserl dès le § 4 de cette troisième *Recherche*, c'est la possibilité de pouvoir se servir de ces relations de dépendance nécessaires et *a priori* pour définir les « moments d'unité » constitutifs de l'objectivité en tant que telle (et non la

1. *RL*3, § 8, p. 26 et 27 pour l'emploi de ces expressions.

seule unité *phénoménologique* du vécu, ainsi que Husserl s'en explique dans la remarque conclusive de ce même paragraphe [1]), afin de reprendre à son compte, sous cette nouvelle caractérisation des «*touts intuitifs sensibles*», l'ensemble des aspects que les élèves de Brentano avaient tenté d'en dégager: Ehrenfels, d'abord, à travers les «qualités de forme»; Husserl à sa suite, avec les « moments figuraux », et enfin Meinong, lequel propose une analyse de cette relation entre l'unité de l'objet et les perceptions élémentaires qui la composent en termes de «contenus fondés» [2].

L'auteur des *Recherches* met donc très clairement ici sur un seul et même plan les moments dépendants, comme par exemple le rapport entre la couleur et l'étendue, ou celui qui lie l'intensité et d'un son à sa qualité, et les moments d'unité des contenus intuitifs qui «constituent par une *connexion*» (*Verknupfung*) les touts sensibles. Or, cette relecture d'ensemble des résultats auxquels étaient parvenus les travaux «proto-gestaltistes» des élèves de Brentano (Husserl y compris), quant à l'organisation complexe des formes et des objets de la perception, écarte très explicitement l'analyse de des phénomènes de fusionnement [3] au profit de *la* question qui apparaît dorénavant à Husserl comme décisive, à savoir celle de l'unité logique-catégoriale de l'objet. Cela se traduit par l'écrasement, dans ces paragraphes de la troisième *Recherche*, de la distinction que la *Philosophie de l'arithmétique* empruntait à la *Tonpsychologie* de Stumpf, et qui disparaît dans les *Recherches*: à savoir la distinction entre l'unité résultant du fusionnement de contenus représentables séparément, et celle qui découle des relations de dépendance existant entre des contenus essentiellement irreprésentables séparément.

La raison de cette disparition tient au fait que l'interrogation de Husserl ne porte plus sur la constitution effective des moments d'unité, mais sur les conditions logiques qui pèsent sur l'unité *en tant que celle-ci est toujours l'unité d'un objet*. Ce qui légitime la secondarisation des problèmes spécifiquement liés aux phénomènes de fusionnement, c'est donc la thèse selon laquelle seules comptent, du point de vue «objectif» adopté ici par Husserl, les relations logiques sur la base desquelles s'édifie l'unité

1. *Ibid.*, § 4, p. 16: «Il fallait aussi [...] faire intervenir la distinction complémentaire entre les moments d'unité *phénoménologiques*, qui confèrent l'unité aux vécus ou aux parties de vécus elles-mêmes (aux données phénoménologiques réelles), et les moments d'unité *objectifs*, qui appartiennent aux objets ou aux parties d'objets *intentionnels* et, en général, transcendants par rapport à la sphère des vécus».

2. *Ibid.*

3. Cf. *ibid.*, § 9, p. 29.

objective d'un tout quelconque. Il y a là une thèse fondamentale qui sous-tend l'ensemble de cette troisième *Recherche*, si tant est qu'il y va avec elle de la possibilité de poser les conditions phénoménologiques de toute donation d'objets indépendamment des seules lois psychologiques qui commandent encore, dans la *Philosophie de l'arithmétique*, l'alternative entre une forme *passive* et une forme *active* d'appréhension des multiplicités. Les phénomènes de fusionnement n'interviennent donc plus directement ou originairement dans la constitution essentielle des moments d'unité de l'objet, puisqu'il s'agit seulement de « faits d'analyse et de fusionnement où les contenus qui se mettent à part peuvent aussi bien être indépendants que dépendants » [1], et qui ne nous donnent de ce fait pas accès à l'essence logique de l'objet matériel en tant que tel.

La logique fondationnelle du sensible

Rapports de fondation et unité des touts sensibles

C'est la raison pour laquelle, dans les *Recherches Logiques*, Husserl oppose aux relations trop fortement empreintes d'une psychologie en-deçà de laquelle il cherche constamment à situer ses analyses, une nouvelle relation devant assumer pleinement la charge de l'unité logique de l'objet, et opérer cette relecture « dépsychologisée » (au prisme de la logique des touts et des parties) de l'ensemble des recherches qu'il avait conduites, depuis ses premiers travaux, sur le terrain de la psychologie de Brentano et de Stumpf. Cette relation, Husserl la conçoit comme un « rapport de fondation » entre contenus (*Fundierungsverhältnis*), se traduisant immédiatement sous la forme d'une « *connexion nécessaire* » (*notwendiger Verknupfung*) de ces parties à l'intérieur du tout qu'elles édifient [2]. Le § 21 de la troisième *Recherche* établira ainsi que toute unité objective relève toujours d'un rapport de fondation entre les différents contenus sur la base desquels elle s'établit. C'est par exemple le cas du rapport de dépendance nécessaire liant l'une à l'autre dans un moment d'unité la couleur et l'extension : ce qui garantit l'indissociabilité essentielle des différents contenus entremêlés dans l'intuition sensible d'une surface colorée n'est pas tant leur *fusion* (ce qui serait une thèse psychologique) que la relation de *dépendance fondationnelle réciproque* dans laquelle ils se trouvent l'un par rapport à l'autre.

1. *RL*3, § 9, p. 31.
2. *RL*3, § 14, p. 46, [286].

Or, ce qui est ici très important, c'est que les rapports de fondations ne sont pas simplement déduits ou analysés *à partir* des touts auxquels ils se rapportent, comme si ces derniers devaient inévitablement les précéder. Cette logique de la fondation des contenus doit en effet au contraire prendre à sa charge ce «*concept prégnant du tout*» selon une stratégie de type éliminativiste, visant à rendre superflu l'usage d'un concept se prêtant trop aisément à une amphibologie problématique, ainsi que le soulignera la deuxième édition des *Recherches* : il s'agit d'éloigner de cette référence au concept de tout le risque d'interpréter ce dernier en un sens empirique [1], simplement relatif à l'unité de la chose. Considérer les relations de fondations entre contenus sur lesquelles s'édifient les touts objectifs doit ainsi permettre à Husserl de donner une intelligibilité forte aux moments d'unité qu'il a jusqu'à ce moment de la troisième *Recherche* placés au cœur de ses analyses, et ce, sans devoir présupposer pour autant ce concept de tout dont «on peut *partout se passer*» [2], et que l'on peut redéfinir sur la seule base de ces rapports de fondation, en lui «substitu[ant] la simple *coexistence* des contenus que [Husserl a] qualifiés de parties» :

> Par *tout* nous *entendons* un ensemble de contenus qui admettent une fondation unitaire, et cela sans le secours d'autres contenus. [...] L'expression d'*unité de fondation* veut dire que *chaque contenu est relié avec chaque autre, soit directement, soit indirectement, en vertu d'une fondation* [3].

L'unité de l'objet peut ainsi être traitée comme une « forme pure » dans la mesure où l'analyse des rapports de fondation entre contenus nous permet de rendre compte de sa structure logique, à telle enseigne que Husserl n'hésite pas à affirmer un peu plus loin : « nous irons jusqu'à dire que *ce qui unit véritablement toute chose, ce sont les rapports de fondation* » [4].

Ce point est capital eu égard à la reconfiguration des rapports entre le sensible et le conceptuel sur laquelle repose la phénoménologie des *Recherches*, en réaction contre la distinction opérée dans la *Philosophie de l'arithmétique* entre des multiplicités sensibles (caractérisées à l'aide des moments figuraux) et des multiplicités «conceptuelles» (les ensembles d'objets activement colligés par les soins de la pensée). Ce qui va se mettre en place dans ce deuxième chapitre de la troisième *Recherche*, ce sont les

1. *Ibid.*, § 12, *Remarque* 2, p. 40.
2. *Ibid.*, § 21, p. 61.
3. *Ibid.*
4. *Ibid.*, § 22, p. 65.

conditions d'une distinction proprement phénoménologique entre le sensible et ce que Husserl va appeler le « catégorial », qui ne fasse plus fond sur un découpage *a priori* du type d'objets (inférieurs/sensibles et supérieurs/intelligibles) auquel nous avons affaire, ni sur un partage métaphysique des facultés dissociant la pure réceptivité sensible de la spontanéité propre à l'entendement et à ses concepts. L'unité de l'objet que manifestent les « touts concrets » est ici retravaillée par Husserl sur un terrain purement logique, à partir duquel devra être comprise la distinction entre le sensible et le catégorial, et sans adosser celle-ci sur des distinctions déjà faites et « toutes prêtes » pour l'accueillir.

Fondation et objets fondés : Husserl critique de Meinong

Quoique ce concept de fondation sur lequel reposent les analyses de tout ce chapitre de la troisième *Recherche* semble très clairement renvoyer au rôle important que joue cette même notion chez Meinong, il obéit pour Husserl à une logique fondamentalement différente de celle qui sous-tend l'analyse meinongienne des « objets d'ordre supérieur ». La « réciprocité » qui caractérise selon Husserl les rapports de dépendance fondationnelle entre contenus l'oppose très directement aux travaux de Meinong sur la formation des objets complexes [1]. Ce dernier conçoit ces rapports de fondation comme une relation *verticale* permettant de penser le rapport entre ce qu'il nomme des « complexes » ou *superiora*, et les éléments ou *inferiora* sur lesquels les premiers reposent [2]. En conséquence, la relation de fondation autorise Meinong, d'une part, à distinguer et à opposer les « objets d'expérience » (comme les données sensibles élémentaires mises en relation) et les « objets fondés » [3] (les complexes édifiés à partir d'eux) ; et d'autre part, elle engage Meinong à soutenir que la dépendance verticale des complexes par rapport aux éléments sur lesquels ils se fondent est *plus*

1. Le texte le plus important d'Alexius Meinong est à ce sujet son article « Zur Psychologie der Complexionen und Relationen » (dans *Zeitschrift für Psychologie und Physiologie der Sinnesorgane*, *op. cit.*). Voir également l'article que mentionne Husserl au § 4 de la troisième *Recherche*, « Beiträge zur Theorie der psychischen Analyse », *Zeitschrift für Psychologie und Physiologie der Sinnesorgane*, vol. 6, 1894, p. 340-385; p. 417-455.

2. *Cf.* les analyses développées par Meinong dans « Zur Psychologie der Complexionen und Relationen » (*GA* I, p. 288 *sq.*), qui seront reprises dans des termes un peu différents au § 7 du long texte synthétique de 1898 : « Über Gegenstände höherer Ordnung und deren Verhältnis zur inneren Wahrnehmung » (« Sur les objets d'ordre supérieur et leur rapport à la perception interne », trad. fr. G. Fréchette, dans D. Fisette, *Brentano et son école*, *op. cit.*, p. 269 *sq.*).

3. *Cf.* « Sur les objets d'ordre supérieur », *op. cit.*, p. 271.

essentielle que celle qui existe entre les contenus eux-mêmes, comme celle qui existe par exemple entre la couleur et l'extension. Là où Husserl pensait la dépendance réciproque de l'une à l'autre selon une loi inhérente à l'essence même de ces contenus pris pour eux-mêmes, Meinong entend ainsi soutenir que cette relation qui lie la couleur à l'étendue est parfaitement extrinsèque à l'un comme à l'autre de ces contenus sensibles, et qu'elle n'a de valeur qu'à partir du niveau supérieur, celui des complexes relationnels et « idéels » à l'intérieur desquels ces contenus se retrouvent articulés l'un à l'autre. Meinong en veut pour argument que la *pensée* de « bleu » ou de « jaune » n'implique en rien la pensée de la spatialité, tandis qu'il est impossible de concevoir une relation sans que soient donnés en même temps les termes liés sur lesquels cette relation se fonde [1].

Dans l'une et l'autre de ces conséquences, ce qui transparait c'est indéniablement l'arrière-fond à la fois psychologiste et dualiste de Meinong, qui ne peut concevoir la pensée que comme une *activité psychologique* de mise en relation, s'inscrivant dans un décalage irréductible par rapport au niveau inférieur sensible sur lequel elle s'appuie. Paradoxalement, soutenir la thèse de l'idéalité des objets fondés d'ordre supérieur conduit Meinong à insister sur la nécessité des contributions subjectives qui sous-tendent la constitution de telles idéalités et à considérer que celles-ci, dans la mesure où elles sont radicalement étrangères à la sensibilité, réclament toujours un acte de « production » intellectuelle [2]. Si l'idée de *Fundierung* établit donc une relation logique entre les *inferiora* et les *superioria* fondés sur eux, celle-ci ne fait qu'accentuer le gouffre qui sépare les simples présentations sensibles des objets idéaux qu'elles rendent possible.

Au contraire, la stratégie des *Recherches Logiques* consiste à remettre radicalement en cause un tel dualisme, tributaire en dernière analyse d'une forme plus ou moins bien dissimulée de psychologisme, pour reconduire l'analyse des actes de l'esprit aux lois essentielles de l'objectivité en tant que telle, dans la mesure où cette sphère d'objectivité est *fondée* dans la « nature » même des contenus dépendants ou indépendants qui lui donnent sa structure propre. Il ne s'agit pas tant de remettre en cause la pertinence que peut avoir ce dualisme que de contester qu'il puisse y avoir le moindre

1. *Cf.* A. Meinong, « Zur Psychologie der Complexionen und Relationen », *GA* I, p. 291.

2. *Ibid.*, p. 292, où Meinong décrit les complexions comme « de simples produits du sujet qui se les représente » (*bloßes Erzeugnis des vorstellenden Subjektes*) ; voir également « Sur les objets d'ordre supérieur… », § 4 (Meinong utilisera alors le terme *Herstellung* pour caractériser l'opération intellectuelle amenant telle ou telle relation à la représentation ; cf. *GA* II, p. 398).

sens à prétendre le fonder sur une analyse de la pensée en tant que telle : en soutenant la thèse selon laquelle la « pensée » de bleu ou de jaune n'implique pas la pensée de l'étendue, Meinong commet en quelque sorte une pétition de principe, puisqu'il s'est *déjà* placé sur le terrain strictement intellectuel d'une pensée détachée de l'intuition et mise à distance des phénomènes sensibles pour concevoir séparément les déterminations qui s'y mêlent. L'analyse meinongienne est psychologiste en ceci qu'elle prétend tirer argument de ce qui ne peut avoir d'autre valeur que celle d'un *fait* de notre pensée (et non d'une nécessité idéale), à savoir de cette capacité supposée que nous aurions *de facto* et qui nous permettrait de séparer par la pensée le moment couleur de l'extension qui l'accompagne toujours dans l'intuition.

À l'inverse, Husserl soutient la thèse opposée selon laquelle il ne dépend en aucune façon de notre pensée que l'étendue et la couleur soient ou non liées l'une à l'autre : le problème n'est pas du tout, comme le croit Meinong, celui de savoir si la pensée a oui ou non, dans les faits, la possibilité de les disjoindre. Il n'est d'ailleurs pas sûr qu'une telle formulation du problème puisse véritablement avoir un sens : car quel serait ou devrait être le critère empirique permettant de trancher, relativement à la question de savoir s'il est ou n'est pas possible de séparer les pensées du bleu ou du jaune de la pensée de l'étendue à laquelle l'intuition les rattache ? Il ne semble pas possible de répondre à ce type de question sans définir précisément par là-même ce qu'est ou doit être la pensée. Autrement dit, là où Meinong ne prétend à rien d'autre qu'à une *description* des phénomènes psychiques dans lesquels se réalise la pensée, on peut légitimement avoir des doutes relatifs à la dose de normativité irréductible qui se cache derrière ce geste prétendument descriptif : en se prononçant sur les capacités de discrimination de la pensée, Meinong *pose* ou *impose* une certaine définition de la pensée plus qu'il ne décrit son fonctionnement effectif.

Représentations et existence

La dépendance pour la pensée de la couleur et de l'étendue est vouée à demeurer une question insoluble tant que l'on reste sur le terrain d'une question de fait, dans la mesure où elle nous reconduit immanquablement à la question des possibilités et des impossibilités subjectives de la représentation. Or, comme l'écrit Husserl, « quand le petit mot de *pouvoir* apparaît en relation avec le terme prégnant de *penser*, ce que l'on vise par là, ce n'est pas une nécessité subjective, c'est-à-dire une *incapacité subjective* de ne-pas-pouvoir-se-*représenter*-autrement, mais une *nécessité idéale objective* de ne-pas-pouvoir-*être*-autrement »[1]. De ce point de vue, l'analyse descriptive des phénomènes aurait supposé que l'on pose la question différemment, et c'est ce que tente de faire la troisième *Recherche*. Le niveau auquel Husserl situe alors ses analyses n'est plus celui de la facticité psychologique de la pensée, mais celui des lois idéales et objectives de ce qui peut être intuitionné aussi bien que pensé, à telle enseigne qu'il faudrait dire ici que Husserl se place sur le terrain d'une « logique de l'existence »[2]. Cela signifie que Husserl assume pleinement l'idée selon laquelle l'idéal n'est pas la chasse gardée des actes intellectuels, là où le réel couvrirait le domaine de la sensibilité. La troisième *Recherche* remet en cause un tel partage des eaux, en s'efforçant de décrire un certain nombre de lois dont le caractère ontologique tient à leur enracinement dans la nature même des contenus, et sans pour autant retomber dans une forme de psychologie limitant la portée de ces lois à l'organisation gestaltiste du champ de la sensation.

Au contraire, l'erreur fondamentale de Meinong consiste à accorder une portée ontologique beaucoup trop forte à la distinction du réel et de l'idéal, ou à n'envisager cette distinction qu'en présupposant toujours et déjà le fait qu'elle doive avoir un sens originairement ontologique : anticipant la doctrine qu'il exposera en 1901 dans sa *Théorie de l'objet*, le but explicite de Meinong est de poser ici, à travers ces relations de fondation, une distinction indépassable entre ce qui existe (le réel), et ce qui n'existe pas au même sens mais *subsiste* (l'idéal). C'est ce que révèle l'analyse des relations de ressemblance qui constitue l'un des principaux fils directeurs de l'œuvre de Meinong depuis ses *Hume-Studien* jusqu'à son article « sur les objets d'ordre supérieur »[3] :

> La ressemblance [*Ähnlichkeit*] n'existe pas, mais elle subsiste ; et ce qui peut très bien subsister selon sa nature, mais ne peut exister au sens strict, c'est justement ce qui doit être ici, en tant qu'idéal, opposé au réel[4].

1. *RL*3, § 7, p. 21-22.

2. L'expression est de Jocelyn Benoist, qui souligne que tout le projet de cette troisième *Recherche* repose sur l'idée de redonner, contre Kant et toute « logique de la représentation », une certaine « nature » aux objets. Cf. *Phénoménologie, sémantique, ontologie. Husserl et la tradition logique autrichienne*, *op. cit.*, p. 158.

3. *Cf.* à ce sujet le second chapitre du livre de R. Rollinger, *Meinong and Husserl on abstraction and universals, From* Hume Studies I *to* Logical Investigations II, Amsterdam, Rodopi, 1993.

4. « Sur les objets d'ordre supérieur… », *GA* II, p. 395 (trad. fr. p. 275).

Le problème, encore une fois, n'est pas tant le robuste dualisme qui s'exprime dans cette opposition de l'idéal et du réel que ce que Meinong en fait ici, à savoir un moyen d'établir une ligne de partage fixant métaphysiquement et *de l'extérieur* les limites de ce qui existe ou non. Or, il est clair pour Husserl qu'une telle pratique philosophique ne peut que présupposer l'extériorité radicale parce que première de la pensée par rapport à l'existence, puisque c'est en négatif que se creuse l'opposition du réel par rapport à ce dont la nature est de « subsister » (*bestehen*). En comptant, par exemple, nous donnerions subsistance à des relations idéales, qui feraient apparaître négativement les limites du réel. C'est, à l'inverse, de façon simplement immanente et sur le terrain même de l'existence que Husserl cherche à se situer pour faire apparaître un niveau de légalité objective (et non seulement psychologique) appartenant en tout et pour tout aux phénomènes, sans qu'il soit pour autant nécessaire de se prononcer *a priori* sur les dichotomies métaphysiques classiques qui opposent le sensible à l'intelligible, ou le réel à l'idéal. Les lois qu'il énonce ne sont ni celles de la pensée (logiques), ni celles de l'existence (ontologiques), mais bien les deux à la fois, en vertu de la stricte réciprocité qui les lie l'une à l'autre :

> Ce que nous ne pouvons penser ne peut exister, et ce qui ne peut pas exister, nous ne pouvons pas le penser : cette équivalence définit la différence entre le concept prégnant de penser et celui de se représenter au sens habituel et subjectif[1].

La pensée ne s'accomplit pas dans des représentations subjectives mais tire ses lois de l'existence même de l'objet en tant que clause primitive et ultime du sens qu'il peut y avoir à penser quoi que ce soit : le penser n'a rien d'une activité subjective se déroulant dans une position de retrait par rapport à la donation de l'existence d'un monde, mais il ne peut s'accomplir que sur fond d'existence de l'objet (penser, c'est toujours penser un objet *comme existant*, et l'inexistence même de l'objet ne peut être envisagée que comme un cas limite à l'intérieur de ce cadre général établissant une stricte réciprocité entre les lois d'impossibilité de la pensée et celles de l'existence). Les lois objectives exprimant les rapports entre touts et parties ne sont nullement des règles que le réel-existant imposerait de l'extérieur à toute pensée qui voudrait s'en saisir ; c'est au contraire la pensée qui, dans la mesure où elle ne peut précisément pas être *a priori* détachée de l'existence d'un monde, trouve sa signification sur le terrain

1. *RL*3, § 6, p. 21.

d'un renvoi constitutif à l'existence et aux nécessités objectives qui l'accompagnent.

Si la pensée implique donc un décrochage certain par rapport à la question de l'existence *réelle* ou de la *réalité* de son objet, elle n'en est pas moins engagée relativement à l'existence comme sens fondamental de l'être sur fond duquel elle se déploie ; elle ne saurait donc en aucune façon être cantonnée à l'intérieur d'une sphère des idéalités définie, comme c'est le cas chez Meinong, par son opposition à toute existence réelle. Cela ferait perdre tout son sens à la pensée que d'imaginer qu'elle puisse fixer par elle-même et à l'intérieur d'elle-même (sans en passer par cette clause d'existence), les lois objectives sous lesquelles quelque chose peut être pensé comme un objet. Au contraire, l'universalisme logique implicite sur fond duquel se déploie l'ensemble de cette troisième *Recherche* permet en quelque sorte à Husserl de faire de l'ontologie sans en payer les lourdes conséquences métaphysiques qui grèvent la psychologie comme la « théorie de l'objet » meinongiennes [1] : l'analyse strictement logique des rapports de fondation entre touts et parties définit un terrain métaphysiquement neutre à partir duquel il est possible de poser à nouveaux frais la question de la distinction et des rapports entre le sensible et l'intelligible.

1. C'est ce que confirmera très clairement l'*Esquisse de préface aux Recherches Logiques* en revenant précisément sur ce point lors de la virulente discussion menée contre Meinong au § 7 ; Husserl n'a alors de cesse de souligner le renouvellement de l'ontologie que le retour à la *mathesis universalis* entrepris dans les *Recherches* rendait possible, en écartant celle-ci des difficultés métaphysiques qui en compromettaient le sens : « Dans mes *Recherches*, l'idée de l'ontologie reprenait vie d'une manière propre, sans reposer sur aucun appui historique, et en étant aussi par là exempte des obscurités et des erreurs radicales qui affectaient les ontologies anciennes et qui ont justifié la résistance qu'on leur opposait. [...] Si l'on entend par ontologie, d'une manière générale comme c'est légitime, toute science purement rationnelle des objets, [...] alors la *mathesis universalis* apparaît comme une ontologie (seul le mot a été évité dans la première édition) » (*AL*, *op. cit.*, p. 384-385). Husserl ne signale l'absence du terme « ontologie » dans les *Recherches* que pour souligner d'autant plus fortement leur caractère *subrepticement* ontologique, et c'est sans doute la raison des modifications apportées à la troisième *Recherche* à cette même époque lors de leur réécriture, injectant un lexique ontologique dans un texte qui semblait à certains égards s'en défendre.

CHAPITRE III

LE SENSIBLE ET LE CATÉGORIAL

LES FORMES D'UNITÉ DE L'OBJET ET LE PASSAGE DU SENSIBLE AU CATÉGORIAL

Inferiora *et* Superiora : *retour sur le problème de la portée ontologique des analyses phénoménologiques*

L'effort déployé par Husserl pour reconduire les lois de dépendance et d'indépendance entre contenus sensibles aux lois logiques d'impossibilité qui conditionnent *a priori* les rapports objectifs entre touts et parties aura fait apparaître la nécessité de repenser les lois de l'intuition sensible dans leur rapport aux lois de la pensée objective, là où il était devenu clairement impossible de les analyser en termes de représentations subjectives. Mais du même coup, ce qui devait être profondément bouleversé par cette reconfiguration des rapports entre pensée et intuition, c'est la possibilité d'établir une hiérarchie entre le sensible et l'intelligible recoupant quelque forme que ce soit d'opposition entre des *inferiora* et des *superiora*, des objets d'ordre inférieur donnés aux sens et des objets d'ordre supérieur produits par l'esprit. L'opposition entre ces deux niveaux ne peut plus, contre Meinong, être comprise comme une différence entre des data sensibles sans unité d'un côté et une forme d'unité résultant d'une production intellectuelle de l'autre. La différence entre le sensible et ce que Husserl va appeler le niveau catégorial d'objectivité ne doit plus opposer une forme d'unité conceptuelle à une diversité sensible, et cette différence va devoir au contraire passer à l'intérieur même de l'unité objective, qui doit donc toujours pouvoir s'entendre en deux sens fondamentalement distincts du point de vue phénoménologique.

Ce point permet de mettre en évidence l'originalité et l'intérêt de la conception husserlienne par rapport aux différents travaux en psychologie de la forme sur le terrain desquels il avait d'abord situé ses propres recherches: Husserl traite la question de l'unité de l'objet comme une question transversale, qui traverse, d'un côté comme de l'autre, la séparation entre le domaine du sensible et celui impliquant une dimension d'activité intellectuelle, c'est-à-dire entre les deux niveaux que Meinong oppose avec les *inferiora* et les *superiora*. Il ne s'agit plus de situer l'unification du complexe d'un côté ou de l'autre de cette séparation, point sur lequel se divisaient les deux principaux courants autour desquels allaient se structurer les écoles de théorie de la forme, et qui se trouvent ici renvoyés dos à dos par Husserl. D'un côté, en effet, la voie suivie par Mach et Ehrenfels, anticipant les travaux de l'école berlinoise de la gestalt-psychologie, les conduisait à dégager l'apparition des qualités de forme donnant leur unité fonctionnelle aux phénomènes sensibles de toute dépendance à l'égard des actes de l'esprit: aucune activité mentale spécifique de production de formes n'est requise pour penser l'organisation immanente des données sensibles en «complexes» structurés par des *Gestaltqualitäten*. Le point essentiel est ici pour Ehrenfels que les «qualités de forme» sont vécues de façon tout aussi immédiate que les données élémentaires de la sensation, et qu'elles ne s'y ajoutent donc pas dans un second temps sous l'impulsion d'un acte de l'esprit. Au contraire, l'école de psychologie de la forme de Graz, qui se développera en Autriche dans le prolongement de l'analyse meinongienne des complexes et des objets d'ordre supérieur, insistera fortement sur le décrochage nécessaire que réclame la production intellectuelle des formes ou des relations qui structurent les complexes par rapport au niveau de la simple donation sensible des sensations élémentaires. Reprenant à Meinong un terme que ce dernier avait employé au début de son texte sur les assomptions[1], Ameseder soulignera très fortement l'importance centrale du concept de *Produktion*, désignant chez lui le processus psychique à la racine de la perception de formes organisant les données sensibles[2]: s'il y a bien une relation de dépendance causale entre les sensations et les stimuli physiques responsables de leur apparition (par exemple la relation entre une sensation sonore et la vibration de l'air ayant affecté l'organe des sens en question), il

1. *Cf.* Meinong, *Über Annahmen*, I, § 2, *Gesamtausgabe* IV, Graz, Akademische Druck- und Verlagsanstalt, 1977, p. 12 *sq.*

2. R. Ameseder, «Über Vorstellungsproduktion», dans A. Meinong, *Untersuchungen zur Gegenstandstheorie und Psychologie*, Leipzig, Barth, 1904.

n'y en a pas en revanche entre les qualités de forme ou les objets complexes d'ordre supérieur perçus et ces mêmes stimulations : seule une relation logique lie les *superiora* aux *inferiora*, tandis que leurs apparitions respectives n'obéissent pas à une simple relation de causalité. C'est ce que prouve, aux yeux des défenseurs de l'école de Graz, le fait qu'un même ensemble de sensations peut donner lieu à différentes *Gestalten*[1].

Or, pour l'une comme pour l'autre de ces deux interprétations des phénomènes liés à l'apparition d'une *Gestalt*, il semble clair que le concept de forme qui donne son unité phénoménologique à un complexe de data sensibles doit être situé d'un côté ou de l'autre de la frontière qui sépare ce « matériau » psychique de base que constitue le donné sensible des actes intellectuels qui s'y rapportent. Telle n'est précisément pas l'option choisie par Husserl, et c'est, nous semble-t-il, de ce point de vue que ses efforts pour redéfinir le sens qu'il y a à parler de la « forme d'unité » (*Einheitsform*) d'un objet s'avèrent les plus intéressants. La question qui va alors constituer l'enjeu essentiel de la fin de cette troisième *Recherche* est issue d'une radicalisation de l'analyse des formes qui assurent l'unité phénoménologique des « complexions » ou des « touts sensibles » : elle amène Husserl à se demander dans les derniers paragraphes si l'unité doit elle-même être comprise comme une forme sensible résultant des rapports de fondation entre contenus. Il faut y insister car c'est aussi cette question qui fera apparaître le rôle considérable que va devoir jouer, pour l'ensemble des *Recherches Logiques*, la distinction entre le sensible et le catégorial.

Husserl va en effet rencontrer une difficulté au moment où il met en place cette logique de la fondation des contenus à partir de laquelle doivent s'expliciter les « formes d'unité » et les « touts sensibles », au § 22 de la troisième *Recherche*. Si comme nous y avons insisté, le concept de tout doit pouvoir être reconduit à l'idée d'une « *unité de fondation* », c'est-à-dire à « un ensemble de contenus qui admettent une *fondation unitaire* »[2], quelle peut alors être la pertinence descriptive d'un tel concept ? Certes, d'un point de vue ontologique, l'homogénéité qui caractérise la perception de telle configuration sensible ou de tel ensemble complexe de données – perception dans laquelle sont articulés les contenus sensibles coexistant au titre de parties – nous renvoie à la catégorie de tout perceptif. Mais est-il pour autant nécessaire, d'un point de vue phénoménologique, « qu'à chaque tout appartienne une forme propre, au sens de MOMENT D'UNITÉ

1. *Cf.* Aron Gurwitsch, *Théorie du champ de la conscience*, *op. cit.*, p. 60 *sq.*
2. *RL*3, § 21, p. 61.

particulier reliant toutes les parties »[1] ? Ce présupposé de l'unité objective de l'objet perd toute nécessité sitôt que l'on suit avec Husserl une approche strictement descriptive de la perception sensible. C'est dans cette difficulté que vont s'engouffrer les § 22 et 23, ouvrant dans la troisième *Recherche* une brèche qui conduira Husserl à réarticuler les rapports entre le sensible et le catégorial d'une façon inédite.

Le problème que reconstruit l'auteur de ces paragraphes répond d'abord à une difficulté interne à l'analyse méréologique : Husserl entend protéger les analyses « objectives » de la troisième *Recherche*[2] contre le risque d'inflation ontologique qui les guette, dès lors que des catégories métaphysiques sont susceptibles de servir de façon plus ou moins subreptice de guide à l'analyse. C'est ce qui ne manquerait pas d'arriver si l'on prêtait un sens fort à l'unité de l'objet, là où il n'est question que de touts sensibles dont l'unification ne relève de rien d'autre que des rapports de fondation entre contenus. Il s'agit donc « d'examiner *s'il peut y avoir des unités sensibles* SANS *une forme sensible susceptible d'en être abstraite* »[3]. La fondation unitaire des contenus permet-elle de penser l'unité sensible du tout sans qu'un nouveau contenu sensible, sans qu'une *Gestalt* spécifique, ait besoin d'entrer en scène et de conférer au tout son unité phénoménologique propre ?

La réponse de Husserl à cette question est claire et sans appel. Loin de penser que les touts sensibles fondés ont besoin d'une forme qui devrait en assumer l'unité, c'est précisément le contraire que l'analyse des phénomènes permet de dégager, pour peu que l'on ne prenne pas le problème à l'envers en posant la question *à partir du cas précis où l'on a affaire à des contenus déjà séparés* (dans ce cas, il appartient à l'essence de ces contenus d'être séparés et de ne jamais pouvoir, par définition, être réunis, sans qu'une forme spécifique de liaison entre en ligne de compte et vienne se surajouter à eux). Les contenus fondés sont au contraire des contenus qui se caractérisent *essentiellement* (et non pas *accidentellement*, comme si cette relation venait se surajouter à leur existence en tant que contenus isolés) par

1. *RL*3, § 22, p. 63.

2. Rappelons en effet, pour éviter toute surinterprétation ontologique des objectifs et des enjeux de cette troisième *Recherche*, les termes avec lesquels Husserl en présentait en 1901 la portée : il n'est question de rien d'autre que de partir de la distinction entre contenus « abstraits » et « concrets » pour atteindre « le domaine des objets *en général* » (auquel elle s'étend « au-delà de la sphère des contenus de conscience », soit au-delà de toute limitation psychologique), et de fonder ainsi une « *théorie pure des objets comme tels* » (cf. *RL*3, introduction, p. 5).

3. *Ibid.*

la relation spécifique qui les lie les uns avec les autres et les empêche très précisément d'être séparés ou isolés les uns des autres. Il serait donc parfaitement absurde de se demander ce qui pourrait bien assumer l'unification sensible de contenus fondés les uns dans les autres, et qui, « précisément pour cette raison, n'ont pas besoin de chaînes ni de liens pour être enchaînés ou noués les uns aux autres »[1]. La question posée est purement et simplement disqualifiée par l'analyse logique des rapports de fondation entre contenus :

> Là où parler de séparation n'a aucun sens, le problème de savoir comment doit être dépassée cette séparation est également dépourvu de sens[2].

On ne peut poser la question de cette forme sensible d'unité que si l'on refuse *a priori* de prendre au sérieux la détermination de la « nature » même des contenus par la relation de fondation dont dépend, selon Husserl, leur mode d'existence spécifique :

> *Un contenu de l'espèce α est fondé dans un contenu de l'espèce β*, quand un α, par sa nature [*seiner Natur*] (c'est-à-dire par une loi, en vertu de son caractère spécifique), ne peut exister sans qu'existe aussi un β [3].

Or, assumer cette thèse dans toute sa radicalité nous impose de faire un pas en retrait par rapport à l'ontologie réaliste naïve à laquelle aurait pu nous conduire les analyses méréologiques de la troisième *Recherche* : ce n'est pas parce que la chose est *une* chose, ou parce que le tout n'en est un qu'à condition, précisément, d'en être *un*, que les contenus sensibles qui constituent ce tout ou qui font apparaître cette chose, sont des contenus fondés. C'est très exactement le contraire qui est vrai, et qu'exprime la thèse fondamentale de ce § 22 déjà citée – thèse qui doit nous faire prendre la mesure du point auquel Husserl reste avant tout phénoménologue, y compris dans ses analyses « les plus ontologiques » : « *ce qui unit véritablement toute chose, ce sont les rapports de fondation* »[4]. Les rapports de fondation entre contenus ne sont ni l'*effet*, ni le *reflet* de l'unité d'une *res* ou d'un *tout réel*, auxquels on prêterait une identité ontologique et une réalité indépendante, ce sont bien plutôt ces rapports en tant que tels et eux seuls qui assument l'unité phénoménologique de l'objet. Et cela, nous dit Husserl, « n'est pas seulement valable dans le domaine des objets intuitifs

1. *Ibid.*, p. 65.
2. *Ibid.*
3. *Ibid.*, § 21, p. 61 [281-282] (traduction légèrement modifiée).
4. *Ibid.*, § 22, p. 65.

[…] qui ont servi d'exemples, mais pour le domaine des objets en général »[1].

Cela ne signifie toutefois certainement pas que la phénoménologie doit prendre à sa charge les prérogatives des ontologies classiques, et nous trouvons ici au contraire la justification du fait qu'elle ne peut en aucune façon s'y substituer. Il n'y a pas d'autre ontologie, d'un point de vue phénoménologique, que cette théorie des « objets en général » mise en place sur le terrain des contenus de l'intuition sensible, et vouée à ne concevoir aucune autre forme d'unité que celle qui se dégage des rapports de fondation entre contenus. Il faut ici être très précis sur le sens de ces analyses, pour ne projeter sur le dispositif complexe et original mis en place dans les *Recherches Logiques* ni un réalisme ontologique naïf qui viderait de son sens et de sa substance cette démarche résolument descriptive qui fait au contraire l'intérêt de la voie suivie par Husserl, ni ce motif transcendantal que l'on retrouvera plus tard à l'œuvre dans les différentes formes d'« ontologies phénoménologiques », et qui va dans le sens d'une complète absorption des tâches de l'ontologie par la phénoménologie transcendantale. La phénoménologie des *Recherches* ne peut aller plus loin que la mise au jour de cette « grammaire de l'intuitivité » qui nous est révélée par l'analyse logique des rapports entre touts et parties, entre contenus dépendants et indépendants, et à l'aune de laquelle se mesure le pouvoir de contrainte d'un réel qui n'est jamais lui-même directement pris pour objet dans cette troisième *Recherche*, et ne peut être qu'indiqué par la description phénoménologique comme ce qui se situe *à l'extérieur* de ses propres limites et ne peut saurait être atteint par elle (ce qui ne revient ni à absorber le réel, ni à le faire jouer comme une présupposition à l'intérieur de la phénoménologie)[2].

La notion phénoménologique de fondation discrédite ainsi complètement l'idée de pouvoir donner « un contenu “positif”, “réel”, “sensible” » à l'unité qui caractérise les touts sensibles (puisque les seuls cas où parler de l'unité d'un tout comme d'un contenu sensible spécifique aurait un sens sont précisément ceux où les contenus unifiés sont en eux-mêmes des contenus séparés, et où, en conséquence, « nous ne pouvons même plus

1. *RL*3, § 22, p. 65.

2. Pour une analyse un peu différente des raisons pour lesquelles l'ontologie se situe toujours dans les *Recherches* comme à la « marge » de l'analyse phénoménologique, sans jamais pouvoir s'y substituer, on consultera l'article de J. Benoist : « Phénoménologie et ontologie dans les *Recherches Logiques* », dans J.-F. Courtine / J. Benoist (éd.), Husserl : *La représentation vide*, Paris, P. U.F., 2003.

dire que ce moment propre d'unité ne fait qu'un avec chacun des membres réunis »[1]). S'il peut y avoir un sens à parler d'unités sensibles « réelles » ou de formes sensibles d'unité, le contenu même visé par ces expressions renvoie toujours expressément à une unité phénoménologique qui en conditionne le sens, et qui s'accomplit purement et simplement dans les rapports de fondation entre contenus :

De réel (perceptible dans une sensibilité possible), il n'existe rien d'autre que l'ensemble des fragments du tout, ainsi que les formes sensibles d'unité fondées dans la coexistence de ces fragments. Mais ce qui donne une unité aux moments à l'intérieur des fragments, de même ce qui donne une unité aux moments d'unité *et* aux fragments, ce sont les fondations au sens de notre définition[2].

Au sens phénoménologique établi par Husserl, l'unité n'est donc rien de plus que cette relation de fondation qui ne suppose à aucun moment la « production » ou « l'intervention d'un nouveau contenu ».

En conséquence, dire d'un ensemble de contenus qu'il a une unité ne revient en aucune façon à mettre en relief un trait caractéristique de l'objet, au sens où il s'agirait là d'un « prédicat réel » :

> De chaque ensemble de contenus unifiés [par une fondation unitaire], nous pourrons alors dire qu'il *a* une unité, bien que le prédicat qui lui est ainsi attribué ne soit pas une prédicat « réel », comme si, dans le tout, on pouvait dégager quelque part l'« unité ». L'*unité* est précisément un *prédicat catégorial*[3].

Parler de l'unité de l'objet au sens de l'un de ses prédicats, c'est accomplir *eo ipso* le saut qui sépare la saisie sensible du tout de sa saisie catégoriale et de sa thématisation sous une forme spécifiquement *prédicative*. Il ne faut pas se méprendre sur le sens de cette formule et la radicalité qu'elle implique. L'objet perçu n'a en aucune façon besoin d'être affublé d'un prédicat catégorial pour être *un*, son unité n'est absolument pas dépendante de quelque forme de synthèse judicative que ce soit, mais elle dépend purement et simplement de l'unité de la perception sensible elle-même, et de la relation réciproque entre contenus qui lui fournit la seule garantie dont elle ait véritablement besoin. C'est là une leçon tout à fait essentielle des analyses d'inspiration proto-gestaltiste des phénomènes de fusionnement dont Husserl emprunte le concept à Stumpf, et que l'accès

1. *RL*3, § 22, p. 66.
2. *Ibid.*, p. 67.
3. *Ibid.*, p. 66.

phénoménologique à une signification catégoriale de l'unité de l'objet ne remettra jamais en question, dans la mesure où cette couche fondamentale de la phénoménologie des *Recherches* trouve son prolongement jusque dans la sixième et dernière *Recherche*, qui en répète avec exactitude les enseignements :

> L'acte de perception est toujours aussi une unité homogène qui présentifie l'objet d'une manière simple et immédiate. [...] L'unité de la perception se réalise en tant qu'unité simple, fusion des intentions partielles et sans intervention d'intentions d'actes nouvelles[1].

Encore une fois, le sensible n'a besoin de rien d'autre que de lui-même pour trouver son unité, et il n'est nullement question de trouver en lui une forme nous engageant sur un nouveau terrain, spécifiquement catégorial, d'analyse. Husserl souligne au contraire ici la *rupture*, décisive s'il en est, qui sépare le niveau dont relève à proprement parler l'unité catégoriale de l'objet d'un côté de la simple sensibilité de l'autre, dont le caractère phénoménologique fondamental est de n'avoir besoin d'aucun concept ou d'aucune forme spécifique pour réaliser cette unité dans la simple fusion des intentions partielles. Ainsi la phénoménologie des *Recherches* se donne-t-elle les moyens de ne pas projeter sur l'analyse du sensible un certain nombre de formes – au premier rang desquelles figure l'*Einheitsform* – qui relèvent d'un autre niveau d'analyse du point de vue phénoménologique, c'est-à-dire d'un autre type d'actes, entièrement différents de ceux dans lesquels se réalise immédiatement l'unité du tout sensible.

Les deux régimes de fondation de la perception

On voit de cette façon comment la conception des rapports de fondation entre contenus développée par Husserl dans cette troisième *Recherche* met en avant le gouffre qui sépare l'accomplissement effectif de la perception de la saisie et de l'articulation *prédicative* du perçu, et annonce de cette façon la césure radicale qui opposera dans la seconde section de la sixième *Recherche* le domaine de la sensibilité à celui de l'entendement : la perception sensible simple est bien *eo ipso* perception d'une configuration unitaire de données sensibles, ou perception « immédiate » d'un tout, mais l'unité qui entre ici en ligne de compte n'est en rien comparable avec celle dont il est question dans l'effectuation d'actes non plus sensibles mais catégoriaux, avec lesquels cette unité apparaît elle-même et *en tant que telle* à la perception. C'est ce qu'exprimera très clairement Husserl, toujours dans ce

1. *RL*6, § 47, p. 181-182.

§ 47 de la sixième *Recherche* qui revient sur la perception sensible pour opposer son caractère phénoménologique d'acte « simple » à la complexité intrinsèque aux actes et aux perceptions de type catégorial, en opposant la réalisation d'une identification unitaire à la visée d'identité proprement dite, dans laquelle cette unité ou cette identité de l'objet sont explicitement visées et représentées pour elles-mêmes :

> *Unité d'identification* – et l'on ne peut éviter de faire cette distinction – *ne signifie pas la même chose qu'unité d'un* ACTE *d'identification.* Un acte *vise* quelque chose, l'acte d'identification vise une identité, il nous la représente[1].

Si nous revenons au point de vue qui est encore celui de la troisième *Recherche* (qui ne pose pas encore le problème *épistémique* de l'identification de l'objet mais en reste à une mise en question de l'unité de l'objet en un sens beaucoup plus large), cette distinction transversale suppose de faire jouer l'une avec l'autre deux formes possibles d'unité des complexions sensibles, dont la notion de *Gestalt* ne suffit alors plus à rendre compte, et qui engagent une redéfinition radicale des termes sous lesquels Ehrenfels et Meinong avaient pu poser le problème de la structuration de la perception en formes complexes[2]. Percevoir, c'est d'abord avoir affaire à des totalités sensibles dont l'unité n'est pas – et n'a pas à être – thématisée pour elle-même, dans la mesure où elle ne dépend de rien d'autre que de relations de fondation entre contenus, et s'accomplit dans une fusion immédiate des intentions partielles assurant l'« unité simple » (*schlichte Einheit*) de la perception[3]. Dans ce cas, précise Husserl,

> une identification est bien réalisée, mais aucune identité n'est *visée*. L'objet visé dans les divers actes du flux continu de perception ne cesse sans doute pas d'être le même, et ces actes viennent coïncider en un seul acte ; mais ce qui a été perçu dans ce flux, ce qui devient objectif en lui, c'est exclusivement l'objet sensible, jamais son identité avec lui-même[4].

1. *Ibid.*, p. 183 [678-679].

2. Ce que l'on voit d'ores et déjà ici apparaître n'est autre que l'enjeu fondamental de la phénoménologie, en un sens qui deviendra propre à Husserl et lui permettra de se démarquer de ce qu'Ehrenfels ou Mach entendaient sous ce nom : ce n'est plus, en effet, simplement au niveau de l'organisation des rapports entre contenus sensibles que se décidera le sens de l'unité formelle de l'objet ou du complexe en question, mais bien au seul niveau des *actes* et des rapports entre les différents types d'actes ou de visées intentionnelles mis en jeu dans la perception.

3. *Cf.* le passage du § 47 de la sixième *Recherche* cité plus haut [677].

4. *RL*6, § 47, p. 183-184.

Mais si la description phénoménologique de la perception ne peut négliger cette forme d'« unité simple » dans laquelle se réalise le pouvoir d'objectivation propre à la perception, il est tout aussi essentiel au percevoir de ne pouvoir nous mettre en rapport avec un objet qu'à condition que l'unité de ce dernier puisse faire l'objet d'une thématisation, dans laquelle cette unité n'est plus réalisée dans un acte simple, mais visée dans un acte catégorial qui suppose le premier et en explicite l'un des aspects. À partir de ce moment, il ne sera plus question de parler d'une simple fondation des « contenus » sensibles les uns dans les autres, mais d'une fondation des *actes intentionnels* eux-mêmes. L'analyse de la distinction entre l'unité d'identification sur laquelle repose la perception simple et l'*acte catégorial* d'identification proprement dit ouvre la voie à une édification des actes complexes (catégoriaux) sur la base d'actes simples (sensibles), en vertu de laquelle les déterminations phénoménologiques particulières des objets que Meinong avait auparavant rangés dans la classe des « objets d'ordre supérieur » se voient reconduites aux caractères d'actes spécifiques des visées intentionnelles dont ces objets sont les corrélats. Le passage du § 47 qui vient d'être cité se poursuivait en effet dans la sixième *Recherche* de la façon suivante :

> C'est seulement quand nous faisons du flux de perception le fondement d'un acte nouveau, quand nous articulons les perceptions singulières, et quand nous mettons leurs objets en relation, que l'unité de continuité (c'est-à-dire de la fusion par coïncidence des intentions) existant entre les perceptions singulières sert de support pour la conscience d'identité ; l'identité devient alors elle-même *objective*[1].

Il faut donc prendre garde de ne pas confondre les deux sens de la *Fundierung* qui se trouvent mis en jeu, respectivement dans la troisième et dans la sixième des *Recherches Logiques*, et qui renvoient d'un côté à une fondation *matérielle* des *contenus* sensibles, dépendant de leur « nature » particulière et des rapports de tout à partie sur lesquels reposent la dépendance et l'indépendance de tels contenus[2], et de l'autre à une fondation *catégoriale* des *actes* dont le caractère phénoménologique propre dépend de leur relation à d'autres actes qu'ils présupposent. Une telle fondation des actes catégoriaux sur les actes simples *n'est en aucune façon* requise pour que le déroulement continu des perceptions sensibles singulières nous livre « un seul et même

1. *RL*6, p. 184.

2. Cf. *RL*3, § 23, p. 69 : « un contenu fondé dépend de la "nature" particulière des contenus qui le fondent ; il y a une loi qui fait dépendre le genre du contenu fondé des genres, désignés d'une manière déterminée, des contenus fondateurs ».

objet », c'est-à-dire pour que s'accomplisse l'unité d'identification du perçu. La « simplicité » de la perception sensible et son « immédiateté » disqualifient radicalement les prétentions de toute forme de synthèse à en rendre compte :

> L'unité de la perception ne résulte donc pas d'*actes synthétiques propres*, comme si c'était seulement la forme de la synthèse, qui au moyen d'actes fondés, pouvait procurer aux intentions partielles le caractère unitaire de leur relation objective[1].

Pour autant, ce flux continu de la perception fait bien entrer en ligne de compte la logique des rapports de fondation, sans lesquels l'unité de la perception serait tout bonnement impensable, si l'on s'en tient au grand principe du § 22 de la troisième *Recherche* mentionné plus haut (« *ce qui unit véritablement toute chose, ce sont les rapports de fondation* »). Mais il n'est jamais question ici, dans la perception sensible, de rien d'autre que de cette dimension expressément *matérielle* de la *Fundierung* prenant à sa charge les relations de fondation entre *contenus* sensibles : la continuité du déroulement de l'activité perceptive a donc bien des lois propres, dont l'unité de la perception simple est toujours en dernière analyse justiciable ; mais ces lois *a priori* ne sont pas pour autant des lois catégoriales engageant de nouveaux caractères d'actes dans le rapport perceptif qui nous lie au monde, et introduisant ce faisant une certaine distance par rapport au perçu, à l'occasion de laquelle s'immiscerait dans notre rapport perceptif au monde une forme ou une autre de « conscience synthétique »[2].

Au contraire le régime de fonctionnement « normal » ou « standard » de la perception (en entendant par là son caractère de perception sensible « simple ») nous connecte directement au monde sans devoir susciter de nouveaux caractères d'actes garants de l'unité du perçu, et c'est là un enjeu absolument essentiel de cette distinction entre deux ordres fondamentalement différents et irréductibles de fondation. Husserl y insiste très clairement au moment où il se pose la question de savoir si le flux continu de la perception doit nous amener à caractériser celle-ci comme *fondée*

1. *RL*6, § 47, p. 181-182.

2. Ce terme apparaît dans le cours de *Théorie générale de la connaissance* que Husserl donne à Göttingen lors du semestre d'hiver 1902-03, et qui lui permet de présenter à ses étudiants une version plus ramassée et systématisée des thèses développées dans la sixième *Recherche* (cf. *Allgemeine Erkenntnistheorie*, *op. cit.*, p. 146). L'importance de cette expression sera par la suite consacrée par l'*Esquisse d'une Préface aux Recherches Logiques* que Husserl rédige en 1913 : « Dans ma thèse d'habilitation de l'année 1887 [...], je rencontrai pour la première fois une forme fondamentale de la conscience synthétique à plusieurs rayons, qui se range parmi les formes fondamentales de la conscience "catégoriale" au sens des *Recherches Logiques* » (*AL*, *op. cit.*, p. 376).

dans les perceptions singulières sur lesquelles elle se constitue en tant que saisie continue d'un seul et même objet :

> Fondée, elle [la perception continue] l'est naturellement au sens où l'on dit qu'un tout est fondé par ses parties ; mais non pas au sens, ici déterminant pour nous, d'après lequel l'acte fondé doit produire un *nouveau caractère d'acte* qui repose sur les caractères d'actes sous-jacents et n'est pas pensable sans eux[1].

Et la conclusion de Husserl ne se fait pas attendre en ce qui concerne la forme d'unité que peut revendiquer pour elle-même la perception sensible simple, dans le déroulement continu du flux de perceptions singulières qui la tissent :

> L'unité de ces perceptions se fondant en une perception continue n'est pas une unité résultant d'un acte propre qui, comme tel, constituerait une nouvelle conscience d'objectivité[2].

La mise en vis-à-vis du sensible et du catégorial dans la sixième *Recherche* permet donc d'apporter à la méréologie de la troisième *Recherche* son complément indispensable, lequel éclaire rétrospectivement le sens des lois « matérielles » que permettait d'établir l'étude des relations entre contenus sensibles : les relations de fondation entre contenus qui donnent son unité à la perception sensible n'induisent en aucune façon l'intervention de nouveaux caractères d'actes ou de nouvelles formes de conscience synthétique devant assurer à la perception sa « prise » sur le monde. En ce sens, l'unité des configurations ou des touts *sensibles* sur laquelle prend appui ou que met en jeu la perception sensible est bel et bien une « forme matérielle » d'unité, ainsi que Husserl en introduit le concept si déroutant au § 23 de la troisième *Recherche* pour l'opposer à une autre forme, très différente, d'unité : cette forme catégoriale qui n'obéit pas à la même logique que celle des rapports de fondation entre contenus sensibles, et qui ouvre ainsi la possibilité d'un nouveau rapport au réel sur la base d'une perception strictement sensible qui n'avait pas besoin d'elle pour manifester son unité. C'est ici, en effet, que voulait en venir Husserl, lorsqu'il insistait sur la distinction entre « tout » (*Ganze*) et « ensemble » (*Inbegriff*), pour mieux mettre en évidence les deux formes très différentes d'unité que ces termes recouvrent :

1. *RL*6, § 47, p. 183 [678].
2. *Ibid.*

> La forme de l'ensemble est une forme purement catégoriale, et, contrairement à elle, la forme du tout, l'unité de la fondation, nous est apparue comme une forme matérielle[1].

La sixième *Recherche* apporte ainsi une réponse à la question de l'unité des touts sensibles qui traversait la troisième *Recherche* sans pouvoir trouver de résolution satisfaisante. S'il faut distinguer deux « formes » d'unité irréductibles dans la perception, tombant sous la distinction entre « forme matérielle » et « forme catégoriale », c'est en raison de la différence phénoménologique fondamentale qui apparaît au § 47 de la sixième *Recherche* entre deux sens de la fondation : l'unité qui caractérise les configurations sensibles relève d'une « forme matérielle » au sens où le régime des rapports de fondation sur lesquels elle repose ne fait entrer en jeu rien d'autre que des relations entre contenus sensibles, là où l'unité de l'objet perçu thématisée dans un *acte* d'identification doit son caractère de « forme catégoriale » au fait qu'elle engage des relations de fondation *entre les actes eux-mêmes* (les actes catégoriaux ne pouvant avoir lieu qu'en tant qu'ils sont *fondés* sur des actes d'un type différent, à savoir les actes sensibles).

Cette distinction fondamentale premet à Husserl d'éclairer et de mettre l'accent sur la diversité des mode de rapport à l'objet autour desquels se noue la perception, dans la mesure où celle-ci se nourrit constamment de ce jeu entre un mode sensible et simple de mise en présence du monde, et une articulation catégoriale du voir ouvrant à partir de là des possibilités d'investigation dans le champ perceptif que la seule perception sensible, dans son évidence immédiate, ne pouvait réaliser. Aussi, lorsque Husserl écrit que « le rapport direct à un objet sensible saisi en lui-même [*das Direkt – und Selbsterfassen*] possède un tout autre caractère que celle d'un objet catégorial »[2], il faut entendre par là que le voir est tout entier structuré par cette opposition entre deux modes irréductibles de rapport au réel qui ne relèvent pas de la même logique, puisque la grammaire de la perception sensible dépend strictement des relations entre contenus, tandis que celle de ce que Husserl nommera plus tard le voir catégorial fait jouer des relations entre les différents types d'actes dans lesquels s'accomplit notre rapport perceptif au monde. On oublie trop souvent qu'un des moments essentiels pour l'établissement de la thématique catégoriale dans les *Recherches Logiques* se trouve dans ces paragraphes de la troisième *Recherche*, et on néglige de cette façon l'importance et le rôle structurant

1. *RL*3, § 23, p. 70.

2. *AE*, *op. cit.*, p. 145. Husserl ajoute à la suite de cette citation : « Et c'est de cette façon que se détermine la différence entre la sensibilité et la catégorie ».

de ce par rapport à quoi les actes catégoriaux prennent sens, à savoir de cette intuition simple qui nous renvoie en arrière dans la progression des *Recherches* et retrouve l'analyse initiale des rapports entre contenus sensibles qui constituait la toile de fond de la méréologie husserlienne. C'était bien déjà, en effet, cette distinction entre ces deux niveaux phénoménologiques d'analyse que sont les actes intentionnels d'un côté, et les contenus de l'autre, qui guidait la tentative de résolution du problème de l'unité perceptive dans la troisième *Recherche*, qu'il est donc nécessaire de relire à l'aune des résultats de la sixième *Recherche* :

> Un *simple ensemble* de contenus ne peut pas être appelé *un tout* [...]. « Ensemble » (*Inbegriff*) est l'expression d'une unité « catégoriale » correspondant à la simple « forme » de la pensée, il désigne le corrélat d'une certaine *unité d'intention* se rapportant à tous les objets en question [1].

Là où il est question d'unités catégoriales, c'est bien au seul niveau des *intentions*, c'est-à-dire au niveau des actes intentionnels et selon les modalités de visée qui leur sont propres, que se décide la forme de telles unités et l'identité de l'objectivité qui leur correspond. Les objets qui constituent un tel ensemble « sont assemblés en pensée seulement », et pour cette raison, précise Husserl, « il ne leur échoit, par l'intention unitaire, aucune forme matérielle de connexion, ils sont peut-être en eux-mêmes "sans lien et sans rapport" » [2], signe d'un décollage possible de la pensée catégoriale par rapport aux liaisons sensibles qui fondent la trame de la vie perceptive. Aussi voit-on mieux ce qui fait la spécificité de telles formes catégoriales d'unité et ce qui les distingue de toute « forme matérielle » de connexion entre contenus : dans la mesure où elles ne se fondent pas directement dans les contenus eux-mêmes, mais relèvent d'actes eux-mêmes fondés sur d'autres types d'actes qu'ils présupposent, leur « formalité » est parfaitement libre à l'égard de toute matière sensible bien qu'elle soit éminemment fondée sur cette sensibilité même, soit sur les actes sensibles qui constituent le fond de la *Schlichte Wahrnehmung*. Cette « liberté » des formes catégoriales s'exprime de la façon la plus claire dans le caractère « arbitraire » qu'elles confèrent aux contenus intuitifs, en se délestant des contraintes qu'auraient pu faire peser sur elles leur « matière » sensible, et en les reléguant au rang de contenus purement formels dont la « nature » leur est parfaitement indifférente :

1. *RL*3, § 23, p. 68-69 [288-289].
2. *Ibid.*

> La forme d'un ensemble est pleinement indifférente par rapport à sa matière, c'est-à-dire qu'elle peut continuer à subsister en cas de variation complètement arbitraire des contenus inclus[1].

C'est la raison pour laquelle de telles formes catégoriales ne relèvent en aucune façon d'un travail d'abstraction devant en quelque sorte les « arracher » au sensible, mais bien de cette formalisation (*Formalisierung*) sur le rôle de laquelle Husserl a longuement insisté dans le dernier chapitre des *Prolégomènes* et à laquelle il va maintenant très logiquement revenir, dans le paragraphe suivant de la troisième *Recherche*, pour l'opposer à l'*Ideation* ou abstraction idéatrice :

> Quelle que soit l'espèce du tout, nous accédons à sa forme pure, à son type catégorial, en « faisant abstraction » de la particularité des espèces de contenus correspondants. Pour parler plus clairement, cette « *abstraction* » *formalisante* est quelque chose de tout autre que ce qu'on envisage habituellement sous le nom d'abstraction, donc une fonction totalement différente de celle qui, par exemple, fait se détacher le « rouge » d'une donnée visuelle concrète, ou le moment générique « couleur » du rouge déjà abstrait[2].

Aussi les lois qui se rapportent aux formes catégoriales sont-elles des lois analytiques *a priori*, selon la définition qu'en avait donné Husserl au § 11 de cette troisième *Recherche*[3], et non pas des lois synthétiques matérielles comme celles en vertu desquelles différents contenus fondés s'assemblent en touts sensibles. Il s'agit en effet de lois relatives aux seules « catégories objectives formelles » (« *formalen gegenständlichen Kategorien* ») introduites au § 67 des *Prolégomènes*[4], du type de cette loi selon laquelle « *un tout ne peut exister sans parties* », que Husserl prenait comme exemple des « nécessités analytiques » au § 11 de cette troisième *Recherche*[5]. Il n'en va pas du tout de même en ce qui concerne les lois

1. *Ibid.*, p. 69.
2. *Ibid.*, § 24, p. 71.
3. *Cf.* le § 11 de la première édition de la troisième *Recherche*, qui reprenait à Bolzano, et contre Kant, sa définition de l'analyticité : « Des *propositions analytiques* sont des propositions telles qu'elles ont une validité absolument indépendante de la nature propre du contenu de leurs objets (et par suite aussi des formes de connexions objectives) ; c'est-à-dire des propositions qui peuvent se formaliser complètement [...]. La formalisation consiste ne ce que, dans la proposition analytique prédonnée, toutes les déterminations concrètes sont remplacées par des termes indéterminés et que ceux-ci sont alors conçus comme des variables indéfinies » (*RL*3, p. 329).
4. *Prolégomènes*, p. 269.
5. *RL*3, § 11, p. 36.

« constitutives des différentes espèces de touts » qui, dans la mesure où elles reposent sur les rapports de dépendance ou d'indépendance entre contenus, sont fondées dans leur « nature » propre de contenus sensibles, et doivent donc être caractérisées comme des lois *matérielles*, auxquelles la seconde édition donnera le nom de « lois *synthétiques a priori* »[1]. Tel est le cas par exemple de la loi établissant le rapport de dépendance nécessaire entre la couleur et l'étendue dont il a été question un peu plus haut.

Or, encore une fois, les lois analytiques formelles qui régissent les formes catégoriales n'ont de sens que dans la mesure où elles sont susceptibles d'avoir un contenu (qu'elles formalisent) dont l'unification ne relève en aucune façon de leurs prérogatives, et qui obéit à des lois strictement matérielles. Autrement dit, les lois analytiques catégoriales tirent expressément leur signification de cette sorte de position de vis-à-vis qui les situe à distance des lois synthétiques matérielles qu'elles présupposent inévitablement, dans la mesure où leur *formalité même* renvoie négativement à la donation effective d'un *contenu matériel* qu'elles mettent en variable :

> Le *contenu* de la loi se rapportant à chaque tout [dont le concept « est aussi un concept catégorial »] est déterminé par la particularité matérielle des espèces de contenus fondateurs et, par suite, des contenus fondés, et c'est cette loi déterminée quant à son contenu qui donne son unité au tout. Aussi est-ce avec raison que nous appelons unité matérielle cette unité[2].

Husserl répond ainsi d'avance à l'objection que l'on pourrait formuler contre ces passages de la troisième *Recherche*, en tentant de reconduire toute forme d'unité à une forme strictement catégoriale, puisque même l'unité de fondation des touts sensibles obéit à des lois dont la forme ne peut être *que* catégoriale (car ainsi que le dit l'auteur, « une loi n'est rien de matériel, ni par conséquent rien de perceptible »). À l'encontre de cet élargissement du catégorial à toute forme d'unité, nous le voyons insister très fermement ici sur le fait qu'il est bien question dans la perception de deux formes irréductibles et incompressibles d'unité, l'unité matérielle du tout faisant en quelque sorte face à l'unité catégoriale de l'objet qu'elle rend possible.

1. *RL*3, § 23, p. 70.
2. *Ibid.* (1re édition).

L'*A PRIORI* PHÉNOMÉNOLOGIQUE

Unité catégoriale et conscience synthétique

Si l'existence et la donation d'un tout impliquent l'unité matérielle d'une configuration sensible, il est essentiel de souligner que cette unité constitue un point de passage vers une thématisation catégoriale, du point de vue de laquelle le statut logique de cette unité ne peut être que celui d'une *Einheitsform*. Aussi les *Recherches Logiques* mettent-elles en scène le jeu extrêmement subtil qui se noue entre les « formes matérielles » et les « formes catégoriales » de connexion, renvoyant à l'intrication et à l'opposition des deux dimensions d'*aprioricité* qu'elles font jouer l'une avec l'autre : l'unité est certes d'abord une forme matérielle, relevant à ce titre de lois appartenant à ce qu'il faudra donc appeler un *a priori* matériel, tourné vers les relations de fondation entre contenus, mais il est essentiel à cette même unité de pouvoir être reprise en régime catégorial, ou du moins de fournir une « matière » ou un « contenu » sur la base duquel vont pouvoir se déployer et s'expliciter de nouveaux types d'unité ou de nouvelles formes, catégoriales (et il faut alors ici entendre cette « matière » au sens du *Stoff*, c'est-à-dire du « matériau sensible » qui constituera au § 42 de la sixième *Recherche* le pendant des « formes catégoriales » [1]). C'est ce que révèle l'analyse menée par Husserl, dans son cours de 1902-1903, s'attachant à la mise en relief de certaines parties de l'objet sur la base d'une perception sensible simple ; l'unité n'est pas assumée par un acte unificateur de l'esprit, mais elle n'en est pas moins le vecteur d'un décrochage possible par rapport au sensible lorsque cette unité sera explicitée dans un acte catégorial :

> Dans une intuition complète, dans l'intuition d'un tout A, trouver un moment α ne signifie pas encore que le tout est pris en tant que tout, ni la partie en tant que partie, et cela ne signifie pas non plus que soit donné l'état-de-choses « A est le tout qui possède α comme partie ». Une conscience synthétique est ici nécessaire, soit une conscience qui accomplit d'une façon particulière le « percevoir A » et le « percevoir α », mais qui ramène ensuite à l'unité cet α et ce A en les prenant ensemble sous la forme « α est dans A ». Et c'est seulement à travers cette unité que chaque élément acquiert le caractère de tout ou de partie. Il s'agit déjà là de concepts, qui ne sont pas sensibles mais catégoriaux [2].

1. *RL*6, § 42, p. 168.
2. *AE*, p. 146.

Cette unité matérielle s'articulant d'elle-même dans la perception simple ouvre à partir de là la voie à une autonomisation radicale des formes qui structureront non plus les contenus perceptifs eux-mêmes, mais bien la perception, en tant que cette dernière s'accomplit dans des actes qui s'édifient les uns sur les autres (selon une fondation que Husserl qualifiera de « fondation formelle »[1], pour mieux l'opposer au régime des fondations matérielles) et ne sont pas simplement rivés au déroulement continu des contenus perceptifs. C'est la raison pour laquelle Husserl caractérise dans ce passage ce nouveau mode de la perception comme une nouvelle forme de « conscience synthétique ». Mais cela ne doit surtout pas s'entendre comme si la conscience, en position de retrait par rapport au sensible, pouvait exercer sur lui son pouvoir de synthèse et lui appliquer des formes ou des concepts catégoriaux « déjà prêts » pour en accueillir la diversité. Au contraire cette forme de synthèse n'est-elle rien d'autre qu'un *mode d'accès* spécifique à ce même monde qui nous est d'abord donné dans des actes sensibles simples, et elle n'a pas davantage le pouvoir d'« agir »[2] sur ce réel pour le transformer à sa guise que celui de « produire » au sens fort des « objets d'ordre supérieur » venant se superposer aux données sensibles élémentaires et les concurrencer sur un plan ontologique.

Encore une fois, ce sont les fondements mêmes de la théorie meinongienne de l'objet et de ce qui deviendra dans la psychologie gestaltiste de l'école de Graz une théorie de la *Produktion* qui sont ici sapés et sévèrement mis à mal par Husserl (nous prenons la peine d'y insister, dans la mesure où le discours objectivant que tient Husserl – comme toute théorie de l'intentionnalité, au demeurant – peut souvent donner l'impression que ce dernier rejoindrait Meinong sur ce point, en parlant des nouvelles « objectités catégoriales » corrélatives de ce mode particulier de perception). Les actes catégoriaux n'ont en aucune façon vocation à accroitre le domaine ontologique en faisant apparaître une nouvelle province de l'être ; ils décrivent seulement une modalité incontestablement nouvelle de rapport à ce même « objet phénoménal » que la perception simple avait déjà reconnu (au sens où l'on demande à un éclaireur de « *reconnaître* le terrain » par une inspection des lieux) sur un mode

1. *RL6*, § 40, p. 163.

2. *Cf.* la critique, constante d'un bout à l'autre de l'œuvre de Husserl, que ce dernier adresse à cette « mythologie » de l'activité de l'esprit ou du moi, caractéristique au premier chef, selon lui, des néokantismes : « ce qui faisait défaut, c'était la connaissance du fait que cette activité de pensée d'ordre supérieur est elle-même du genre des actes objectivants, c'est-à-dire la connaissance du fait qu'il ne s'agit pas d'activité au sens d'une quelconque activité métaphysique du moi, mais que ce sont des vécus intentionnels » (*AE*, p. 151).

sensible, soit dans ce que Husserl appelle un « simple regard-jeté-sur » l'objet[1]. Les synthèses catégoriales ne sont donc rien d'autre que des « actes nouveaux » (au sens strictement intentionnel de l'acte) s'édifiant sur les perceptions, « à savoir des actes qui se rapportent à l'objet phénoménal d'une tout autre manière que ces intuitions qui le constituent »[2].

C'est précisément la raison pour laquelle Husserl ne parle jamais seulement de *synthèses catégoriales* (comme si les formes catégoriales dépendaient d'une quelconque activité synthétique de la conscience – ce qui irait à l'encontre du principe selon lequel les lois catégoriales sont précisément des lois strictement *analytiques*), mais bien toujours de *synthèses d'actes* catégoriales (*Akt-Synthesis*), ce qui signifie simplement que les formes catégoriales ne peuvent s'actualiser que dans des actes *qui supposent eux-mêmes d'autres actes sur lesquels ils s'édifient* :

> Les formes de la connexion catégoriale sont des formes qui ressortissent au mode de la synthèse d'acte [*Akt-Synthesis*], donc qui se constituent objectivement dans les actes synthétiques édifiés sur la sensibilité[3].

Parler de « conscience synthétique » ne signifie donc nullement que la pensée catégoriale s'applique de l'extérieur au sensible pour en effectuer la synthèse, comme c'était le cas dans le processus de colligation explicite auquel la *Philosophie de l'arithmétique* accordait l'importance que l'on sait, mais à l'inverse que la conscience catégoriale ne peut s'accomplir que dans des *synthèses d'actes* rendant précisément compte du fait qu'elle est intégralement *fondée* sur des actes sensibles et n'est intelligible qu'à cette seule condition. Aussi, dans la mesure où elles appartiennent à des actes fondés sur des actes sensibles tout en relevant pourtant de lois analytiques-formelles, les formes catégoriales n'ont-elles pas besoin d'être pensées comme les *produits* d'une activité synthétique, bien qu'elles ne soient pas pour autant simplement puisées dans le réel sensible ou dans les formes qui appartiennent spécifiquement à la sensibilité en tant que telle : elles s'établissent sur le fondement du sensible (puisque les actes catégoriaux sont bien toujours des actes *fondés*), mais *en opposition à lui* et en se libérant du pouvoir de contrainte qu'il exerce sur l'organisation du flux continu de la perception. De cette façon, quoique les formes catégoriales obéissent à des lois strictement formelles et analytiques, elles ne doivent pas pour autant, du

1. Cf. *AE*, p. 152 : « Ce que nous trouvons ici d'une manière purement phénoménologique, ce sont des actes de l'intuition dans lesquels un objet au sens simple apparaît d'un seul coup devant nos yeux ; nous trouvons ici un simple regard-jeté-sur [*ein schlichtes Hinblicken*] ».

2. *RL*6, § 41, p. 166.

3. *Ibid.*, § 48, p. 190 [684].

point de vue phénoménologique, être mises à l'écart de la perception : elles prennent au contraire leur sens sur son terrain même, dans la mesure où elles procèdent de ce jeu de fondations à deux dimensions (la première correspondant à la sphère des contenus sensibles, tandis que la seconde décrit le niveau des actes intentionnels) à l'intersection desquelles elles se placent.

Les deux a priori, *le dépassement du psychologisme et la question des limites de la phénoménologie*

Husserl s'est ainsi donné les moyens de retravailler en profondeur, et de façon beaucoup plus subtile, cette opposition qu'il avait d'abord, dans la *Philosophie de l'arithmétique*, établie entre les opérations *explicites* de la pensée synthétique (dont le paradigme était l'activité psychique de colligation) et les liaisons matérielles *déjà présentes* dans les complexes de données sensibles, qui constitueront plus tard le modèle des « synthèses passives ». En effet, il n'est plus maintenant simplement question d'opposer les types de liaisons, actives et psychiques ou passives et matérielles, qui sont en jeu : c'est désormais sur un terrain purement phénoménologique – celui de la distinction entre actes et contenus – que s'effectue la séparation du sensible et du catégorial, soit par la mise en évidence de ce qui oppose leurs grammaires respectives et interdit de confondre les types de « formes » qu'elles mettent en jeu. Tandis que la logique des formes sensibles renvoie aux relations de fondation entre contenus sensibles, les formes catégoriales dépendent des relations de fondations entre les différents types d'actes intentionnels et introduit une distance par rapport aux contenus qui libère un espace pour la pensée formelle.

La distinction phénoménologique fondamentale entre actes sensibles et actes catégoriaux qui se met ici en place doit ainsi se substituer à l'opposition des moments figuraux aux opérations de colligation explicite qui reposait encore, dans la *Philosophie de l'arithmétique*, sur la distinction brentanienne du physique et du psychique. Il y a là quelque chose que l'élève de Brentano, certes brillant, mais discipliné, qu'était encore Husserl au moment où il écrivait sa thèse d'habilitation, ne pouvait pas penser : l'unité catégoriale n'est pas une unité physique, *mais elle n'est pas davantage une unité psychique*. C'est ce que Husserl explique dans un passage remarquable de l'*Esquisse de préface* aux *Recherches Logiques* à l'occasion duquel il revient sur le trajet intellectuel qui l'a conduit à la découverte du catégorial, et l'a irrémédiablement éloigné de l'école brentanienne :

> La représentation de la « multiplicité » devait se former à partir de la liaison collective (de la conscience de l'unité de la visée de l'ensemble, de la saisie en une unité), et il y avait là sûrement quelque chose de juste. Le

collectivum n'est pas une unité formée par les choses, fondée dans les contenus des choses collectionnées ; – d'après le modèle qui m'était donné d'avance scolairement, selon lequel tout ce qui peut être saisi intuitivement doit être « physique » ou bien « psychique », ce ne pouvait pas être quelque chose de physique : donc le concept de collection provient de la réflexion psychologique au sens de Brentano, de la « réflexion » sur l'acte de collectionner [...]. Mais le concept de la numération n'est pas essentiellement autre que le concept de collectionner, que pourtant seule peut donner la réflexion sur l'acte ? De tels doutes m'inquiétèrent, [...] et ils s'étendirent à tout ce que plus tard j'appelai concepts catégoriaux. [...] Faire appel, comme c'était usuel dans l'école de Brentano, au fait de se représenter d'une manière impropre, de se représenter par des relations, ne pouvait être d'aucun secours ; ce n'était qu'un mot au lieu d'une solution[1].

La découverte du catégorial est ainsi intimement liée à une critique de fond de la psychologie brentanienne engageant jusqu'à sa formulation de la « thèse d'intentionnalité », si tant est que cette découverte met au jour l'existence de formes qui structurent l'activité perceptive mais ne relèvent pas plus du domaine de la sensibilité que de celui des actes psychiques, et dont l'élucidation phénoménologique ne peut ni se satisfaire d'une référence « mythique et vague » [*in mythisch vager Weise*] à « l'idée de faculté de l'âme ou d'activité de l'âme »[2], ni s'appuyer sur des synthèses officiant comme autant de « constructions transcendantales plaquées d'en haut »[3] et relevant en dernière analyse d'une forme d'« activité métaphysique du moi »[4].

Le catégorial va donc de pair avec une redéfinition en profondeur du statut des *actes* intentionnels auxquels la conscience doit sa structure, et une analyse des « actes objectivants » qui permet à Husserl de prendre ses distances à l'égard de la théorie brentanienne du jugement comme nous allons voir dans le prochain chapitre. Mais avant d'aller plus loin, nous voudrions encore tirer quelques conséquences des analyses qui viennent d'être menées, et revenir sur la portée qu'on peut leur accorder. Si l'on peut relire l'ensemble du trajet accompli par Husserl entre ses premiers travaux et les *Recherches Logiques* en l'interprétant comme un effort pour dégager progressivement ses analyses d'un niveau spécifiquement psychologique de contraintes (pesant de tout son poids sur l'opposition entre liaisons matérielles primaires et actes psychiques de mise en relation), et pour en

1. *AL*, p. 376-377.
2. *AE*, p. 151.
3. *Esquisse d'une préface aux Recherches Logiques*, dans *AL*, p. 363.
4. *AE*, p. 151.

donner une interprétation en termes de nécessités non plus psychologiques mais *logiques* (lois de dépendance entre contenus sensibles d'un côté, lois analytiques de la pensée catégoriale de l'autre), on comprend alors que le point essentiel, dans ce déplacement philosophique fondateur de la phénoménologie, consiste à soumettre l'opposition naïve sur laquelle reposait le couple activité-passivité dans la *Philosophie de l'arithmétique* (opposition des liaisons matérielles *passives* aux liaisons catégoriales *actives*) à une opposition beaucoup plus fondamentale et « métaphysiquement neutre » (notamment à l'égard de la distinction du physique et du psychique) entre deux types d'*a priori* : un *a priori* sensible d'un côté (représenté par les lois synthétiques *a priori* matérielles) et un *a priori* intelligible ou catégorial de l'autre (reposant sur les lois *a priori* de la sphère analytique formelle).

C'est cette dualité irréductible de la division établie par Husserl dans les *Recherches* entre deux sortes d'*a priori* qui doit assumer le dépassement du psychologisme, y compris là où l'on ne se place plus sur le terrain de la logique pure, comme c'était le cas dans les *Prolégomènes*, mais sur celui d'une théorie de la connaissance caractérisée par un appel constant au domaine de l'expérience. Il faut ici bien comprendre la radicalité très profonde de cette thèse cardinale, qui ne signifie pas simplement qu'il existe une différence incompressible entre deux formes d'aprioricité. La thèse de Husserl va beaucoup plus loin, en assumant que cette dualité ne décrit rien moins que *la structure même de l'aprioricité en tant que telle* : l'idée même de l'*a priori* n'a et ne peut avoir de sens qu'à l'intérieur du cadre défini par cette tension fondamentale entre un *a priori* synthétique et un *a priori* analytique. C'est ce qui ressort, en dernière analyse, de cette opposition établie entre la troisième et la sixième *Recherche* entre deux types de formes fournissant le cadre général de toutes connaissance : des formes matérielles d'un côté, et catégoriales de l'autre. Il ne s'agit pas là d'une distinction contingente mais d'une division logique (entre le sensible et le catégorial) sur la base de laquelle repose l'édifice théorique des *Recherches*, et qui se traduit dans la division phénoménologique entre les deux types d'actes correspondants : actes sensibles d'un côté, catégoriaux de l'autre.

Dire cela, c'est dire que ces deux types d'*a priori* doivent d'une façon ou d'une autre permettre de définir le cadre à l'intérieur duquel peut avoir lieu une phénoménologie de la connaissance. Nous avons ici affaire à deux sortes de lois nécessaires très différentes, mais dont la tension joue en quelque sorte un rôle structurel, relatif à la possibilité même de décrire les phénomènes ; et ces lois définissent pour cette raison même les limites, inférieures et supérieures de la phénoménologie. D'un côté, la phénoménologie ne peut s'enfoncer au-delà des limites fixées par cet *a priori* matériel, dans les profondeurs du sensible (en direction par exemple, d'un inconscient pulsionnel – cette fameuse « psychologie des profondeurs » dont Husserl rejette résolument l'hypothèse) ; car en effet, au-delà de cette limite, nous tombons dans une psycho-physique des sensations qui se retirent en tant que telles à la prise de la description phénoménologique, et qui ne donnent à proprement parler aucun *phénomène*. Dire que l'unité de la perception sensible est simple permet de fixer en quelque sorte une limite inférieure à l'investigation phénoménologique : il n'y a pas à aller chercher au-delà de cette simplicité qui nous connecte immédiatement au monde, et sur la base de laquelle se construit un rapport plus distancié, *catégorial*, au perçu. Mais la phénoménologie ne s'étendra pas non plus au-delà de ces lois analytiques de structuration des formes catégoriales, relatives aux rapports de fondation entre les différents types d'actes intentionnels : de ce point de vue, elle ne peut aller comme c'était le cas chez Meinong jusqu'à élargir le domaine ontologique de tous les objets d'ordre supérieurs qui ne doivent leur structuration qu'au pouvoir de formalisation de la pensée logique, et qui tirent comme nous allons le voir leur structure de l'entrecroisement des actes perceptifs avec des intentions formées sur un terrain significationnel[1].

L'analyse logique du sensible à laquelle se livre Husserl dans la troisième *Recherche* débouche ainsi sur la nécessité phénoménologique de distinguer les deux *a priori* sur lesquels repose l'intuition, et de repenser à partir d'eux la différence entre une perception obéissant en quelque sorte aux lois du sensible, et une perception structurée par des lois catégoriales. Ce qui est ici en question et qui va commander l'élucidation de la connaissance dans la sixième *Recherche*, c'est le jeu d'opposition entre deux types de possibilité et d'impossibilités perceptives : des possibilités conceptuelles d'un côté – liées à l'*a priori* analytique formel de l'intuition catégoriale – et des impossibilités matérielles de l'autre – dépendant de

1. Tel est le sens phénoménologique de l'immanence, une immanence à la mesure d'une philosophie strictement et résolument descriptive : nous n'avons pas à remonter la chaine des causes explicatives qui pourraient nous permettre de rendre compte de la teneur ou de la structuration spécifique de nos vécus intentionnels ; le phénoménologue n'a pas à mettre ses descriptions des vécus au service d'un questionnement ontologique devant ultimement statuer « sur ce qu'il y a » et déterminer ainsi l'« ameublement » du monde. La tâche descriptive de la phénoménologie ne lui impose rien de plus que de se situer d'emblée sur le terrain du vécu, tel qu'il s'offre d'abord à nous de la façon la plus naïve, et elle se caractérise seulement par le regard descriptif plus aiguisé qu'elle offre sur ce à l'intérieur de quoi nous sommes toujours et déjà, à savoir sur la vie de la conscience.

l'*apriori* synthétique matériel sur lequel se fondent les rapports entre contenus sensibles. Aussi le domaine de la connaissance est-il traversé dans son ensemble par cette tension entre deux sens possibles du voir, selon qu'il porte directement sur l'unité simple d'un objet ou sur sa structuration catégoriale en tant que telle. Et cette tension est absolument irréductible dans les *Recherches*, dans la mesure où elle dessine précisément les contours de la phénoménalité, soit le cadre à l'intérieur duquel cela peut avoir un sens de parler de « phénomènes » et d'en entreprendre une description. Ainsi devons-nous comprendre que le passage entrepris par Husserl d'une *psychologie* ou d'une étude empirique des phénomènes psychiques (celle conduite par Brentano et son école) à une *logique* des vécus (c'est-à-dire à une *phénoménologie*, dans la mesure où il s'agit précisément de déterminer le logos de l'apparaître en tant que celui-ci apparaît toujours *à quelqu'un*, soit dans un vécu) trouve son point d'orgue ou son accomplissement avec la rupture induite par la thématique catégoriale dans l'analyse des phénomènes perceptifs.

LE PHÉNOMÉNOLOGIQUE ET LE PSYCHIQUE

Le fusionnement comme pouvoir de résistance du réel

Avant d'ouvrir le dossier des conséquences de cette « rupture catégoriale », il nous faut revenir une nouvelle fois sur le concept de fusionnement qui a servi de fil directeur à notre enquête, afin de souligner le caractère en un sens paradoxal de la critique de la théorie stumpfienne de la fusion présentée par la troisième *Recherche*. Si Husserl semble en effet prendre de plus en plus clairement ses distances à l'égard d'un concept fortement empreint de la psychologie de provenance empiriste sur le terrain de laquelle il a été forgé, il serait pourtant erroné d'en déduire que l'auteur des *Recherches* inscrit ce faisant sa démarche dans le mouvement d'une critique sans appel de la tradition psychologique issue de Brentano. Il faut à cet égard nuancer considérablement les critiques que Husserl réserve aux différents disciples de la psychologie brentanienne, et qui n'ont précisément pas d'autre fonction que de fonder la légitimité d'une reprise de Brentano, en le délestant de ses présupposés métaphysiques. Il s'agit donc bien de congédier le spectre du psychologisme qui plane au-dessus de l'école brentanienne dans son ensemble, sans pour autant rejeter les analyses des psychologues, dont Husserl entend au contraire tirer un certain parti.

Il faut tout d'abord insister sur le fait que le geste critique de stricte délimitation et de restriction de la portée des phénomènes auxquels Stumpf avait donné le nom de *Verschmelzung*, bien qu'il connaisse une radicalisation très forte entre la *Philosophie de l'arithmétique* et les *Recherches Logiques*, ne conduit pas pour autant Husserl à renoncer purement et simplement à ce concept. Au contraire, les phénomènes de fusionnement jouent un rôle, certes minimal, mais fondamental dans la troisième *Recherche*, puisqu'ils assument à un premier niveau la constitution de l'objet sensible. C'est ce que révèle la lecture du § 9 que nous avons déjà commenté : la *Verschmelzung* prend en charge ce caractère phénoménologique essentiel du *concretum* sensible, qui apparaît toujours « d'un seul coup » dans sa « complexion globale », quelle que soit par ailleurs la complexité des relations qui le structurent.

> [Le fusionnement] n'en est pas moins une sorte de corrélation particulièrement intime qui fait ressortir d'un seul coup la complexion globale des moments s'interpénétrant, dès qu'*un seul* moment crée par discontinuité la condition préalable à cet effet[1].

La fusion constitue en quelque sorte la trame de fond du sensible, et non plus seulement son organisation en configurations spécifiques ou moments figuraux. C'est elle qui fonde l'apparaître sensible des phénomènes, à la frontière du psycho-physique (l'association des sensations et les relations entre contenus sensibles) et du phénoménologique (l'apparaitre « d'un seul coup » du *concretum* dont les moments s'interpénètrent de façon réciproque), à telle enseigne qu'elle devient une loi de formation de l'objectivité sensible à part entière. Ces lois n'ont pourtant pas le statut phénoménologique des lois objectives de l'*a priori* synthétique matériel, dont nous avons souligné le nécessaire décrochage par rapport aux phénomènes de fusionnement, que Husserl ne manque pas de rappeler dans la suite de ce paragraphe :

> Nous sommes allés assez loin pour voir qu'avec la différence [...] entre les contenus qui se détachent et ceux qui ne se détachent pas [...] nous restons fort éloignés de la différence *objective* fondamentale entre contenus abstraits et contenus concrets, entre contenus indépendants et contenus dépendants[2].

1. *RL*3, § 9, p. 31.

2. *RL*3, § 9, p. 31/327 (1ère édition). Au paragraphe précédent, Husserl écrivait en effet que les contenus indépendants « n'ont pas besoin de l'indépendance tout à fait différente, due à la séparation », ce qui mettait déjà la fusion à l'écart par rapport aux lois de l'*a priori*

En effet, les phénomènes de fusionnement assurent une forme d'homogénéité ou d'unité du sensible qui est par principe différente du type d'unité objective fondé sur les relations logiques (ou méréologiques) de dépendance et d'indépendance entre parties d'un tout. Husserl poursuit ainsi en expliquant qu'« il s'agit, dans le premier cas, dans la distinction entre contenus qui se mettent à part en formant une unité, et ceux qui se confondent à l'arrière-plan, de faits d'analyse et de fusionnement où les contenus qui se mettent à part peuvent aussi bien être indépendants que dépendants »[1]. Contrairement aux relations logiques de dépendance et d'indépendance des contenus sur lesquelles se fonde la différence, que Husserl qualifiera en 1913 d'« ontologique », entre le *concret* et l'abstrait[2], les rapports de fusionnement ne sont commandés par aucune référence objective et n'éprouvent nullement la nécessité de se régler sur l'objet du phénomène. La fusion n'a pas cette valeur « objective » ou cette portée immédiatement *ontologique* que prennent les lois de l'*a priori* matériel, elle reste « fort éloigné[e] de la différence objective fondamentale entre contenus abstraits et contenus concrets »[3], et force est pour Husserl de les rattacher à l'autre versant de l'expérience phénoménologique, celui qui concerne ce qu'il appelait d'abord, en 1901, la « sphère des vécus subjectifs vagues »[4] [*der Sphäre der vagen subjektiven Erlebnisse*]. Là où les lois à caractère intrinsèquement ontologique des deux niveaux, formel et matériel, de l'*a priori* phénoménologique, se trouvent en quelque sorte polarisées par la question de l'objet (et de sa détermination en tant qu'objet), ce versant « subjectif » de la vie de conscience ne fait nullement entrer en ligne de compte cette structure de référentialité qui aura à charge d'établir la corrélation intentionnelle et les rapports de dépendance réciproque entre l'acte de viser et son objet. Nous nous situons encore, avec les phénomènes de fusionnement, sur le terrain d'une expérience qui prend d'abord sa source dans une sensibilité dépourvue de cette formalité d'un degré supérieur – catégorial – qui la recouvrira dès lors qu'une intention de connaissance viendra animer et guider la visée intentionnelle qui se profile déjà à l'horizon d'un tel vécu sensible, caractérisé par Husserl comme « vague » et « subjectif ».

matériel. Il donnait alors l'exemple suivant : « Les parties d'une surface intuitive de blancheur uniforme ou s'atténuant de manière continue sont indépendantes, mais non séparées ».

1. *Ibid.*

2. Voir notamment p. 32, la réécriture du dernier paragraphe de ce § 9.

3. *Ibid.*, p. 31 et 327 (1re édition).

4. *Ibid.* [251-252].

C'est la raison pour laquelle, sans être radicalement *extérieurs* à la description phénoménologique (puisqu'ils lui sont au contraire liés de façon essentielle), ces phénomènes de fusionnement possèdent un caractère psychologique et une dimension inéliminable d'empiricité qui les situe à la lisière des analyses d'essence sur lesquelles se fonde le travail phénoménologique. C'est ce dont témoigne, en négatif, la tentative effectuée par Husserl dans la deuxième édition des *Recherches* de réintégrer le fusionnement à un type particulier d'essence, celui des « essences inexactes »[1], qui joueront un rôle capital dans l'écriture du premier tome des *Idées directrices*. Corrigeant le texte qu'il avait écrit en 1901, Husserl tente alors de minimiser autant que possible ce caractère indissolublement vague et subjectif du fusionnement, en expliquant qu'il s'agit d'une sphère d'« intuitivités » qui « a aussi ses particularités d'essence remarquables »[2]. Il y a là une différence, beaucoup plus notable qu'il ne pourrait y paraître, par rapport à ce que Husserl avait écrit douze ans plus tôt, lorsque l'on trouvait sous sa plume l'expression de « sphère des vécus subjectifs vagues » : car en effet, le vague n'était pas alors une modalité particulière de l'intuition délimitant simplement *à l'intérieur* du champ de l'apparaître un sous-genre spécifique de vécus dont la description phénoménologique doit analyser les « particularités d'essence remarquables ». En 1901, Husserl assume au contraire pleinement que le caractère vague d'un vécu subjectif ne permet nullement de constituer une relation à un objet, en conséquence de quoi de tels vécus opposent une *résistance* certaine à toute analyse phénoménologique qui tenterait de les décrire au même titre que les relations objectives constitutives de la connaissance. Les phénomènes de fusionnement ne s'engagent pas encore pleinement sur le terrain de la conscience intentionnelle en bordure de laquelle ils se situent : leur caractère « vague » n'est pas relatif à un mode spécifique ou dérivé de l'intentionnalité, puisqu'il va au contraire rigoureusement de pair avec la teneur « subjective » du vécu, par opposition à la dimension objective qui requalifie le vécu comme intentionnel dès lors qu'entre en ligne de compte la question de son rapport à l'objet.

Ce point est extrêmement important pour comprendre le sens accordé par Husserl à la charge empirico-psychologique de réalité que possède l'*Erlebnis* dans les *Recherches Logiques* : si Husserl s'abstient de préciser que la sphère des « vécus subjectifs vagues » abrite elle aussi des lois

1. *RL*3, § 9 p. 28.

2. *Ibid.*, p. 31 ; cette formule, qui vient obscurcir considérablement le propos du texte initial, correspond à un ajout de la seconde édition.

d'essence qui lui sont propres, c'est justement parce qu'il considère que cette dimension d'empiricité du vécu à laquelle se rattachent les rapports de fusionnement ne relève pas à proprement parler de la description phénoménologique, dont elle constitue seulement le point de départ. C'est aussi la raison pour laquelle l'introduction générale des *Recherches* insistait sur le fait que la phénoménologie ne produit pas d'elle-même l'objet de ses descriptions, à savoir le vécu, mais l'emprunte à la psychologie empirique. Loin de résorber intégralement la sphère des vécus dans la corrélation intentionnelle en vertu de laquelle se trouve garantie *a priori* la prise déterminée qu'ils peuvent avoir sur le monde, la première édition des *Recherches* considère que les vécus sont aussi et d'abord une sorte de substrat empirique sur le fondement duquel peut seulement s'établir une relation intentionnellement déterminée à un objet. Les phénomènes de fusionnement manifestent cette dimension d'empiricité faisant apparaître le vécu comme un *fait* phénoménologique subjectif qui ne relève encore d'aucune aprioricité, et qui résiste résolument à toute tentative totalisante d'intégration à une eidétique. La fusion rend ainsi manifeste une « force de résistance » du réel par rapport au phénoménologique, en opposant sa facticité à toute forme de description prétendant la ramener à des lois d'essence. Elle indique un débordement irréductible du vécu sur la description phénoménologique, qui le situe à la limite de l'empirique et de l'idéal, du psychologique et du phénoménologique.

C'est dans cette direction que semble se diriger l'analyse, esquissée par Husserl au début du § 9, de la distinction entre différentes formes de discontinuité, selon que la délimitation intuitive des contenus en présence est nette ou confuse. En comparant ces deux formes de délimitation intuitive des contenus à la figuration sensible plus ou moins précise que nous pouvons obtenir d'une figure géométrique en la dessinant sur le papier, Husserl fait apparaître la tension qui existe, au sein même du vécu, entre l'empirique et l'idéal, soit en ce qui concerne notre propos, entre le psychologique et le phénoménologique – entre le niveau « subjectif vague » de l'analyse, et le niveau de l'« exactitude géométrique » sur le terrain de laquelle sont pensables des lois d'essence phénoménologiques. En effet, si les formes intuitives très approximatives que l'on peut comparer à une représentation géométrique manquant de précision ou de netteté « ne se laissent absolument pas idéaliser en concepts géométriques exacts », Husserl n'en déclare pourtant pas moins qu'une délimitation plus nette de ces formes est aussi possible sans quitter le terrain de l'intuition sensible, permettant de les rattacher au « cadre des concepts géométriques idéaux » [1].

Cette ligne d'analyse n'est pas développée plus avant dans les *Recherches*, mais elle permet de comprendre comment s'opère le passage d'une psychologie empirique, établissant les différentes « formations intuitives vagues » qui constituent la base sensible des vécus, à une description authentiquement phénoménologique. Les vécus sont sous-tendus par des formes qui, en raison de leur caractère « vague », sont réfractaires à toute forme d'idéalisation phénoménologique et qui, dans la mesure où elles ne peuvent être ramenées à une légalité apriorique, ne peuvent qu'être recensées par une psychologie empirique se voulant, dans le sillage de Brentano, descriptive. Mais, si Husserl refuse encore en 1901 de considérer ces formations vagues et « subjectives » de l'intuition comme des modalités d'accès à l'objet à part entière, elles n'en restent pas moins une sorte de terreau sur lequel se construira par la suite la relation intentionnelle aux objets, légitimant une analyse non plus psychologique mais ontologique, ou plutôt méréologique, des rapports entre contenus.

Il est donc essentiel que soit préservée cette tension de l'empirique et de l'idéal, dans la mesure où elle délimite en quelque sorte le champ à l'intérieur duquel doit se comprendre le concept phénoménologique de vécu. La phénoménologie des *Recherches* se situe précisément au croisement de ces deux niveaux de contraintes s'exerçant sur l'intuition au sens le plus général (contraintes empiriques et psychologiques d'un côté, logiques et objectives de l'autre) ; elle garde en quelque sorte un pied du côté de l'analyse empirique des phénomènes sensibles, tout en posant le second sur le terrain d'une analyse d'essence (« ontologique ») des contenus intuitifs. Aussi n'est-il pas nécessaire de faire basculer le concept phénoménologique de vécu d'un côté ou de l'autre de cette frontière, dans la mesure où il tire au contraire son intérêt de cette mise en tension très remarquable de deux types très différents de contraintes, logiques (ou méréologiques) d'un côté, empiriques de l'autre.

La fusion est ainsi moins une loi objective qu'une condition de donation de l'objet sensible, qui ouvre le rapport à l'objet sans être pour autant d'ores et déjà engagée sur le terrain de la référence intentionnelle. Si les *a priori* formel et matériel expriment à différents niveaux les modalités de cette référence, la fusion se situe encore à sa marge, en rendant simplement possible le rapport à l'objectualité sans la constituer. Avec les phénomènes de fusionnement, le sensible s'organise plus qu'il ne

1. *RL*3, § 9, p. 327 (1re édition).

s'ordonne, il prend forme sans pour autant se plier aux lois ontologiques matérielles ou aux lois catégoriales formelles de l'objectivité et de la connaissance. Le fusionnement des contenus sensibles nous met en présence d'un *monde* constitué de formes et de relations sensibles, et non d'un divers de sensations isolées, d'une pure *Mannifaltigkeit.* Il définit de cette façon non seulement le sol sur lequel prend pied la conscience intentionnelle, mais aussi, et peut-être plus fondamentalement, les conditions sous lesquelles il peut y avoir un *sens* à parler d'objets et de relations intentionnelles. Sans relever à proprement parler de la logique intentionnelle (puisque la fusion ne nous fait pas encore pénétrer à l'intérieur de la sphère des rapports de dépendance et d'indépendance entre contenus qui constituent l'armature de l'objectivité), la fusion ouvre en quelque sorte le champ de la relation intentionnelle à l'objet qu'elle circonscrit de l'extérieur. Ce n'est qu'à partir de cette forme primitive d'organisation du sensible que la question de l'objet peut faire sens, et ce n'est que sur le fondement d'une simple mise en présence (au sens de la *schlichte Wahrnehmung*) des choses sensibles appartenant au monde que pourront se décliner des formes supérieures, catégoriales, d'objets.

Cela ne signifie pourtant pas que les rapports entre ces différents niveaux d'objectivité, allant de la fusion immédiate de contenus sensibles à l'information catégoriale de cette sensibilité par des formes complexifiées d'objets ou d'états-de-choses, doivent se comprendre selon un modèle génétique, comme ce sera le cas dans la phénoménologie husserlienne au moment des leçons de la première moitié des années 20 sur *la synthèse passive*[1]. Les phénomènes de fusionnement entre contenus sensibles « qui ne se détachent pas » par opposition à ceux qui « se détachent » n'anticipent ou ne préfigurent en aucune façon les relations d'essence entre ces mêmes contenus que Husserl analysera en termes de rapports de dépendance et d'indépendance. Ces deux types de relation n'obéissent tout simplement pas à la même logique, et les « formes » – sensibles d'un côté, catégoriales de l'autre – au moyen desquelles elles organisent le monde ne prennent absolument pas la même signification. Les rapports de fondation entre actes catégoriaux et actes sensibles ne signifient jamais que les formes d'unité catégoriales trouvent leur préfiguration dans les formes d'organisation préjudicatives ou « antéprédicatives » du sensible ; ils sont simplement là pour rappeler que les actes à l'occasion desquels nous sont données des formes supérieures d'objets et dans lesquels se réalise la connaissance objective supposent que soit déjà entérinée une mise en

1. E. Husserl, *De la synthèse passive*, trad. fr. B. Bégout, Grenoble, J. Million, 1998.

présence simple et directe de l'objet, laquelle n'est possible qu'en vertu de cette forme primitive d'organisation du sensible qui s'accomplit au moyen du fusionnement des contenus les uns avec les autres.

La limite inférieure de la description phénoménologique

La *Verschmelzung* définit de cette façon la condition et la limite inférieure de la phénoménologie. Elle n'est pas phénoménologique au sens spécifique que prendra ce terme à l'issue des *Recherches Logiques*, puisqu'elle ne permet nullement d'élucider les lois d'essence de l'apparaître qui constitueront l'objet de la phénoménologie à proprement parler et sur le terrain desquelles la fusion ne pénètre pas, ainsi que la première édition des *Recherches* prend bien soin de le souligner. Mais elle joue pourtant un rôle fondamental à l'égard de la phénoménologie, si tant est qu'elle donne un sens à l'idée même d'un *logos* des phénomènes : la fusion garantit à l'apparaître une forme première d'organisation en vertu de laquelle nous apparaît un *monde* dont l'existence ne doit pas faire problème du point de vue phénoménologique, et qui évite à la conscience de se trouver *face* à un chaos de sensations diverses entre lesquelles il lui faudrait établir des relations.

Tel est le reste d'empirisme, mâtiné de psychologie gestaltiste, sur lequel fait fond la phénoménologie des *Recherches*, et sans l'aide duquel elle aurait à charge de constituer dans son intégralité l'apparaître du monde. La fusion n'est en rien un mode de constitution objective des phénomènes pouvant se ramener à une forme de synthèse (au sens où Husserl entend alors ce terme, à savoir au sens d'une synthèse *active*), elle n'a d'autre caractère que celui d'un *fait psychique*, un événement initial dont l'analyse phénoménologique doit partir mais qu'elle ne peut en aucun cas avoir à justifier, ou dont elle ne peut rendre raison (précisément parce qu'il ne s'agit de rien de plus que d'une *matter of fact*). Dire que la phénoménologie des *Recherches* est *descriptive* s'entend au sens où elle part de la description de quelque chose qui la précède et la rend possible, un vécu qui constitue le fond de toute expérience et dont elle emprunte la notion à la psychologie empirique. Avant d'entrer dans des considérations éidétiques concernant les modes essentiels de la constitution d'objet, la fusion apparaît comme cette donnée psychologique et empirique rendant manifeste l'existence d'une couche d'inconstituabilité radicale du vécu sur laquelle la description phénoménologique prend appui, mais dont elle ne peut rendre compte en termes de lois d'essence.

C'est la raison pour laquelle Husserl insistera au § 47 de la sixième *Recherche* sur la capacité de la perception *sensible* à nous faire apparaître les choses extérieures de façon « simple et immédiate », sans laisser à l'analyse psychologique aucun reste :

> Dans la perception *sensible*, la chose « extérieure » nous apparaît d'un seul coup, dès que notre regard tombe sur elle. La manière de nous faire apparaître la chose comme présente est *simple* [*schlichte*], elle ne nécessite pas l'appareil des actes fondateurs ou fondés. Aussi est il naturellement sans intérêt pour cela de savoir quels sont les processus psychiques complexes qui ont pu l'engendrer[1].

Cette simplicité propre à la perception sensible qui met un terme à l'analyse psychologique et constitue le point de départ de la description phénoménologique permet de court-circuiter de façon remarquable la question des actes synthétiques chargés d'assurer l'unité de la perception :

> De même que la chose n'est pas présente dans le phénomène comme une simple somme des innombrables déterminations singulières, [...] de même l'acte de perception est toujours aussi une unité homogène qui présentifie l'objet d'une manière simple et immédiate. L'unité de la perception ne résulte donc pas d'*actes synthétiques propres*, comme si c'était seulement la forme de la synthèse qui, au moyen d'actes fondés, pouvait procurer aux intentions partielles le caractère unitaire de leur relation objective. Il n'est pas besoin d'articulation ni de connexion actuelle. L'unité de la perception se réalise en tant qu'unité *simple, fusion immédiate des intentions partielles et sans intervention d'intentions d'actes nouvelles*[2].

Non seulement, la fusion tient lieu de synthèse en l'absence d'une activité spécifique de la conscience devant sensée donner au perçu son unité, mais elle apparaît ici comme la condition même de l'intentionnalité, puisqu'elle est au fond de l'accomplissement *naturel* et immédiat des intentions. C'est elle, en définitive, qui instaure notre rapport permanent au monde en permettant aux « intentions partielles » de fusionner, et ainsi de nous conduire directement à l'objet sans que nous ayons à *actualiser* à chaque fois l'unité de nos différentes visées. Aussi l'explication des processus psychiques ou l'examen des synthèses pouvant être à l'œuvre dans les actes de connaissance ne sont-ils d'aucun recours ici, tant la *Verschmelzung* permet de prendre en charge une complexité de sensations et une diversité d'intentions qu'elle restitue tout en accomplissant l'unité simple et immédiate de la perception.

1. *RL*6, § 47, p. 181 [676].
2. *Ibid.*, p. 181-182 [677].

La phénoménologie commence ainsi au niveau d'une description empirico-psychologique du vécu qu'elle est certes vouée à dépasser mais qui n'en constitue pas moins son « sol ». C'est très exactement cela que Husserl faisait entendre dans un passage de l'introduction générale des *Recherches Logiques* que l'auteur a choisi de supprimer dans la seconde édition, et où il n'hésitait pas à affirmer que la critique phénoménologique de la connaissance « ne doit être édifiée que sur le sol de la psychologie » :

> Ce n'est pas la psychologie en tant que science complète qui sert de fondement à la logique pure, mais certaines classes de descriptions qui, constituant le stade préliminaire aux recherches théoriques de la psychologie (c'est-à-dire dans la mesure où elles décrivent les objets empiriques, dont cette science se propose de poursuivre les relations génétiques), constituent en même temps la base de ces abstractions fondamentales dans lesquelles le logicien saisit avec évidence l'essence de ses objets et de ses rapports idéaux [1].

Certes, cela n'empêche pas Husserl de considèrer de déclarer qu'il faut « parler plutôt de *Phénoménologie* que de psychologie descriptive » [2], mais il n'en reste pas moins que la référence à la psychologie empiriste de ses premiers maîtres, Stumpf et Brentano, joue un rôle tout à fait essentiel dans les *Recherches*. La psychologie descriptive fait à la fois figure de condition de possibilité et de limite de la phénoménologie, en circonscrivant le domaine de ce qui devient dans la troisième *Recherche* la sphère des « vécus subjectifs vagues », certes réfractaire aux analyses d'essence, et inscrutable du point de vue d'une phénoménologie de la connaissance qui a choisi de se tourner vers la question de la constitution de l'objectivité dans la connaissance, mais permettant à Husserl de délimiter une couche d'inconstituabilité du vécu au-delà de laquelle la phénoménologie ne peut s'étendre et dont il n'y aurait pour elle aucun sens à franchir la limite. C'est la raison pour laquelle, au moment où il est pourtant le plus clair sur la critique dont l'analyse stumpfienne des phénomènes de fusionnement est justiciable, Husserl rétablit la légitimité fondamentale de ce concept de fusion en montrant qu'il conserve toute sa pertinence, pourvu que l'on n'en étende pas inconsidérément la portée. Cela signifie que le *logos* des

1. *RL*1, Introduction, § 6, appendice 3, p. 263 (1 ère édition).

2. *Ibid.*, p. 263-264 ; Husserl écrit en effet qu'« il est d'une importance tout à fait exceptionnelle pour la théorie de la connaissance de différencier l'étude purement descriptive des vécus de connaissance, menée indépendamment de toute préoccupation d'une théorie psychologique, de la recherche psychologique orientée sur l'explication empirique et génétique ».

phénomènes ne peut avoir, dans la première édition des *Recherches*, un sens absolu comme si rien n'excédait ou ne venait encadrer le travail de constitution idéale de l'objet par la conscience; il n'est au contraire possible de décrire l'apparaître des phénomènes à la conscience qu'à l'intérieur de certaines limites au-delà desquelles l'élucidation phénoménologique perd son sens et sa raison d'être.

Si la *Verschmelzung* doit être maintenue dans ses droits par Husserl, c'est qu'elle permet de circonscrire *de l'extérieur*, un espace à l'intérieur duquel les phénomènes peuvent être appréhendés et élucidés selon leurs lois d'essence. Toutefois, il ne saurait être question de faire remonter l'enquête phénoménologique au niveau de ces relations de fusionnement qui ne relèvent pour ainsi dire d'aucun *logos*, puisqu'elles ne déploient pas encore les modalités d'un rapport complexe de constitution à l'objet. Il n'y a encore, *pour le phénoménologue*, rien à décrire tant que nous nous en tenons aux associations et aux fusionnements de contenus sensibles[1], dans la mesure où ces relations ne participent en aucune façon à la construction de notre relation intentionnelle à un monde d'objets: ces relations sont toujours et déjà là, avec pour seule fonction de garantir cette immersion première et originaire dans le monde qui nous met en relation avec lui sans que rien ne soit encore accompli en termes de rapports intentionnels à l'objet. Une «relation sans relation», une *simple* mise en présence des choses sans qu'il y ait encore cette distance entre la conscience et le monde permettant au phénoménologue de thématiser la question de la corrélation intentionnelle qui les lie l'un à l'autre, voilà ce que permet de penser et ce que réalise la *Verschmelzung*, qui conserve une place essentielle dans l'architecture des *Recherches* en mettant le pied du psychologue à l'étrier du *logos* phénoménologique et d'une nouvelle forme d'analyse descriptive des phénomènes.

1. La description des phénomènes de fusionnement appartient au seul domaine de la psychologie empirique, sans remplir pour autant les conditions d'une description *phénoménologique*.

CHAPITRE IV

PERCEVOIR, REPRÉSENTER, JUGER

CE QUE LA PERCEPTION N'EST PAS : CRITIQUE DE LA REPRÉSENTATION

La distinction entre actes sensibles et actes catégoriaux sur laquelle repose le découpage phénoménologique des différentes formes d'unité de l'apparaître ne représente pas seulement un réajustement local dans l'analyse de la perception. Elle réorganise le partage de l'analytique et du synthétique et met en jeu l'ensemble des concepts sur lesquels repose ce que l'on appelerait aujourd'hui la « philosophie de l'esprit » de Husserl, en contribuant à redéfinir les rapports entre les notions de « représentation » et de « jugement » dans l'analyse de la perception. En effet, reconnaître que la perception abrite une opposition entre deux types de formes irréductibles et qu'elle est structurée par cette tension entre un sens simple et un sens proprement catégorial du voir implique de rejeter toute analyse de la perception qui l'identifierait à une forme de jugement et serait incapable de prendre en charge cette distinction. C'est aussi la raison pour laquelle il ne saurait être question de reconduire les vécus aux représentations qui leur servent, selon Brentano, de base : la question n'est pas de savoir si cette opposition entre deux sens du voir recouvre deux types de *représentations* différentes, étant entendu qu'il s'agit seulement, du point de vue phénoménologique, de distinguer entre deux types d'*actes* essentiellement irréductibles. La distinction entre actes sensibles et catégoriaux a ainsi vocation à accomplir conjointement la critique de la conception brentanienne de la représentation et la réforme phénoménologique de la théorie du jugement.

Représentation et jugement

Dans le cours qu'il consacre à la « Théorie générale de la connaissance » durant le semestre d'hiver 1902-03[1], Husserl revient de façon intéressante sur les analyses, somme toute assez ambiguës, que les *Recherches Logiques* donnaient de la fameuse thèse brentanienne selon laquelle tout vécu intentionnel ou tout « phénomène psychique » ou bien est une représentation, ou bien se fonde sur une représentation qui lui sert de base[2]. Sa position était ambiguë, car en dépit des nombreuses critiques que la cinquième *Recherche* adresse à la *Psychologie du point de vue empirique* et des profonds réaménagements conceptuels qu'elle lui fait subir, Husserl ne remet à aucun moment directement en cause la thèse fondamentale de son ancien maître sur la représentation. De ce point de vue, les leçons de 1902 apportent un complément intéressant aux cinquième et sixième *Recherche*, en faisant clairement apparaître les conséquences critiques de cette analyse des actes objectivants au regard de la conception brentanienne de la représentation.

Le problème qui va retenir l'attention de Husserl tient à la façon selon laquelle Brentano articule la question du jugement à cette notion centrale de « représentation ». La position de Brentano s'appuie sur deux thèses étroitement corrélées dans la *Psychologie du point de vue empirique* : premièrement, jugement et représentation correspondent à deux classes d'actes psychiques fondamentalement distinctes ; et deuxièmement, tout jugement suppose une représentation à laquelle il ajoute la dimension de croyance (*belief*, en anglais dans le texte allemand). Or, la place qui revient aux actes de perception dans cette bipartition se situe résolument du côté des jugements, ainsi que Husserl s'en explique dans le cours de 1905 consacré à la théorie du jugement :

> Une perception est, selon Brentano, un jugement. Dans la perception, l'objet ne se contente pas d'apparaître, il est là comme réalité [*er steht auch als Wirklichkeit da*][3].

La perception n'est pas seulement une façon de faire apparaître un objet pour Brentano, elle n'est ce qu'elle est qu'à partir du moment où l'objet perçu accède au statut de « *Wirklichkeit* », de réalité effective. En d'autres termes, le propre de la perception, c'est de nous engager à *croire* en

1. *Allgemeine Erkenntnistheorie*, *op. cit.*

2. Brentano, *Psychologie du point de vue empirique*, II, 1, § 3, *op. cit.*, p. 98.

3. *Urteilstheorie. Vorlesung 1905*, *Husserliana*, Materialienbände, Band V, Kluwer Academic Publishers, Dordrecht, 2002 (cité *UT*), p. 108.

l'existence de la chose, ce qui signifie qu'elle est un acte positionnel et qu'elle doit être, pour cette raison, identifiée à un jugement.

C'est précisément ce point qui sera remis en cause chez Husserl par la distinction entre actes sensibles et catégoriaux et par l'élargissement de la perception aux seconds. Ce qui permet d'abord à Husserl de déstabiliser la classification brentanienne des actes psychiques, c'est la définition d'une nouvelle classe d'actes : celle des actes objectivants, qui embrasse aussi bien la représentation que le jugement et la perception, dans la mesure où il s'agit à chaque fois d'actes qui font apparaître quelque chose d'objectif ou, pour le dire autrement, d'actes par le moyen desquels un objet est donné à la conscience. Husserl semble d'abord se rallier à la thèse brentanienne sur la représentation, que son analyse des vécus intentionnels lui permet de reformuler quasiment à l'identique :

> Si nous revenons à la classe la plus haute des actes psychiques ou vécus intentionnels, alors nous comprenons sous cette classe les vécus remarquables dans lesquels la conscience se rapporte à quelque chose d'objectif, et ce « se rapporter » peut prendre diverses formes : un « se penser », un « être convaincu », un « se réjouir », un souhait, un vouloir, etc. Nous ne retenons parmi ces actes qu'une classe, quoique très vaste, qui occupe une position prépondérante relativement à l'ensemble du genre des actes psychiques. En effet, chaque vécu intentionnel soit est lui-même un « représenter », soit est un acte qui trouve son fondement nécessaire dans un représenter. Une joie n'est possible que s'il y a un objet dont on puisse se réjouir, ou pour le dire autrement, une joie sans représentation d'un objet de joie est impensable. Un vouloir présuppose ainsi la représentation de quelque chose voulu, etc. [1].

Mais cette reformulation de la thèse de Brentano, qui semble d'abord aller dans son sens, la renverse aussitôt en substituant à la classe des représentations une classe d'actes beaucoup plus large et moins déterminée que celle qui servait de socle fondamental à la psychologie brentanienne. Husserl précise en effet immédiatement :

> Ce discours sur le représenter délimite un concept très vaste, il indique une classe d'actes dans lesquels se constitue le rapport à un objet. La conscience ne peut se rapporter qu'à un objet qui est quelque chose pour elle ; et qu'un objet soit quelque chose pour la conscience, cela signifie qu'un acte est un vécu dans lequel s'accomplit quelque chose comme un « viser l'objet » [2].

1. *AE*, p. 148.
2. *Ibid.*, p. 148-149.

Ce n'est donc plus la seule représentation qui confère l'objectivité à tout acte qualifié, puisque le jugement ou la perception seront par eux-mêmes décrits comme des actes pourvoyeurs d'objectivité. Husserl marque ici très clairement la différence entre ce type d'actes – objectivants – et les actes non-objectivants du type de la joie ou du souhait que ces leçons ne prendront pas en compte, puisqu'il ajoute :

> Si tel vécu est accompli, il peut alors être pris pour le fondement d'autres actes qui se rapportent à l'objectivité représentée d'une façon nouvelle, par exemple sur le mode de la joie, du souhait, du vouloir. Ces actes nouveaux ne constituent pas une objectivité mais ne font que la qualifier d'une façon nouvelle. Les objets déjà conscients deviennent alors objets d'une joie, d'un souhait, etc.[1].

Pour reprendre l'exemple que Husserl donnera dans son cours de 1905 sur le jugement, ce n'est pas la joie procurée au père de famille par la vision de ses enfants qui est constitutive d'objectivité mais la seule perception : « l'ensemble des enfants, la troupe des enfants prise comme objectivité unitaire ne se constitue que dans la perception d'ensemble, celle-ci se rapporte à cette objectivité comme une conscience unitaire » sur laquelle se fonde en second lieu la joie[2].

Ce que va donc viser Husserl, c'est l'abandon de la thèse brentanienne selon laquelle la dimension de croyance serait le seul critère décisif permettant de délimiter conjointement la sphère du jugement et de la perception. Il s'agit de montrer que la perception comme le jugement ne sont pas seulement dérivés par rapport à une représentation qu'ils ne feraient que qualifier d'une façon nouvelle, mais qu'ils donnent par eux-mêmes des objets à la conscience et font apparaître quelque chose d'objectif. Si tel et bien le cas, la perception comme le jugement appartiennent de plein droit à la classe des « actes objectivants », au même titre que la représentation qui n'est donc plus la seule garante du rapport à une objectivité. Husserl présente ce point comme l'un des enjeux historiques majeurs permettant à la phénoménologie de rompre avec les conceptions classiques de la connaissance : « Ce qui fait défaut à toute la théorie de la connaissance des temps modernes, c'est l'analyse du concept de représentation ; il lui manque la délimitation essentielle du genre représentation au sens des actes objectivants ainsi qu'une distinction des différences et sous-genres essentiels »[3]. Cette délimitation engage une réorganisation en

1. *AE*, p. 149.
2. *UT*, p. 99.
3. *AE*, p. 150.

profondeur de la classification brentanienne des actes psychiques, qui n'est légitime que s'il est possible de caractériser jugement et perception *sans faire référence à la qualité de l'acte*, c'est-à-dire à la croyance qui les définissait comme des actes positionnels par excellence dans la *Psychologie du point de vue empirique* (en conséquence de quoi le jugement d'existence devenait chez Brentano la forme primitive de tout jugement).

Husserl s'efforce donc de montrer que le critère décisif d'un point de vue phénoménologique pour déterminer le statut de la perception et du jugement *n'est pas* cette qualification positionnelle mais repose sur leur orientation vers une objectivité qui les rattache à la classe des actes objectivants. Ce qui les caractérise essentiellement, c'est le fait que dans l'intentionnalité ou dans la visée qui leur est propre s'accomplit une « conscience d'identité » : qu'il s'agisse de l'identité de l'objet donné à la simple perception ou de celle de l'état-de-chose auquel renvoie la signification du jugement, on a d'un côté comme de l'autre affaire à une objectivité qui se constitue comme le pôle identitaire de la référence. Or, ce rapport à l'objet ne tient pas à la « qualité » du *belief*, c'est-à-dire à la croyance particulière qui nous engage à l'égard de l'existence de l'objet, mais il dépend strictement de la « matière » de la représentation, que la cinquième *Recherche* définissait comme *sens d'appréhension* :

> Nous devons considérer la MATIÈRE comme étant, dans l'acte, ce qui lui confère éminemment la relation à une objectité, et lui confère cette relation avec une détermination si parfaite que, grâce à la matière, ce n'est pas seulement l'objectité en général que vise l'acte, mais aussi le mode selon lequel l'acte la vise, qui est nettement déterminé[1].

L'expression de « sens d'appréhension » se justifie dans la mesure où cette matière de l'acte intentionnel définit à la fois l'objet de l'intention et le « comment » de la visée qui détermine de manière spécifique sa référence propre (de telle sorte que, conformément aux conclusions de la première *Recherche*, c'est toujours au niveau du sens que se décide la question de la référence à une objectivité).

On doit selon Husserl en conclure que la croyance, en tant que « qualité doxique » (*Glaubensqualität*) d'une perception, ne permet pas de rendre compte de sa spécificité du point de vue phénoménologique, c'est-à-dire de ce qui doit par exemple la différencier de la simple imagination. La perception d'une maison, pour reprendre l'exemple du cours de 1905, n'est pas la représentation imaginative de cette maison à laquelle viendrait

1. *RL*5, § 20, p. 221.

s'ajouter la croyance en son existence, « sans quoi, précise Husserl, elle ne serait pas distinguée d'une conscience de remémoration de la maison ou d'une conscience d'être qui viendrait s'inscrire dans l'imagination »[1]. C'est un point qu'exprimait déjà l'exemple célèbre pris par Husserl dans un contexte un peu différent au § 27 de la cinquième *Recherche* : que nous percevions un mannequin de cire *comme* une figurine de cire, ou que cette même perception nous fasse croire qu'il s'agit là d'une vieille dame existant réellement, nous avons dans un cas comme dans l'autre bel et bien affaire à une perception : « c'est la même dame qui apparaît dans les deux cas, et, la seconde fois comme la première, avec des déterminations identiquement les mêmes »[2]. Dans le cas où nous doutons si la perception nous trompe ou non et où nous hésitons à nous prononcer en faveur de l'être ou du non-être que nous devons attribuer à la chose que nous avons sous les yeux, nous sommes malgré tout installés de plain pied sur le terrain de la perception, et ne sommes pas en train d'avoir une simple représentation que nous hésiterions à transformer en perception, en ne sachant pas s'il faut ou non accorder notre croyance à l'existence de la chose représentée. Husserl en donnera confirmation dans son cours de 1905 sur le jugement : « cette hésitation peut déboucher sur un état de suspension complète du jugement : l'objet est bien devant les yeux, mais n'est pas posé comme étant ou comme non étant »[3]. Il n'en reste pas moins perçu.

La représentation perceptive

Il doit donc y avoir une forme de représentation propre à la perception, c'est-à-dire une forme de représentation qui exprime un constituant authentique du vécu perceptif, et qui ne saurait être simplement identifiée à une représentation étrangère à ce vécu (par exemple une représentation imaginative appartenant à un vécu différent du point de vue de la qualité) sur la base de laquelle se construirait la perception par adjonction d'une croyance en l'existence de son objet. Cela signifie que l'on ne peut s'en tenir à ce que Husserl appelle, toujours dans ce même cours, « la simple représentation intuitive (*der schlichten anschaulichen Vorstellung*) qui ne

1. *UT*, p. 109.
2. *RL5*, § 27, p. 251.
3. *UT*, p. 109. Il faut donc un nouveau concept de perception permettant de comprendre en quoi elle se rattache au genre de la représentation, et de la même façon la représentation ne doit plus être traitée simplement comme une image mais également comme une fonction de renvoi opérant sur le modèle des significations, d'où la notion de représentation signitive. Cf. *AE* p. 13.

délimite à l'origine que la représentation de l'imagination imageante et du souvenir et qui l'oppose à la perception »[1]. Husserl va donc devoir distinguer, dans la sixième leçon de ce cours intitulée « *Analyse der perzeptiven und symbolischen Vorstellungen* », entre la perception au sens classique de la *Wahrnehmung* (c'est-à-dire l'expérience perceptive au sens large et prise dans son intégralité) et la *Perzeption* ou représentation perceptive (*perzeptive Vorstellung*) :

> Nous voulons employer pour les perceptions le terme de « représentation perceptive », et ceci en ne distinguant pas entre les cas où elles prétendent saisir l'être du perçu, conformément au sens habituel du terme, et ceux dans lesquels, comme il arrive occasionnellement, elles laissent l'être en suspens ou le nient en vertu d'une conscience de conflit concomitante[2].

Le concept de *Perzeption* « neutralise » ainsi le moment qualitatif de l'acte perceptif dans lequel résidait selon Brentano la prise de position à l'égard de l'existence du perçu, et il fait apparaître ce qui restait caché à l'analyse brentanienne, à savoir le contenu essentiel du vécu de perception *en tant que tel*[3]. Husserl prolonge ici une analyse qu'il avait déjà ébauchée au § 23 de la sixième *Recherche*, en proposant de parler de « perception pure » (*reine Perzeption*) dans les cas où l'on fait « abstraction du caractère qualitatif que, d'habitude, le sens du terme d'appréhension perceptive embrasse conjointement en tant que caractère positionnel »[4]. L'analyse phénoménologique permet donc de mettre en valeur le contenu représentatif propre à la perception, indépendant de toute dimension de croyance, sans devoir pour autant se réduire à un contenu imaginatif. On accordera sans difficulté que ces analyses jouent un rôle charnière dans la réflexion menée par Husserl sur la question de la perception, dans la mesure où elles établissent un lien fort et évident entre certaines des directions dans lesquelles s'aventurait encore timidement la sixième *Recherche* et la distinction fondamentale, que Husserl explicitera dans le

1. *AE*, p. 150.
2. *Ibid.*, p. 107.
3. Sur ce point, on peut notamment se référer aux commentaires donnés par J.-F. Lavigne, qui voit dans cette analyse l'anticipation la plus forte que Husserl ait alors jamais proposé de la méthode phénoménologique de la réduction, et écrit : « En traitant comme indifférente la décision quant à l'être du représenté perceptif, le recours au concept de "*Perzeption*" équivaut à *neutraliser* le moment de la qualité d'acte (ou "prise de position"), et à ne prendre en considération comme objet de l'analyse phénoménologique *que le contenu non qualitatif de la représentation* » (*Husserl et la naissance de la phénoménologie (1900-1913)*, Paris, P.U.F., 2005, p. 323).
4. *RL6*, § 23, p. 105-106 [613].

cours de 1907 sur *Chose et espace*, entre « présence-en-chair-et-en-os » (*Leibhaftigkeit*) et « présence-en-créance » (*Glaubhaftigkeit*) – la première seulement étant essentielle à la perception comme telle, indépendamment de la seconde[1].

Aussi la perception nous met-elle toujours en présence de son objet, sans devoir passer pour autant par le détour d'un jugement dont elle ne serait qu'un mode spécifique. Ce remaniement des rapports entre perception et représentation permet ainsi à Husserl de récuser l'identification brentanienne de la perception à un jugement dans lequel serait posée l'existence de l'objet perçu, et de rejeter avec elle toute une ligne classique d'analyse de la perception, d'inspiration cartésienne. Dès le début de la sixième *Recherche*, Husserl avait fermement distingué, dans ce que l'on appelle le « jugement de perception », entre les actes perceptifs au sens propre et les actes spécifiques d'expression : c'est seulement dans ces derniers que réside la *signification* du jugement, cette visée ou intention signifiante qui peut éventuellement trouver son remplissement dans l'intuition[2]. La perception n'est donc en aucune façon à elle seule une forme de jugement dans lequel serait *nécessairement* posée l'existence de l'objet perçu :

> La classe des actes objectivants permet une différenciation continue du point de vue qualitatif. Chaque acte peut être d'une part un acte positionnel [*ein setzender Akt*] : le représenté est caractérisé sur le mode de l'étant, il vaut comme étant, il est objet de croyance. Ou bien il se présente à nous simplement de façon telle que l'acte n'a pas le caractère de la croyance, du tenir-pour-vrai (*Für-wirklich-Haltens*)[3].

Mais Husserl avait pourtant précisé que s'il est erroné de dire que ce qui apparaît à la perception est nécessairement donné *comme étant*, il n'en reste pas moins que « dans la perception normale et complète [au sens de *Wahrnehmung*] la chose n'apparaît pas seulement comme présente, mais elle vaut aussi comme étant [*als seiend*], elle est qualifiée comme étant, et cela implique que, dans le vécu de perception est enveloppé un certain

1. Cf. *Chose et espace*, trad. fr. J.-F. Lavigne, Paris, P.U.F., 1989, § 5, p. 37 : « Dans l'essence de la perception au sens commun, se séparent la présence-en-chair-et-en-os, absolument essentielle à la perception comme telle, et la présence-en-créance, qui peut s'y joindre ou manquer ».

2. *RL*6, § 4, p. 30-31 : « Ce ne peut être que cet acte médiateur [l'acte expressif] qui donne à proprement parler le sens ; il appartient à l'expression pleinement signifiante à titre de composante essentielle, c'est lui qui détermine l'identité du sens, qu'une perception confirmante vienne ou non s'y associer ».

3. *AE*, p. 149.

caractère qui assure cette qualification, [même si] dans d'autres cas, l'apparaissant se tient là comme caractérisé autrement, l'être reste pour nous en suspens»[1]. Si Husserl entend soutenir contre Brentano que la perception ne nous donne pas par elle-même l'existence de la chose, il doit toutefois montrer qu'elle peut également nous donner l'objet sous la modalité du tenir-pour-vrai, et ce sans remettre en cause la communauté intentionnelle qui rapproche cette perception de la chose *als seiend* de la perception pure dégagée de toute détermination qualitative.

La « valeur de vérité » de la perception

En réponse à cette difficulté, la distinction entre actes sensibles et actes catégoriaux a essentiellement pour effet de légitimer un élargissement du champ de l'intuitivité, à l'intérieur duquel il sera possible de distinguer entre des perceptions sensibles simples et des perceptions plus complexes d'ordre catégorial. La perception doit pouvoir être considérée à la fois comme un acte donateur d'objectivité n'ayant nullement besoin d'être construit sur une représentation, *et* comme un acte susceptible de manifester l'être-effectif de la chose ou de la saisir «en vérité». L'analyse phénoménologique de la perception doit permettre de la traiter aussi bien comme une *Perzeption* ne dépendant pas intrinsèquement d'un acte positionnel de croyance dans l'existence de son objet, que comme une *Wahrnehmung*, Husserl jouant sur l'étymologie du verbe *wahrnehmen* qui apparente le percevoir à une saisie du vrai à même l'objet. L'auteur des *Recherches* instruit ainsi le dossier d'une théorie de la perception s'articulant sur deux niveaux étroitement corrélés l'un à l'autre. La perception ne se contente pas de nous donner tel ou tel objet ni de nous le rendre présent; il est essentiel qu'elle puisse toujours aussi s'accomplir sous la forme d'une conscience d'effectivité qui nous engage à l'égard de son existence : c'est le cas à chaque fois que le percevoir s'accomplit sous la forme de l'évidence au moyen de laquelle l'effectivité du perçu est rendue manifeste. La première section de la sixième *Recherche* s'était attaché à montrer que la perception pouvait être caractérisée par la relation insigne qui la lie à une visée de signification déterminée, et eu égard à laquelle elle assure la fonction de remplissement (*Erfüllung*). Ce remplissement se produit comme conscience du « c'est effectif », que Husserl avait décrite au § 39 de la sixième *Recherche* comme une donation de « l'être au sens de vérité » :

1. *Ibid.*, p. 114-115.

> L'être au sens de vérité devrait alors être défini comme étant l'identité de l'objet conjointement visé et donné dans l'adéquation, ou bien (d'une manière plus conforme au sens naturel du mot) comme *ce qui est perceptible adéquatement en général, dans une relation indéterminée à une intention quelconque qu'il s'agit ainsi de vérifier* (ou de remplir adéquatement)[1].

Dans une perception réalisant l'adéquation du visé et du donné nous est ainsi donné *quelque chose de plus* que l'objet, à savoir le « est » ou le « c'est effectif » qui vient remplir la visée et lui donner une valeur de vérité. L'objet peut alors être requalifié comme « objet-vrai »[2], puisque son statut d'objet est étroitement lié à la modalité véritative sous l'égide de laquelle s'opère sa « saisie » perceptuelle, son *nehmen* devenant ainsi authentiquement *wahr-nehmen.* Cette valeur de vérité de l'objet perçu n'exprime en définitive rien d'autre que son « être », entendu au sens où cet être peut apparaître en tant que tel :

> Le concept de l'être a ici son origine [...] C'est dans le regard-jeté-sur (*in Hinblick auf*) le remplissement adéquat, et plus précisément dans l'orientation que donne l'acte remplissant, que nous apparaît (*erschauen*) l'étant, le « est », ce qui remplit la visée, l'idée de la plénitude[3].

Or, ce point est absolument décisif, moins peut-être pour la question de l'être elle-même, mise en majesté par la relecture heideggérienne de la sixième *Recherche*[4], que pour l'analyse descriptive des phénomènes perceptifs, dans la mesure où elle implique de concevoir un élargissement de la perception susceptible de maintenir jusqu'au bout son écart par rapport à toute forme de jugement. L'évidence dans laquelle se donnent l'être et la vérité suppose en effet que des formes d'objectivités d'un niveau supérieur (c'est-à-dire des formes complexes et idéales par opposition à la simplicité des objets individuels donnés à la sensibilité) puissent faire l'objet d'un remplissement intuitif[5]. Le percevoir relève donc tout aussi

1. *RL*6, § 39, p. 154.

2. L'expression est celle de J. Benoist, qui consacre un chapitre d'*Intentionnalité et langage* à cette distinction de l'objet et de l'objet vrai dans les *Recherches Logiques*.

3. *AE*, p. 134.

4. Pour une analyse détaillée de cette relecture, voir notre étude : « *Intentio* et *Adaequatio* : Heidegger, Husserl, et la neutralisation de la métaphysique », à paraître dans la *Revue de métaphysique et de morale*.

5. Cf. *AE*, p. 139-140 : « L'objectivité de la vérité et de l'être se tient dans leur idéalité. Ceci montre que l'idéalité est quelque chose qui peut être saisi dans la conscience, qui peut être intuitionné, comme nous le disions, et qui peut maintenant être pour ainsi dire perçu. Elle ne relève pas toutefois de la perception de quelque chose d'individuel, mais de la perception

légitimement d'actes sensibles que d'actes plus complexes tels que les actes catégoriaux. Lorsqu'une perception donne lieu à une « synthèse de remplissement », il n'est plus seulement question d'un *individu* donné à la simple perception sensible mais d'une *relation* pouvant être saisie pour elle-même et sur un mode éminemment perceptuel : cette relation d'identité entre le visé et le donné que Husserl décrit comme *Adäquation*.

> Nous avons vu que les identifications sont aussi des actes, et plus précisément des actes intellectifs, elles sont aussi des visées, et ont également leur côté objectif : une identité apparaît en eux. Mais une identité peut aussi bien être simplement visée que saisie, d'une certaine manière visionnée, et c'est ainsi que nous remarquons que l'opposition entre viser et intuitionner ne concerne pas simplement le rapport d'un simple signe à l'intuition du signifié ou d'une simple imagination à une perception simple qui lui correspondrait, mais aussi bien le rapport d'une représentation au sens d'une identification synthétique à une autre identification d'une certaine façon plus parfaite, soit une identification dans laquelle l'identité n'est pas simplement visée de manière symbolique ou d'une manière inadéquate quelconque, mais effectivement « donnée »[1].

Une synthèse de remplissement en appelle ainsi une nouvelle qui ne porte plus sur l'objet identique mais sur l'identité elle-même, cette relation d'identité pouvant être elle aussi visée et nous être donnée au titre d'objectité d'un degré supérieur[2]. La distinction entre visé et donné ne renvoie pas seulement à la correspondance, établie à l'occasion du remplissement, entre une visée signitive et l'intuition sensible d'un objet simple ; cette relation de correspondance se redouble systématiquement en une nouvelle visée et une nouvelle donation possible d'objectualité[3], engageant ainsi le processus sur lequel reposent les fonctions supérieures de la pensée. On a de cette façon affaire à un *étagement* progressif des synthèses, qui se construisent les unes à partir des autres, sur la base d'une donation sensible d'objet ne relevant plus d'un acte synthétique mais d'une « fusion des intentions partielles », ainsi que Husserl le déclarait au § 47 de la sixième *Recherche*. La perception ne semble pouvoir se comprendre et se

de généralités, et de la perception d'un certain rapport entre généralités que nous avons désigné comme nécessité, ou possibilité ».

1. *Ibid.*, p. 140.

2. *Ibid.*, p. 140-141.

3. *Cf.* la description donnée par Husserl au § 39 de la sixième *Recherche* du redoublement de l'être exprimé dans l'énoncé d'un côté, et vécu dans son remplissement intuitif de l'autre. Nous renvoyons sur ce point à notre étude : « L'être et le sens des états-de-choses », dans J. Benoist, *Propositions et états-de-choses*, Paris, Vrin, 2006.

décrire qu'à l'intérieur de cette tension entre une perception sensible simple nous mettant immédiatement en présence d'*objets*, et une perception catégoriale, complexe et stratifiée, qui s'élabore à partir de la première et trouve toujours en elle sa condition de possibilité.

La perception n'est pas par elle-même une forme embryonnaire de pensée ou une modalité dérivée du jugement, puisqu'elle ne rencontre la question du jugement qu'à l'occasion de sa mise en confrontation avec une visée de signification s'exprimant sous la forme d'un énoncé, c'est-à-dire au moment où elle peut assumer une fonction remplissante et devenir donatrice de nouvelles formes d'objectités plus complexes (dont la complexité est à la mesure de la complexité syntaxique qui définit la structure de l'énoncé). Mais la perception rencontre toutefois très vite la pensée, dès lors qu'elle fait apparaître non plus simplement l'objet, mais l'objet *en tant qu'objet* (pour la connaissance), soit l'objet dans son identité objective et en tant qu'il peut être donné dans une perception *adéquate*, dans le *remplissement* d'une visée. Dès que l'on s'engage sur le terrain du remplissement et de la mise en correspondance possible du visé et du donné, la perception devient le lieu de nouvelles synthèses, proprement catégoriales, sur le terrain desquelles la pensée peut trouver à s'exercer.

L'ÉLARGISSEMENT PHÉNOMÉNOLOGIQUE DU PERCEVOIR

Le problème que rencontre Husserl est alors le suivant : il s'agit de proposer un élargissement phénoménologique de la perception qui permette de différencier la perception sensible d'objets simples ou individuels de la perception catégoriale d'objets complexes ou généraux sans remettre en cause la pertinence descriptive du terme de *perception*, qui doit pouvoir s'appliquer indifféremment à l'une où à l'autre. Husserl doit dans le même mouvement justifier la spécificité phénoménologique des actes catégoriaux – sans quoi ils seraient en dernière analyse réductibles aux actes sensibles, et l'on serait reconduit à une forme de psychologisme fondant les lois logiques de la pensée sur celles de la seule sensibilité – et montrer cependant qu'ils relèvent de la perception au même titre que l'intuition sensible – sous peine de retomber, le cas échéant, dans l'opposition métaphysique classique entre la sensibilité et l'entendement, conçus comme des facultés. Après avoir légitimé contre Brentano la délimitation d'une nouvelle classe d'actes, les actes objectivants, Husserl doit maintenant justifier, du point de vue phénoménologique, que les actes catégoriaux appartiennent bien à cette nouvelle classe d'actes.

La démonstration de cette dernière thèse peut être reconstruite en trois temps. Si les actes catégoriaux font bien partie du genre des actes objectivants, ils doivent posséder leurs trois caractéristiques essentielles :

a. Les actes objectivants se rapportent à un objet qu'ils nous donnent.

b. Ils sont téléologiquement orientés vers la possibilité d'un remplissement intuitif de ce qu'ils visent.

c. Ils instaurent un rapport spécifique à leur objet.

Si l'on applique maintenant ces trois caractéristiques aux actes catégoriaux, on en déduira qu'il s'agit pour Husserl de montrer :

1. que des objectités d'ordre supérieur sont effectivement *données* (ce qui engage un élargissement phénoménologique du concept d'intuition)

2. que ces objectités sont bien cependant enracinées dans le sensible (ce qui suppose cette fois une théorie de la fondation des actes catégoriaux sur les actes sensibles)

3. que ces objectités se construisent phénoménologiquement en *rupture* par rapport au sensible (donc que les objets des actes catégoriaux ne peuvent en aucune façon se réduire aux objets de l'intuition simple).

L'élargissement nécessaire de l'intuition

L'idée d'une *Erweiterung* de l'intuition est au cœur de la sixième *Recherche Logique*, qui annonçait dès l'introduction cette « extension absolument indispensable des concepts originairement sensibles de l'intuition et de la perception » et faisait reposer sur cet élargissement la possibilité même de parler d'intuition catégoriale[1]. Husserl appuie son analyse sur l'absence de légitimité phénoménologique d'une limitation *a priori* du champ de l'intuition à la seule sensibilité, à laquelle seule une division métaphysique des facultés peut servir de caution. Aussi la sixième *Recherche* prend-elle comme fil conducteur de son analyse la notion de remplissement intuitif, de façon à poser la question de son étendue et à proposer de l'élargir au remplissement des formes catégoriales elles-mêmes – ce qui supposera de redéfinir l'intuition à la mesure de cet élargissement. La ligne argumentative que fait valoir Husserl consiste à souligner le lien étroit et problématique qui rattache *paradoxalement* la perception à

1. *RL6*, Introduction, p. 16.

l'énoncé qui l'exprime et qu'elle vérifie[1]. Paradoxalement, disons-nous, parce que ce lien se manifeste très précisément là où la perception devrait d'une certaine façon prendre ses distances par rapport à la signification, dans la mesure où elle se met en position de vis-à-vis par rapport à elle, et signale de cette façon son extériorité à l'égard des formes de signification qui lui correspondent.

Au début de la seconde section de la sixième *Recherche*, Husserl complique la situation phénoménologique qui lui a jusque là servi de modèle pour décrire la perception : l'*Erweiterung* du concept d'intuition procède d'abord d'un « élargissement de la sphère des exemples » devant aller « jusqu'à embrasser l'intégralité du domaine de la pensée prédicative »[2]. Le premier point qui retient d'abord l'attention, c'est la relation particulière qui rattache, dès lors que nous entrons dans la perspective d'un remplissement, les énoncés déclaratifs aux perceptions qu'ils expriment.

> Nous prenons un énoncé complet quelconque qui s'énonce dans une phrase déclarative, c'est-à-dire tel qu'il s'ajuste fidèlement à l'objet perçu, donc qui exprime ce que nous avons sous les yeux et que nous voyons. Les mots de l'énoncé visent quelque chose, et cette visée leur confère leur signification. Car l'énoncé est lié à la perception, il exprime fidèlement ce qui est donné à la perception, de sorte qu'il trouve ainsi dans l'intuition sa visée entière, qui se construit à partir des visées propres aux mots isolés, ainsi que son remplissement et sa vérification[3].

Or, si cette relation entre la perception et l'énoncé qui l'exprime n'est pas simplement analysable comme une relation interne, qui déterminerait de façon nécessaire et suffisante la perception en tant que telle, elle n'est pas non plus une relation externe, qui lui adviendrait *de l'extérieur* à la perception et n'aurait aucune incidence essentielle sur elle. En s'établissant en relation avec le perçu, la signification de l'énoncé confère un sens nouveau à la perception, elle lui donne une portée que la simple intuition sensible ne pouvait avoir, en la soumettant à la question de savoir ce qu'une telle perception remplit et quelle connaissance objective elle rend ainsi possible. Sans aller à aucun moment jusqu'à dire que le sens de la perception doit nécessairement se comprendre dans la perspective du remplissement (qui ne concerne rien de plus que le but précis que s'était

1. Dès l'introduction de la sixième *Recherche*, Husserl met l'accent sur le fait que les « actes » dans lesquels s'accomplit « toute pensée et toute connaissance théorique [...] se présentent en connexion avec le discours qui l'exprime » (*op. cit.*, p. 11).

2. *Ibid.*, § 41, p. 164.

3. *AE*, p. 141.

fixé la sixième *Recherche*, celui d'une « élucidation phénoménologique de la connaissance »), ces analyses inscrivent ainsi la perception dans une tension constitutive de son sens entre une fonction remplissante offrant à la connaissance une garantie de vérifiabilité, et un sens épistémiquement neutre de la perception, correspondant à la fonction donatrice de l'intuition. Le spectre de l'intuition doit ainsi être élargi de façon à pouvoir couvrir l'écart qui sépare la simple donation sensible des objets, des degrés complexes de remplissement des visées signitives que cette donation rend possibles.

Aussi les analyses que la première section de la sixième *Recherche* avait consacrées au thème de la perception comportaient-elles une importante « lacune », que Husserl révèle à son lecteur au début du § 40 : leur défaut est de n'avoir tenu aucun compte des « différences de formes entre significations » en faisant toujours implicitement jouer le modèle de la relation du nom à la chose perçue qu'il dénomme. L'examen du rapport entre une simple chose intuitionnée et le nom propre qui la vise ne suffit pas pour décrire le phénomène de la perception, puisqu'il laisse de côté la question de son rapport avec l'expression de signification qui « *s'ajuste* (*richtet sich*) à la chose elle-même » [1] et à laquelle la perception répond, c'est-à-dire avec la visée qu'elle vient remplir. Il faut maintenant rendre compte du fait que la perception s'exprime dans un énoncé complet auquel elle peut être liée en un sens qui doit contribuer à la redéfinir. La question de la perception peut ainsi se renverser pour être posée *à partir de la visée de signification* dont elle assure le remplissement, et elle doit alors être énoncée de la façon suivante :

> Comment s'établit la vérification de la signification de l'énoncé complet, qu'est-ce qui remplit l'énoncé dans la perception [2] ?

La perspective d'une vérification par remplissement de la signification visée impose d'élargir notre conception du voir pour expliquer que nous ne voyons pas seulement des choses physiques mais également des objets complexes du type des états-de-choses : nous n'avons pas simplement « ce toit » sous les yeux, mais nous voyons « que le toit est blanc » ou « qu'il est enneigé ». La perception, affirme Husserl, ne remplit pas seulement les parties de l'énoncé correspondant aux noms propres mais l'ensemble de l'expression, formes logiques ou termes syncatégorématiques compris. Il y a là une difficulté devant laquelle l'analyse de la perception ne peut reculer,

1. *RL*6, § 39, p. 152 [653].
2. *AE*, p. 141.

un trait caractéristique du voir que la description phénoménologique ne doit pas sacrifier aux exigences de la raison, en dépit du paradoxe qu'il soulève. Le paradoxe apparent tient au fait qu'un remplissement de l'énoncé complet est toujours effectué au moyen de perceptions évidentes, produisant « l'évidence de l'adéquation », alors que pourtant, ainsi que le souligne Husserl, « nous ne trouvons dans l'intuition absolument rien qui corresponde aux formes de l'énoncé et aux formations comprises dans les termes »[1]. Ainsi, lorsque nous voyons avec évidence que a + b = b + a, « nous intuitionnons ou nous voyons qu'il en va ainsi de façon générale ». Mais Husserl précise aussitôt : « toutefois, ce voir n'est souvent pas un voir ou un intuitionner au sens commun ».

Ce problème est essentiel pour comprendre le sens que Husserl accorde à l'élargissement du champ de l'intuition qu'il appelle ici : l'ambiguïté qu'abritent des formules du type « je vois que 1 + 1 = 2 » ou « je vois que le toit est enneigé » ne relève pas simplement d'une imprécision du langage, attribuant au voir ce qui ne devrait pas relever de ses prérogatives, ou d'une analyse confuse de la perception contaminée à son insu par des considérations purement épistémiques. Cette ambiguïté est au contraire essentielle au phénomène en question dont elle constitue un trait descriptif inéliminable ; elle va apparaître comme structurante pour la sphère de la catégorialité ou des actes catégoriaux. Ce que rend manifeste cette façon de s'exprimer, dans les cas où nous avons affaire à un « voir que » plutôt qu'à un simple voir, c'est la tension entre deux lignes d'analyse conjointes au sein de laquelle s'inscrit la perception. D'une part la perception s'instaure ici dans une proximité évidente avec la perception au sens classique, c'est-à-dire la perception sensible. Lorsque nous faisons un compte-rendu de notre expérience perceptive en disant avoir vu « que le toit était enneigé », ce voir n'est pas en principe différent ni irréductible à une perception simple du toit en tant que tel : le type de conditions à l'intérieur desquelles se déroule l'opération du percevoir sont bien en un sens les mêmes dans un cas comme dans l'autre, et il est clair qu'un voir catégorial *est aussi* un voir simple, qu'une perception du toit est impliquée de façon essentielle dans la perception du fait que le toit est enneigé. Cette proximité phénoménologique de ces deux formes de perception joue un rôle fondamental dans l'analyse, puisqu'elle nous autorise – et nous incite – à penser un rapport *analogique* entre l'une et l'autre.

1. *AE*, p. 142.

> Nous remarquons d'un côté une certaine analogie entre le vécu intellectif, dans lequel un état-de-choses, un objet formé logiquement, comme un concept général, une disjonction ou un objet général devient un objet pour nous, et les simples représentations de la perception, de l'imagination ou de la signification. Nous rencontrons ici l'opposition entre viser et voir, entre être présumé et être vrai, ainsi que le remplissement vérifiant [1].

Sur quoi l'analogie entre le voir simple et le voir catégorial se fonde-t-elle ? Husserl répond ici en indiquant leur trait descriptif commun du point de vue phénoménologique, qui donne une légitimité à cette analogie : dans le cas des actes catégoriaux comme dans celui des actes sensibles, nous retrouvons cette opposition fondamentale entre le visé et le donné qui définit le cadre ou la structure de toute intentionnalité d'objet. Toutefois, Husserl ne s'en tient pas à cette analogie, qui se voit immédiatement contrebalancée par la suite du texte :

> Mais d'un autre côté quelque chose manque à la perception qui nous donne l'objet [2].

Si le voir catégorial semble légitimé en tant qu'il se présente au premier abord comme l'analogue de la perception sensible, cette figure de l'analogie ne peut pourtant faire entièrement droit du point de vue phénoménologique. Elle ne peut avoir de valeur qu'à condition de constater que d'autre part, et en même temps, le voir catégorial ou « propositionnel », portant non sur un objet mais sur un état-de-chose venant remplir la visée exprimée dans l'énoncé entier, s'inscrit dans un écart fondamental par rapport au voir simple, puisque ce que nous disons voir ici ne peut plus à proprement parler être *trouvé* en tant que tel dans le sensible. Il peut si peu y être trouvé que cela n'a pas de sens de l'y chercher : on demandera peut-être à celui qui nous dit avoir vu un merle s'envoler où se trouvait le merle qu'il a vu, mais personne affirmant avoir vu que le livre était rouge ne comprendrait qu'on lui demande où se trouvait alors l'être-rouge du livre.

L'intuition catégoriale repose ainsi à la fois sur une analogie *et* sur un écart, sans qu'il soit possible d'éliminer l'un ou l'autre de ces deux éléments. Ce qui caractérise d'un point de vue phénoménologique les vécus intellectifs dans lesquels se réalise une intuition catégoriale, c'est l'aspect paradoxal de leur manifestation : le « vécu intellectif » se présente en analogie avec les vécus de simples représentations nominales tout en indiquant une différence essentielle qui marque la distance entre le voir

1. *Ibid.*, p. 142-143.
2. *Ibid.*

simple et le voir catégorial. C'est donc de l'intérieur-même de la perception que se détermine l'opposition entre le sensible et le catégorial, laquelle se substitue dans l'élucidation phénoménologique de la connaissance à l'opposition classique entre sensibilité et entendement. C'est aussi par voie de conséquence de l'intérieur de la perception que se décide l'élargissement nécessaire du champ de l'intuitivité :

> Aussi loin que s'étend l'opposition entre d'un côté ce qui est simplement représenté, simplement pensé, simplement visé, simplement nommé et de l'autre côté ce qui se donne dans l'intuition et se donne avec évidence, aussi loin s'étend la sphère d'acte dans laquelle on peut parler de perception et d'intuition en un sens essentiellement commun [1].

Ce principe engage ainsi une redéfinition du concept d'objet à la mesure de cet élargissement de l'intuition à des objectités complexes ou d'ordre supérieur. Husserl poursuit ce texte de la façon suivante :

> Ainsi le concept de perception et d'acte intuitif en général rend nécessaire un élargissement absolument indispensable et fondamental, qui correspond à l'élargissement du concept d'objet : dans chaque représentation est représenté quelque chose d'objectif, dans chaque pensée est pensé quelque chose d'objectif, dans chaque perception est perçu quelque chose d'objectif [2].

Si l'élargissement de l'intuition à la sphère des actes catégoriaux constitue un enjeu absolument essentiel pour la théorie phénoménologique de la connaissance, c'est donc bien parce qu'il permet de redéfinir le champ de la donation, de ce qui est donné et peut tomber sous le coup de la description phénoménologique. On comprendra que Husserl ait à ce moment de ses leçons éprouvé le besoin de resituer sa position par rapport aux tenants de la philosophie classique. L'élucidation phénoménologique de la différence entre les perceptions sensible et catégoriale vise à refonder sur des bases descriptives ce que Husserl identifie comme le préjugé de fond de la métaphysique moderne, à savoir sa façon de fonder la théorie de la connaissance sur une distinction entre différentes *facultés* (autrement dit, sa façon de se mettre en position de pouvoir présupposer ces distinctions). Si le bénéfice le plus évident de son analyse des actes catégoriaux est de permettre à Husserl d'en finir avec cette restriction *a priori* du champ de l'intuitivité au seul domaine du sensible qui a miné l'ensemble de l'histoire de la philosophie (c'est la critique de l'empirisme

1. *AE*, p. 144.
2. *Ibid.*, p. 144-145.

que l'on retrouvera dans les *Ideen*), elle lui donne par la même occasion les moyens de proposer une alternative inédite à la métaphysique des facultés, qui faisait fond sur l'idée d'une *nature* de notre entendement ou de notre sensibilité. Husserl peut ainsi renvoyer dos à dos le naturalisme et la métaphysique des facultés :

> L'erreur fondamentale du sensualisme est de n'avoir pas saisi la distinction la plus essentielle de toute théorie de la connaissance entre le sensible et le catégorial, et toute objectivité se réduit pour les sensualistes à une objectivité sensible de même que toute perception à une perception sensible. [...] Le rationalisme, quant à lui, insiste toujours sur l'idée que la pensée ne peut provenir du sensible, mais passe par l'entendement. Mais il recourt à des concepts non clarifiés des facultés, ne peut aboutir à une connaissance claire et précise de cette vérité dont il a eu l'intuition, et enfreint constamment le principe d'une critique rigoureuse de la connaissance, à savoir l'absence de présupposition métaphysique, dans la mesure où il implique avec lui des suppositions d'ordre métaphysique et ne peut rendre justice à la différence capitale sur laquelle pourrait seulement être fondée la métaphysique [1].

On retrouve ici le fameux principe de neutralité métaphysique des *Recherches Logiques*, à présent mis au service d'une histoire critique de la philosophie. La même erreur de fond condamne l'un et l'autre des deux courants philosophiques majeurs que sont le sensualisme et le rationalisme : leur tort commun est d'avoir placé la pensée et les formes catégoriales qui la sous-tendent en position de vis-à-vis et d'opposition par rapport au sensible, ce qui conduit à une représentation fondamentalement erronée de la distinction entre sensibilité et entendement [2]. En conséquence, s'il est essentiel de ne pas réduire le catégorial au sensible et de maintenir leur spécificité phénoménologique en tant qu'ils relèvent d'*actes* de niveaux différents, cette distinction entre actes sensibles et catégoriaux doit trouver son fondement descriptif *à l'intérieur de la perception elle-même*, sous peine de réitérer la distinction métaphysique entre sensibilité et entendement qui les pose comme des facultés opposées ; en aucun cas une telle distinction ne saurait être imposée à la perception de l'extérieur, à l'instar de ces « constructions transcendantales plaquées d'en haut » que Husserl dénoncera rétrospectivement en revenant sur le sens et la portée de

1. *Ibid.*, p. 143-144.

2. Cette façon naïve d'opposer le sensible au catégorial est présentée et analysée dans le cours plus tardif consacré à la théorie de la signification, de 1908 (cf. *Sur la théorie de la signification*, § 10, trad. fr. J. English, Paris, Vrin, 1995, p. 71-72).

la phénoménologie des *Recherches Logiques*[1] : « La saisie directe et immédiate [*das Direkt – und Selbsterfassen*] d'un objet sensible possède un tout autre caractère que celle d'un objet catégorial. Et c'est de cette façon que se détermine la différence entre la sensibilité et la catégorie »[2].

La fondation du catégorial sur le sensible : simplicité et complexité de la perception

Nous en venons ainsi au second temps de la démonstration : quel va être le trait descriptif nous permettant de découvrir à même la perception le caractère propre des actes catégoriaux, caractère qui doit assumer la double tâche de les inscrire *en décalage* par rapport aux actes sensibles, sans pour autant les opposer radicalement à ces derniers en faisant intervenir à cet effet un critère métaphysique *ad hoc* de distinction ? Dans les *Recherches Logiques* comme dans le cours de 1902, Husserl va répondre à cette question en mettant en avant le critère de la *Fundierung*, à partir duquel s'effectue le partage des eaux entre le sensible et le catégorial. C'est dans la relation particulière de fondation qui lie les actes catégoriaux aux actes sensibles que réside l'essence spécifique des premiers, leur caractère phénoménologique propre : un acte catégorial est toujours nécessairement complémentaire d'un acte sensible sur lequel il est *fondé*. La « simplicité » propre aux actes sensibles et la « complexité » caractéristique des actes catégoriaux ne tirent leur sens que de leur mise en opposition, laquelle fait apparaître leur complémentarité phénoménologique :

> Nous appelons souvent la perception sensible une perception simple [*schlichte*]. Et en effet, l'objet perçu se constitue en elle de façon simple. La perception simple est un acte qui n'a pas de prime abord besoin de se fonder sur un autre acte et qui ferait apparaître de nouveaux objets. [...] De l'autre côté se situe la sphère des objets catégoriaux. Elle se construit sur la base de la sphère sensible. Les objets catégoriaux sont aussi appelés idéaux, mais ils ne constituent pas un monde propre en soi comme s'ils n'entretenaient aucun rapport avec la sensibilité. Il s'agit d'un type d'objets dont l'essence est d'apparaître dans des actes qui sont pour leur part fondés dans d'autres actes[3].

Husserl souligne ici le lien qui rattache, du point de vue phénoménologique et sans nier leur spécificité, les actes catégoriaux et les actes sensibles. Il s'agit moins d'opposer le sensible et le catégorial que de

1. *Cf.* « Esquisse d'une préface aux *Recherches Logiques* », dans *AL*, p. 363.
2. *AE*, p. 145.
3. *Ibid.*, p. 145-146.

comprendre leur sens à partir des rapports mutuels qui les lient l'un à l'autre dans l'activité perceptive. La perception n'est pas un phénomène univoque, qui fonctionnerait partout de la même façon, comme veulent nous le faire croire les théories qui ramènent la perception aux jugements perceptifs et comprennent l'activité perceptive comme une forme de synthèse. Ce que la conception classique des rapports entre facultés a constamment oblitéré, c'est la stratification, ou le feuilletage complexe des différents niveaux d'activité perceptive que l'on retrouve à chaque fois en elle, et qui doivent faire l'objet d'une élucidation phénoménologique. Ces différentes strates de la perception se distribuent entre ce que la sixième *Recherche* nommait le «*degré inférieur d'une intuition possible*» et ses «*degrés supérieurs*»[1], et elles permettent de faire ressortir les différences phénoménologiques entre les types d'objets ou d'objectualités qui leur correspondent. Tandis que « les objets sensibles sont là dans la perception dans *une seule couche d'actes*», n'étant «pas soumis à la nécessité de devoir se constituer *par couches* multiples, dans des actes d'un degré plus élevé», les objets catégoriaux appartiennent à une «sphère d'objectivités qui ne *peuvent apparaître "elles-mêmes" que dans des actes ainsi fondés*»[2]. Une telle architecture, qui découpe la perception en différents étages et commande l'articulation entre les «objets sensibles ou *réels* [*realen*]» et les objets catégoriaux ou « idéaux », effectue aussi la transition entre ce qui relevait aux yeux de la tradition métaphysique de facultés différentes, à savoir la sensibilité et l'entendement. Cette articulation obéit à une loi phénoménologique fondamentale qui désamorce la théorie des facultés, et que l'on peut appeler la « loi de fondation » ; Husserl l'énonce de la façon suivante :

> Tout acte simple de perception, que ce soit pour lui seul ou conjointement avec d'autres actes, peut jouer le rôle d'acte fondamental pour des actes nouveaux qui tantôt l'incluent, tantôt le présupposent seulement et qui, dans leur nouveau mode de conscience, *engendrent* en même temps *une nouvelle conscience d'objectivité* [*Objektivitätsbewusstsein*] *qui présuppose essentiellement la forme primitive*[3].

Il serait donc «absurde», ainsi que l'indique Husserl au § 60 de cette sixième *Recherche*, de concevoir sensibilité et entendement comme des facultés pures, séparées et indépendantes l'une de l'autre : le catégorial n'a de sens qu'en tant qu'il repose sur un étagement de différentes couches

1. *RL*6, § 46, p. 178.
2. *Ibid.*, p. 179.
3. *Ibid.* [674-675].

d'actes qui lui permet d'être en dernière analyse fondé sur la sensibilité sans en être pour autant purement dépendant.

> Il est dans la nature même de la chose qu'en dernière analyse tout ce qui est catégorial repose sur une intuition sensible, bien plus, qu'une intuition catégoriale, donc une vision évidente de l'entendement, une pensée au sens le plus élevé, qui ne serait pas fondée dans la sensibilité, est une absurdité. *L'idée d'un « intellect pur »*, interprété comme une « faculté » de pensée pure (ici d'action catégoriale) et *totalement isolée* de toute « faculté de la sensibilité », ne pouvait être conçue qu'*avant* une analyse élémentaire de la connaissance dans ses composantes irréductibles [1].

Ce que nous avons appelé la « loi de fondation » fournit ainsi un critère fonctionnel permettant de définir le caractère phénoménologique propre à la sphère catégoriale, sans l'opposer abstraitement et unilatéralement au sensible : « c'est dans de tels actes fondés que réside le caractère catégorial de l'intuition et de la connaissance, c'est en eux que la pensée énonciative, là où elle figure comme expression, trouve son remplissement » [2].

Toutefois, si la distinction entre perception sensible et perception catégoriale reçoit une élucidation phénoménologique avec l'analyse des rapports de fondation des actes complexes sur les actes simples, ce modèle ne doit pas nous faire croire qu'il s'agit simplement de dériver la complexité propre à la perception catégoriale d'éléments primitifs définis comme « simples », et qui entreraient en composition dans des perceptions d'un degré plus élevé. En qualifiant la perception sensible de simple (*schlichte*), Husserl ne veut pas dire que l'objet sur lequel elle porte est en lui-même une unité indécomposable. En effet, la perception simple nous donne déjà un objet dans lequel une intuition d'un autre type – catégoriale – pourra toujours par la suite reconnaître une structuration complexe :

> Lorsque par exemple nous percevons un objet sensible, il s'agit dans ce cas d'un acte simple. Si nous mettons en relief des parties de l'objet, nous posons ces parties en relation les unes avec les autres ou en relation avec le tout dans un acte relationnel, et ainsi vient au jour une nouvelle objectité ; par exemple, l'état-de-choses selon lequel « l'objet A possède α et β comme parties » ou « α et β sont des parties de A » vient à notre conscience [3].

Que la perception sensible soit qualifiée de « simple » ne signifie donc en aucune façon que son objet est un élément ultime et indécomposable

1. *RL*6, § 60, p. 220-221.
2. *Ibid.*, § 46, p. 179-180.
3. *AE*, p. 146.

résistant à toute forme d'analyse (aussi bien logique que matérielle). « Simple » s'oppose ici à « complexe » et non à « composé ». Il ne s'agit pas du tout de construire la perception d'objets ou d'objectités complexes (comme les états-de-choses) à partir de données élémentaires de la perception, en s'appuyant par exemple comme l'atomisme logique sur l'analyse des relations entre sense-data. L'analyse phénoménologique de la perception doit au contraire toujours repartir de son trait descriptif fondamental, à savoir sa façon de se présenter toujours sous une forme unifiée, sans qu'aucune activité synthétique ne soit impliquée. C'est ce que Husserl nomme le caractère d'« unité homogène » de la perception, en laquelle fusionne de façon immédiate un faisceau d'intentions partielles sans nécessiter l'intervention de synthèses judicatives :

> On ne doit pas se laisser déconcerter par la complexité des actes partiels qui sont contenus dans la perception. L'acte de perception est toujours une unité homogène ; les actes partiels à travers lesquels les différentes parties ou faces soit intuitives, soit symboliques, de la chose, viennent à la conscience, ne sont pas des actes à part qui seraient ensuite ramenés à l'unité à travers des actes synthétiques spécifiques d'un niveau supérieur. Ainsi, de même que la chose ne nous apparaît pas comme une somme de contenus, mais comme cette chose-là qui est une [*als das eine Ding*], il n'y a pas lieu de distinguer dans la perception une pluralité d'actes singuliers qui seraient liés les uns aux autres seulement à partir d'un acte synthétique. Les intentions partielles fusionnent dans une unité homogène et constituent de cette façon un acte simple [1].

Traiter l'ensemble de la perception comme une forme de synthèse suppose que l'on se soit déjà placé en-deçà de l'apparaître du phénomène, pour prétendre en donner une explication abstraite ou spéculative : cela revient à faire bon marché de l'évidence phénoménologique selon laquelle la chose « ne nous apparaît pas comme une somme de contenus », et à négliger le fait qu'elle se manifeste au contraire d'emblée dans son unité, comme « cette chose-là qui est une ». L'analyse de la perception doit faire droit à la dimension intentionnelle de la perception qui la rend indissolublement liée à cela même qui est perçu en elle, tout en rapportant toujours en retour l'objet perçu à la façon spécifique que la conscience a de le viser. Il faut comprendre par là que l'opposition du voir simple et du voir catégorial ne dépend pas tant de la question psychologique de savoir de quoi est faite la perception ou comment elle se construit, que de celle consistant à se

1. *Ibid.*, p. 147.

demander quel est le type spécifique d'objet que ces deux modalités différentes du voir prennent en vue.

Actes catégoriaux et objectités catégoriales

L'opposition des actes simples et des actes catégoriaux doit immédiatement se traduire par une distinction des corrélats objectifs de ces actes, à partir desquels les premiers reçoivent un nouvel éclairage. La distinction entre « les formes de connexion sensibles ou réelles et les formes de connexion catégoriales ou idéales »[1] entraîne avec elle la distinction corrélative entre les types d'objets qui leur correspondent. Le chapitre précédent a montré que l'unité sensible de la chose donnée à la perception simple n'était pas une « unité » du même genre que l'unité catégoriale de l'objectité résultant d'un acte d'identification, de mise en relation, de distinction, etc. : dans la perception catégoriale, la chose n'est plus simplement mise sous nos yeux, elle n'est plus visée elle-même directement, mais elle est intentionnée *à travers sa forme*, dans un acte de thématisation ou d'« explicitation »[2] qui suppose toujours que l'objet nous ait déjà été rendu accessible sur un mode non-catégorial, bien qu'il donne lieu à une « nouvelle conscience d'objectivité » :

> Si nous portons notre attention sur deux perceptions séparées dans cette multiplicité de perceptions, si nous les ramenons à l'unité synthétique, comme par exemple la perception de la face avant et celle de la face arrière de l'objet, alors les choses se présentent de façon entièrement différente. Nous avons alors affaire avec ces synthèses à une nouvelle conscience d'objectivité [*Gegenständlichkeitsbewusstsein*] ; ce que nous avons alors sous nos yeux, c'est : ceci et cela, c'est une seule et même chose. Dans l'acte d'identification nous apparaît l'identité, elle devient pour nous objective, et cet objet, l'« identité », est un objet catégorial[3].

Ce qui oppose une telle saisie catégoriale à une perception simple, *ce sont les visées intentionnelles spécifiques* qui les caractérisent respectivement, et corrélativement les types d'objets intentionnels susceptibles de leur apporter un remplissement. Si les actes catégoriaux ont en propre d'être toujours des actes *fondés* sur d'autres actes, cette caractérisation

1. *RL* 6, § 48, p. 189.

2. *Ibid.*, p. 186 : « nous pouvons aussi appréhender le même objet d'une manière qui l'explicite : dans des actes d'articulation, nous "faisons ressortir" les parties ; dans des actes relationnels, nous mettons ces parties ainsi dégagées en relation soit les unes avec les autres, soit avec le tout ».

3. *AE*, p. 147-148.

fonctionnelle n'a d'intérêt que dans la mesure où elle permet de comprendre la spécificité des objets intentionnés par de tels actes, et de justifier ainsi que ces « objectités catégoriales » ne peuvent par essence être mises sur le même plan que les objets sensibles donnés dans l'intuition simple. Husserl insistait sur ce point au § 58 de la sixième *Recherche* :

> Qu'un acte soit fondé ne signifie pas qu'il est construit sur d'autres actes, dans quelque sens qu'on prenne ces termes, mais que l'acte fondé, selon sa nature [...] n'est possible qu'en tant qu'acte construit sur des actes du genre des actes fondateurs et que, *par suite*, le corrélat objectif de l'acte fondé a quelque chose de général, une forme avec laquelle un objet en général ne peut jamais apparaître intuitivement que dans un acte fondé de ce genre ». Dans la mesure où l'acte catégorial est fondé et non fondateur, son objet ne relève pas directement du sensible mais « a quelque chose de général [1].

Si l'élargissement de l'intuition à la sphère catégoriale est justifié, c'est parce que celle-ci nous donne des objets qui ne sont pas des objets sensibles mais catégoriaux, et qu'elle porte ainsi à l'apparaître de nouveaux objets n'appartenant précisément pas au domaine de la sensibilité. Nous entrons ici dans le troisième moment de l'argumentation husserlienne : si les actes catégoriaux appartiennent bel et bien à la sphère des actes objectivants, il doit être possible de montrer qu'ils nous donnent accès à un nouveau domaine d'objectivité, parfaitement étranger et irréductible à celui que recouvre l'intuition sensible :

> Les actes simples dans lesquels se constituent les objets simples, ne sont pas les seuls actes objectivants. Les actes d'un niveau supérieur qui se construisent sur la base de ces actes objectivent également, ils nous représentent également des objectités, et ce sont des objectités d'un type entièrement nouveau : des objectités catégoriales [2].

Il reste donc à examiner le statut particulier que Husserl reconnaît à ces objectités catégoriales afin de justifier l'élargissement corrélatif du concept d'objet et de la perception. Quel peut être le statut d'objectités résultant d'actes catégoriaux dont Husserl souligne le caractère *synthétique* [3], par opposition au fusionnement des intentions partielles de la perception simple, qui ne supposent de leur côté aucune activité synthétique de la conscience ? Ne retrouve-t-on pas nécessairement le spectre du

1. *RL*6, § 58, p. 214.
2. *AE*, p. 152.
3. Cf. *RL*6, § 48, p. 190 : « les formes de la connexion catégoriale sont des formes qui ressortissent au mode de la synthèse d'acte [*Akt-Synthesis*], donc qui se constituent objectivement dans les actes synthétiques édifiés sur la sensibilité ».

« psychologisme ontologique » et inflationniste de Meinong, dès lors que l'on comprend les actes catégoriaux comme des actes de synthèse donnant lieu à la « constitution » d'objets nouveaux n'appartenant plus à la sphère des objets sensibles réels, mais à celle des objets idéaux ? Ces objectités catégoriales, devant être rangées sous l'espèce des « objets d'ordre supérieur »[1], ne semblent-elles alors pas être le fruit d'une activité de *production* intellectuelle, et peuvent-elles prétendre être autre chose que le reflet de la pensée ou du jugement qui les vise ?

Toute la question est de savoir en quel sens il peut s'agir de « nouveaux » objets, et ce que Husserl entend par là. Lorsque je perçois par exemple que les deux arêtes du paquet de cigarettes que je tiens sous mes yeux ont la même taille, je dois effectuer un acte synthétique de mise en relation de ces deux parties données conjointement dans la perception du tout que constitue ce paquet de cigarettes. Ma perception actuelle n'a alors plus directement pour objet le paquet en question, elle porte maintenant sur cette relation d'égalité ou sur cette identité entre deux de ses parties. Pourtant, cela a-t-il véritablement du sens, du point de vue de la description des phénomènes, de dire que la perception catégoriale porte maintenant sur un *autre* objet que ce paquet de cigarettes, sur un autre objet que celui de la perception sensible ? Il semble difficile d'accorder du crédit phénoménologique à cette façon fort peu naturelle de s'exprimer, dans la mesure où elle manque très certainement l'essentiel de ce qu'il y a ici à décrire, à savoir l'irréductibilité des modalités de visée qui sont impliquées au « degré inférieur » de l'intuition sensible d'un côté, au « degré supérieur » de l'intuition catégoriale de l'autre. Certes, un « nouvel » objet, du type des états-de-choses (en l'occurrence, le fait-que-les-deux-arêtes-de-ce-volume-sont-égales), est bien mis en scène ou porté à l'apparaître dans cette saisie catégoriale. Mais ce caractère de « nouveauté » ne concerne pas tant la chose-même qui est vue que la façon spécifique dont nous la voyons, la modalité propre au regard nouveau que nous jetons sur elle.

Il faut bien prendre garde de ne pas tomber ici dans la difficulté conceptuelle que présente la distinction entre objets sensibles et objets catégoriaux, conduisant à un écueil problématique dans la théorie de l'objet meinongienne : traiter les « objets d'ordre supérieur » ou les objectités catégoriales comme des objets « autres » que les choses sensibles

1. Husserl n'hésite pas en effet à reprendre à son compte cette expression meinongienne : avec l'introduction des formes catégoriales dans la perception, écrit-il, « nous voyons apparaître de nouveaux objets ressortissant à la classe des *états-de-choses*, qui n'embrasse que des "objets d'ordre supérieur" » (*ibid.*).

ne peut avoir de sens que dans la mesure où les uns et les autres peuvent être mis sur un même plan ontologique, comme c'est justement le cas chez Meinong (qui, en dépit des différences et des nuances qu'il cherche à établir, finit toujours par les rassembler à l'intérieur d'une « théorie de l'objet »). Il est au contraire essentiel, dans l'analyse de Husserl, que la perception catégoriale ne puisse jamais nous offrir le loisir de voir une chose *autre*, mais *du même type* que celle qui nous est donnée dans l'intuition simple, à savoir un objet sensible. Ce qui doit retenir notre attention dans le passage du voir simple au voir catégorial est davantage le changement de *statut* de l'objet qu'il implique, qu'un changement d'*objet* de perception au sens strict. Aussi ne faut-il pas interpréter la possibilité d'une intuition catégoriale comme possibilité d'intuitionner une nouvelle *chose*, là où Husserl affirme seulement qu'un nouvel *objet* nous est donné. L'auteur s'en explique en prenant l'exemple d'un acte de colligation s'accomplissant comme perception d'un nouvel état-de-chose :

> Un acte de colligation comprend dans l'unité d'une visée l'objet sensible A et l'objet sensible B. La chose A nous est donnée dans la représentation A et la chose B dans la représentation B. Toutefois, nous n'avons pas seulement vécu ces deux représentations, mais une visée plus globale qui comprend l'une et l'autre. Et ce faisant un nouvel objet nous est donné. Non pas une nouvelle chose [*ein neues Ding*], mais tout de même un nouvel objet « A *et* B » [*ein neuer Gegenstand*], le concept comprenant en lui les deux éléments, c'est-à-dire la collection elle-même[1].

Ce débordement de l'objet sur la chose (sur « l'objet au sens premier et originaire »), cet excès de l'apparaître sur ce qui se donne à nos sens et ne peut se donner *qu'à eux*, est une conséquence remarquable de l'irréductibilité des formes catégoriales aux formes sensibles, pour laquelle nous avons plaidé au chapitre précédent et que Husserl souligne à nouveau au § 61 de la sixième *Recherche* :

> Les objets nouveaux qu'elles [les formes catégoriales] créent [*schaffen*] ne sont pas des objets au sens premier et originaire. Les formes catégoriales n'agglutinent, ne nouent, n'assemblent pas les parties entre elles de telle manière qu'il en résulte un tout réel, perceptible par les sens[2].

Il faut donc prendre au sérieux la radicalité de la rupture introduite à l'intérieur du domaine des objets intentionnels par le passage d'un voir simple à un voir catégorial, et les distorsions que celle-ci fait subir au

1. *AE*, p. 153.
2. *RL*6, § 61, p. 224 [715].

concept d'objet (dans la mesure où objets sensibles et catégoriaux ne peuvent plus du tout être mis sur un même plan, et où la perspective de pouvoir les réunir en les hiérarchisant à l'intérieur d'une seule et même ontologie semble avoir perdu sa pertinence du point de vue phénoménologique). Cette rupture trouve encore une fois sa justification dans l'opposition des actes fondateurs et des actes fondés, dont la distinction entre objets sensibles et objectités catégoriales est corrélative. Ce n'est pas la même façon de viser l'objet qui entre en jeu dans l'intuition sensible et dans l'intuition catégoriale : cette dernière n'a de sens que dans la mesure où elle s'accomplit dans le remplissement d'une visée qui ne peut par principe jamais atteindre directement l'objet (soit à la manière dont le font les actes simples de l'intuition sensible), et qui présuppose toujours qu'un tel rapport immédiat à l'objet *a déjà été établi* par la perception sensible. De cette façon, une telle visée indirecte, et qui ne peut jamais établir qu'un rapport dérivé et médiat à l'objet sur lequel elle se fonde, ne saurait être remplie par un objet du type de ceux avec lesquels nous met en contact l'intuition sensible. Mais c'est précisément là ce qui fait sa richesse aux yeux de Husserl, dans la mesure où la conséquence de cette analyse est que cette modalité catégoriale de visée perceptive ne peut légitimement donner lieu qu'à des remplissements de formes non-sensibles, dont on chercherait en vain la présence dans la sensibilité, et que l'on ne pourrait pas davantage retrouver « dans » les objets sensibles réels (*realen*). Ainsi se trouve fondée l'irréductibilité de l'opposition entre le sens d'être des objectités catégoriales et celui des objets sensibles :

> Pourquoi n'appelons nous pas ces objets des objets sensibles ? Pourquoi les appelons-nous des objets catégoriaux ? Il est maintenant clair que ces objets ne peuvent jamais être trouvés, être imaginés, ou être représentés au sens propre dans un acte simple. Trouver simplement ou intuitionner ces objets de façon simple n'est pas possible, ils nous sont représentés dans des actes de colligation ou des actes synthétiques ; ils ne peuvent devenir des objets pour nous que dans des actes qui se construisent nécessairement sur d'autres actes. Il faut bien insister sur cette nécessité : il appartient à l'essence de ces actes qu'ils présupposent d'autres actes, c'est-à-dire des actes qui eux-mêmes représentent déjà des objets. Et à cela correspond du côté objectif le fait que ces contenus conceptuels et ces quantités (*Vielheiten*) sont des objets d'ordre supérieur, c'est-à-dire des objets qui ne sont pas pensables sans des objets qui les fondent [1].

1. *AE*, p. 153-154.

On peut dégager à partir de ce texte les deux thèses fondamentales qui constituent le cadre de cette opposition entre actes sensibles et actes catégoriaux, thèses dont on doit assumer l'unité, sous peine de manquer l'originalité de cette conception du catégorial. L'analyse phénoménologique de la distinction entre objets sensibles et objets catégoriaux suppose en effet de pouvoir maintenir ensemble une thèse d'indifférenciation *et* une thèse d'insubstituabilité de l'un à l'autre. D'un côté, nous avons pu voir qu'il n'était pas légitime de considérer l'objet catégorial comme un autre objet susceptible de prendre place *à côté de* l'objet sensible ; mais il ne suit pas pour autant de cette thèse que ces « objectités » devraient venir se substituer purement et simplement aux objets sensibles sur lesquels elles s'édifient.

Revenons d'abord sur ce dernier point. La logique de la fondation des actes catégoriaux sur les actes sensibles a mis en évidence le fait qu'un état-de-chose ou une objectité catégoriale ne peut être un objet qu'en un sens secondaire ou dérivé. Les conditions de sa donation supposent toujours en effet l'intuition d'un objet sensible qui le précède, et auquel il renvoie nécessairement d'une façon ou d'une autre, puisqu'il est construit à partir d'elle. Un objet catégorial n'apparaît jamais *en supplément* de l'objet sensible, il n'y a pas deux objets à percevoir mais un seul, et qui peut être saisi de façon simple ou selon telle ou telle forme catégoriale. Nous devons donc comprendre le rapport qui lie l'intuition catégoriale à l'intuition sensible comme une modification sans altération : l'objectivation constitue « une objectité modifiée de façon originale »[1], mais jamais un *autre* objet au sens propre. Aussi le décalage entre le sensible et le catégorial n'est-il qu'un décalage entre des niveaux différents d'actes intentionnels ou des modalités strictement irréductibles de visée. L'introduction des formes catégoriales dans la perception ne nous fait pas à proprement parler voir autre chose que l'objet sensible, mais elle nous le fait voir *autrement*, c'est-à-dire précisément de façon non-sensible : elle fait apparaître sa charge d'idéalité formelle et ne saisit rien de d'autre que « le catégorisé en tant que tel », pour reprendre une expression de Jocelyn Benoist[2].

Mais dans la mesure où le catégorial se constitue justement toujours sur le fondement d'une donation sensible quelle qu'elle soit, il ne saurait être autonomisé par rapport à elle, et se substituer à l'objet de la perception simple dont il viendrait occuper la place : l'objet catégorialement informé dépend au contraire de façon idéale d'un objet sensible qui le précède

1. *RL*6, § 61, p. 222.

2. *Cf.* « Intuition catégoriale et voir comme », *Revue philosophique de Louvain*, 99, 2001/4, p. 613.

toujours nécessairement dans l'ordre de la donation. Le catégorial n'est donc pensable qu'en référence à l'intuition simple à laquelle il s'adosse, ce qui interdit *a priori* la possibilité d'une saisie purement catégoriale de l'objet. Aussi une intuition intégralement catégorisée, c'est-à-dire une intuition dont l'objet catégorial viendrait masquer l'objet sensible en se superposant à lui, ne peut-elle avoir aucun sens dans le contexte de cette analyse phénoménologique des actes catégoriaux : elle supposerait en effet que les nouvelles objectivations catégoriales peuvent avoir une efficace sur les objets sensibles, et qu'elles exercent réellement sur lui une transformation. Or, c'est encore ce contre quoi Husserl avait mis en garde son lecteur au § 61 de la sixième *Recherche*: « la formation catégoriale n'est pas une transformation réelle de l'objet », « les fonctions catégoriales, en "informant" l'objet sensible, le laissent intact dans son essence réelle » [1].

Si tel n'était pas le cas, nous nous retrouverions face à un dilemme dont aucune des deux alternatives n'est satisfaisante du point de vue phénoménologique: soit, d'un côté, l'objet catégorial viendrait en quelque sorte faire écran en s'interposant entre l'intuition et l'objet sensible sur lequel elle porte, à la manière dont la lune vient recouvrir parfaitement la surface du soleil visible depuis la Terre à l'occasion d'une éclipse totale. L'objet sensible retrouverait alors de façon paradoxale le statut de la chose en soi kantienne, devant être supposée comme cause des phénomènes sans jamais pouvoir être donnée en tant que telle à l'intuition. Soit, d'un autre côté, l'objectité investirait en quelque sorte la chose sensible en la transformant et viendrait de cette façon la dissoudre. Or, cela signifierait dans ce cas que « le donné primitif de la perception sensible serait modifié dans son objectivité propre », en conséquence de quoi, nous dit Husserl, « la pensée et la connaissance qui établissent relations et connexions ne seraient pas une pensée et une connaissance de ce qui est, mais une altération, une transformation en quelque chose d'autre » [2].

La description phénoménologique permet au contraire de contourner de façon extrêmement intéressante ce problème du fondement de l'apparaître, en le réinscrivant *à l'intérieur de la perception elle-même*, qui ne laisse se dégager aucun reste inconnaissable et non perçu, aucune cause imperceptible de l'apparaître des phénomènes : « s'il y a un être non-perçu, il est de toute manière par principe perceptible, donc ce n'est rien qui puisse sortir du champ de la perception ou de l'expérience par quelque différence

1. *RL*6, § 61, p. 222-223.
2. *Ibid.*, p. 224.

inouïe »[1]. La logique de la fondation, dans le cas de la perception des objets catégoriaux dont le sens d'être est étroitement lié à leur caractéristique d'objets *fondés*, vient mettre un terme au problème de la cause métaphysique de l'apparaître, point aveugle d'une théorie de la connaissance qui ne peut penser les phénomènes que dans leur opposition aux noumènes.

> Il faut bien insister sur cette nécessité : il appartient à l'essence de ces actes qu'ils présupposent d'autres actes, c'est-à-dire des actes qui eux-mêmes représentent déjà des objets. Et à cela correspond du côté objectif le fait que ces contenus conceptuels et ces quantités [*Vielheiten*] sont des objets d'ordre supérieur, c'est-à-dire des objets qui ne sont pas pensables sans des objets qui les fondent. La pluralité est une pluralité d'unités, un contenu est un contenu de tels ou tels objets. Un ensemble dans lequel rien n'est assemblé est un contresens [*Widersinn*][2].

Le catégorial présuppose le sensible au sens où les objets catégoriaux ne sont perceptibles qu'à condition que les objets sensibles sur lesquels ils se fondent le soient aussi, et en tout premier lieu. C'est la raison pour laquelle, en dépit de la distinction à laquelle il se rattache dans ce cours entre la chose et l'objet (au sens élargi comprenant la sphère des objets catégoriaux), Husserl ne revient à aucun moment sur le statut d'objet de la chose réelle donnée à l'intuition sensible ; il maintient au contraire jusqu'au bout la thèse selon laquelle l'objet sensible définit le sens fondamental de l'objet, à savoir son « sens premier et originaire »[3]. La perception catégoriale ne peut faire apparaître de « nouveaux objets » que dans la mesure où elle correspond à une nouvelle façon, pour *cet objet* (l'objet sensible et non catégorial), de se présenter (soit selon une modalité cette fois proprement catégoriale et non plus sensible) :

> Les *objets* primitifs se présentent dès lors dans certaines *formes* qui les saisissent et les relient d'une manière nouvelle[4].

Aussi le dispositif fondationnel de la catégorialité n'implique-t-il pas d'aller en chercher la justification hors de l'apparaître (en voulant à tout prix situer en dehors de la perception ce qui doit en être la cause ou la raison), puisque ce régime de fondation des actes les uns sur les autres en définit au contraire la logique propre. L'impossibilité d'une intuition catégoriale qui ne serait pas fondée sur une intuition simple n'est pas seulement

1. *AE* p. 138.
2. *Ibid.*, p. 154.
3. *RL*6, § 61, p. 224.
4. *AE*, p. 154.

une impossibilité *matérielle* concernant le fait de la perception et les conditions concrètes de son actualisation : c'est d'abord et avant tout une impossibilité *grammaticale*, exclue au titre de *contresens* par la structure logique du percevoir.

Objets catégoriaux, grammaire de la perception et formes de jugements

Cette dimension « grammaticale » du concept de fondation mérite d'être soulignée, dans la mesure où elle constitue l'enjeu d'une opposition philosophique fondamentale avec l'ontologie meinongienne : le terrain sur lequel se place Husserl pour définir les objets catégoriaux n'est pas celui d'une ontologie – d'une analyse hiérarchisée du domaine de l'être permettant de déterminer à quel degré d'être doivent correspondre les objectités – mais celui du sens, ou pour le dire autrement d'une grammaire de la perception et du perçu. La question n'est pas de savoir si les états-de-choses, du type « α et β sont dans la relation Φ », doivent ou non être recensés au cours de l'inventaire ontologique de toutes les entités qui ont en commun la propriété d'*être* ; il s'agit plutôt de se demander si cela a ou non un sens que de dire quelque chose comme « je vois *que α et β sont dans la relation Φ* », « ... *que les deux arêtes de ce paquet de cigarettes sont parallèles l'une à l'autre* », ou encore « je vois *que ce papier est blanc* », et de se poser la question de savoir sous quelles conditions il y a un sens à s'exprimer ainsi. Dans les textes où il aborde la question de l'intuition catégoriale, Husserl est à chaque fois sensible aux façons les plus courantes que nous avons de rendre compte de nos expériences perceptives en les exprimant dans le langage, ce qui semble la moindre des choses pour une philosophie qui se veut descriptive et prétend donc se situer au cœur de cette intrication du dire et du voir, mais qui, en définitive, ne va pas si facilement de soi, tant notre conception de l'évidence est calquée sur le modèle d'une saisie purement intuitive de ce qui est. La phénoménologie des *Recherches* n'est pas dupe de cette part irréductible de langage que doit assumer toute description, et elle en tire au contraire ici toutes les conséquences, puisqu'elle va jusqu'à mesurer dans la sixième *Recherche* l'impossibilité de cerner la perception en la résorbant dans un voir qui ne serait *que* voir. Ce n'est pas la moindre des surprises que la démarche phénoménologique réserve à celui qui l'entreprend, que de montrer comment la perception trouve son sens dans la tension qui l'oppose au langage permettant de l'exprimer – tension que met constamment en jeu et sur laquelle repose l'activité descriptive. Loin de traiter abstraitement la perception comme un phénomène s'épuisant dans nos intuitions, et pouvant être *a priori* tenu à l'écart des façons que nous avons de *décrire* le perçu, l'élucidation phénoménologique implique que nous interrogions les discours qui donnent une expression à nos perceptions, et par le moyen desquels nous pouvons en rendre compte.

Husserl prête ainsi la plus grande attention à la façon spécifique selon laquelle notre activité perceptive s'intègre à notre vie de conscience *en y faisant sens*. Les questions d'ordre ontologique portant sur la nature de l'objet de nos perceptions ou sur l'être du perçu sont ici mises entre parenthèses, et sont reléguées au second plan au profit d'une interrogation sur le sens que peuvent prendre ces perceptions dans les descriptions que nous en donnons. Or, il y a manifestement un sens à dire que nous voyons *que les deux arêtes d'un paquet de cigarettes sont parallèles*, comme il y en a un à dire que nous voyons *le paquet de cigarettes lui-même*. Lorsque, dans le premier cas de figure, nous rapportons notre expérience en utilisant le verbe « voir », nous ne disons précisément pas la même chose que si nous disions que nous *jugeons* que les deux arêtes de ce paquet de cigarettes sont parallèles :

> Je *vois* du papier blanc et je *dis* du papier blanc ; je n'exprime ainsi, d'une manière exactement adéquate, que ce que je vois. [...] Je *vois que* ce papier est blanc et c'est précisément cela que j'exprime, j'énonce : ce papier est blanc[1].

Or, s'il y a un sens à utiliser le même verbe de perception, aussi bien dans le cas d'un voir simple que d'un voir catégorial (un « *voir que* »), dans le cas d'une perception d'objet comme dans le cas d'une perception d'état-de-chose, cela ne va pas sans certaines restrictions fondamentales sur le sens qu'il peut y avoir à s'exprimer ainsi. Ainsi, si notre perception sensible se passe très bien de toute activité synthétique de mise en relation des parties à l'intérieur du tout que constitue son objet, l'inverse n'est pas vrai, et nous devons trouver dans cette asymétrie entre perception simple et perception catégoriale une loi sous l'autorité de laquelle se tient le *sens* de la perception. Ce même objet ne peut être perçu *comme un tout* ou *en tant qu'ensemble* qu'à condition que ses parties soient d'abord perçues pour elles-mêmes de façon sensible. C'est la raison pour laquelle penser un état-de-chose sans penser aux actes sensibles d'intuition dans lesquels il se fonde serait un *contresens* (*Widersinn*), tout autant que l'est « un ensemble dans lequel rien n'est assemblé ». Avant de se demander à quel échelon de l'*être* peuvent prétendre les objectités catégoriales, il convient de

1. *RL*6, § 40, p. 162.

remarquer qu'elles n'ont de *sens* que dans la mesure où elles font jouer une entente du « voir », qui suppose toujours que des actes de perception d'un autre type soient effectués et les fondent.

On est donc ici très loin de la méthode philosophique d'un Meinong, qui entendait définir le statut ontologique que l'on doit accorder aux « objets d'ordre supérieur » en interrogeant à cet effet le mode génétique de production des *superiora* sur la base des *inferiora*. Le lexique utilisé par Meinong est à cet égard révélateur, puisqu'il parle toujours d'une activité psychologique de « production » (*Produktion*) [1] de représentations nouvelles sur la base de représentations élémentaires, ce qui le conduit à répéter, de façon en un sens très classique, l'opposition entre la réceptivité sensible et l'activité intellectuelle productrice des complexes et des relations. Si l'*Erweiterung* sur laquelle repose l'analyse de l'intuition catégoriale va de pair avec la mise au jour d'un sens nouveau et élargi de l'objectivité, suivant en cela le principe de la logique intentionnelle qui donne le statut d'objet à tout ce qui peut fonctionner comme référence d'un acte de visée[2], l'intuition catégoriale ne crée pas pour autant de nouveaux objets au sens strict, et elle n'engage donc pas ce mouvement d'inflation ontologique dont l'élargissement du concept d'objet s'accompagne chez Meinong. Husserl y insistera dans une lettre à Hocking, datée du 25 janvier 1903 : « L'expression selon laquelle "des objets se constituent" dans un acte veut toujours dire la propriété qu'a l'acte de rendre l'objet représenté [*Vorstellig*] : non pas "constituer" au sens propre ! »[3].

Cette expression d'« objet représentable » ne doit toutefois pas nous faire croire qu'un acte de perception catégoriale doit avoir pour fonction ou pour effet, de nous fournir une sorte de double de l'objet, une image dans laquelle les divers éléments que nous présente l'intuition sensible se trouveraient synthétisés de telle ou telle façon. Une objectité catégoriale n'est en aucun cas une représentation mentale composée à partir de données sensibles, mais elle correspond à une façon d'intuitionner au sens propre la chose elle-même :

1. Nous avons déjà évoqué ce concept qui constitue l'enjeu essentiel du débat opposant Meinong à Von Ehrenfels, et qui définit la ligne de partage entre les deux principaux courants de la psychologie de la forme qui s'inscriront dans la postérité de leurs travaux respectifs.

2. Cf. *RL6*, § 45, p. 175 : « L'homogénéité essentielle de la fonction de remplissement [...] rend inévitable de qualifier de *perception* tout acte remplissant sur le mode de la présentation confirmatrice de la chose elle-même, d'*intuition* tout acte remplissant en général, et d'*objet* son corrélat intentionnel ».

3. *Briefwechsel*, *Husserliana Dokumente* t.III, 1994, p. 132.

> Quand nous intuitionnons un quelconque « état-de-chose », nous n'intuitionnons pas simplement ses éléments sensibles, nous ne ramenons pas simplement à une unité quelconque les éléments sensibles, mais nous intuitionnons l'unité d'un tout[1].

Un acte catégorial ne consiste nullement en une opération intellectuelle qui s'appliquerait *de l'extérieur* sur un matériau sensible, en ramenant une diversité sensible à l'unité du concept à la manière des synthèses kantiennes. Si l'opposition du visé et du donné se retrouve au niveau des actes catégoriaux, si ces derniers peuvent par exemple aussi bien viser une identité, que nous la donner adéquatement en tant que telle, alors de tels actes définissent une modalité intentionnelle de visée de l'objet à part entière, et doivent être décrits comme un rapport authentique à l'objet plutôt que comme une activité synthétique s'exerçant de l'extérieur sur du donné sensible. C'est très précisément pour cette raison que l'intuition catégoriale ne porte pas sur le *matériau* sensible (*Stoff*), mais sur la *forme* catégoriale de ce qu'elle représente, révélant le statut syntaxique du perçu. Prenons l'exemple donné par Husserl dans son cours de 1902-1903 :

> Nous voyons que cet érable se trouve dans ce jardin. Nous n'avons alors pas seulement l'intuition de l'arbre et l'intuition du jardin, ni l'intuition complète du jardin avec cet arbre qui appartient à son contenu complet, mais nous avons une représentation entièrement nouvelle : « l'arbre est dans le jardin », cette représentation dans laquelle les deux représentations sont en quelque sorte ramenées à l'unité. Dans cette unité, la représentation de l'arbre a le caractère de représentation du sujet, et dans la mesure où l'objet de cette unité constitue l'objet total du jardin, ou vient former une certaine identité avec la représentation du jardin, cette dernière représentation obtient le caractère du prédicat dans la relation d'identité[2].

Ramener à l'unité la représentation de l'arbre et la représentation du jardin ne revient pas simplement à avoir une intuition globale du jardin dans lequel se trouve un érable, ou à les associer l'une à l'autre en une seule représentation ; cette unité suppose un acte d'identification donnant lieu à une « représentation entièrement nouvelle », elle engage « quelque chose de plus que la représentation liée ». Percevoir *que* l'arbre est dans le jardin suppose le passage au niveau catégorial, dans la mesure où la

1. *AE*, p. 156. De cette façon est récusée « l'ancienne façon de voir, qui les prenait pour de quelconques activités psychiques, de quelconques actions de la conscience, sans pour autant porter à la connaissance le caractère essentiel de ces actes en tant qu'actes d'objectivation, de visionnement et de perception ».

2. *Ibid.*, p. 154.

perception comprend désormais en elle une structuration et un degré de complexité que l'intuition sensible, aussi riche et diversifiée soit-elle, ne peut par principe jamais posséder. Ainsi que l'indique Husserl, « la différence entre sujet et prédicat ne peut pas être trouvée dans l'intuition sensible. Cette différence appartient à la conscience catégoriale »[1]. Cette structuration n'est donc pas le fait d'une simple articulation immanente des contenus sensibles, comme c'était le cas avec les moments figuraux, mais elle relève d'une organisation syntaxique de la perception, parallèle (en un sens qu'il nous faudra préciser) à la forme du jugement : l'arbre est perçu avec sa fonction de sujet, le jardin avec sa fonction logique de prédicat. C'est ce dont témoigne la possibilité de faire varier cette représentation intuitive en conservant les mêmes matériaux sensibles :

> Nous pouvons inversement faire du jardin la représentation-sujet. Alors la représentation complète a changé, et elle est à présent : « le jardin contient l'arbre en lui ». La relation, disons-nous est inversée, c'est-à-dire que ce qui est maintenant l'objet est le rapport inversé. Dans l'acte de relation nous vient à la conscience quelque chose de plus que la représentation liée, à savoir un nouvel objet : la relation de différence entre sujet, prédicat et forme de liaison, ou, comme il vaudrait peut-être mieux dire : l'unité d'un état-de-chose vient à notre conscience, unité qui est une unité catégoriale[2].

Ce qui est donc perçu, c'est la relation comme telle, soit la forme même du réel en tant qu'elle est susceptible de venir remplir dans une intuition les formes logiques du jugement (thèse sur laquelle repose la possibilité de percevoir le même arbre comme sujet ou comme prédicat selon les modalités judicatives de la visée). En conséquence, l'objet catégorial est bien perçu *en lui-même*, et n'est pas simplement construit à partir de données sensibles qui seraient les seules à être perçues au sens authentique. C'est ce qui autorise Husserl à étendre l'intuition à la sphère des objets généraux, comme c'est par exemple le cas dans la saisie intuitive de la vérité d'un axiome : « la saisie intuitive (*Einsehen*) de l'axiome n'est pas la vision (*Sehen*) de quelconques singularités qui proviennent de la sphère sensible mais ce qui est intuitionné, c'est l'état-de-chose tout à fait général [...] La vision intuitive a pour nous réellement la valeur de perception de l'état-de-chose »[3]. L'acte catégorial est en lui-même et de façon absolument essentielle rapport à une objectivité catégorialement constituée.

1. *AE*, p. 146.
2. *Ibid.*, p. 154-155.
3. *Ibid.*, p. 156.

Les actes catégoriaux rendent ainsi possible une intuition de la formalité même du réel, dans la mesure où cette formalité n'est jamais que le corrélat des formes logiques du jugement ou de l'énoncé par le moyen desquels s'effectue la *visée* qu'une telle intuition remplit. Nous devons trouver ici une réponse au problème dont nous étions partis au tout début de ce chapitre, lorsque nous nous demandions en quoi l'analyse des actes catégoriaux pouvait permettre de dépasser l'identification de la perception à une forme de synthèse judicative et son enrôlement de force dans une théorie du jugement. D'une part, en effet, nous voyons que la doctrine des actes catégoriaux – qui prennent maintenant place de plein droit dans la classe des actes objectivants – accomplit le dernier pas dans la réfutation du psychologisme, puisqu'elle légitime la possibilité d'une application de la visée signitive à l'intuition y compris au niveau des fonctions supérieures de la pensée, et sans remettre en cause la radicalité de la distinction entre sensibilité et entendement : les formes logiques peuvent ainsi être intuitionnées sans pour autant être puisées *dans* le sensible. Par ailleurs, si la conception phénoménologique des actes catégoriaux permet, comme nous l'avons vu, de comprendre comment l'intuition peut apporter un remplissement intuitif de visées de signification à l'occasion duquel les formes catégoriales sont *données* au sens fort dans la perception, alors, il devient dans ces conditions nécessaire de penser une stricte réciprocité entre les formes catégoriales et les formes possibles de jugements exprimées dans des énoncés :

> Quand nous posons toutes les formes d'énoncés possibles, nous avons ainsi posé par là *eo ipso* toutes les formes catégoriales possibles ; il n'y a pas de forme catégoriale qui ne soit pas constitutive d'une forme d'énoncé quelconque. Et peut-être peut-on dire que c'est la fonction essentielle de toutes les formes catégoriales d'être constitutives de l'idée de l'unité de l'énoncé[1].

Or, cette réciprocité entre les formes d'énoncés possibles et les formes catégoriales vient en quelque sorte frapper d'inanité la question du jugement. Celle-ci se trouve en effet évacuée au profit d'une analyse du sens purement logique du jugement, ou des formes possibles d'énoncés qui se trouvent adossées, dans le dispositif théorique mis en place par Husserl, aux différentes formes catégoriales. Aussi cette théorie des actes catégoriaux conduit-elle à une réfutation sans appel des théories psychologiques du jugement :

1. *Ibid.*, p. 159.

> La théorie du jugement, cet objectif tant recherché et vainement attendu par la nouvelle logique, devient obsolète ; avec la théorie du jugement devient également obsolète ce qu'on appelait la théorie des relations [1].

On sent évidemment dans cette récusation une critique très virulente de la théorie meinongienne des relations, à laquelle était consacré le deuxième volume des *Hume-Studien* paru en 1888, ainsi que le chapitre VI du texte déjà cité, *Über Gegentände höherer Ordnung*. Meinong articulait en effet son analyse des relations à la question de la perception, en distinguant entre des relations et des complexes idéaux, imperceptibles par essence d'un côté, et des relations et des complexes réels de l'autre, seuls susceptibles de faire l'objet d'une perception [2]. La perception joue ainsi en quelque sorte chez Meinong le rôle de critère de démarcation permettant d'opposer aux relations réelles les relations purement idéales. Nous avons au contraire pu voir que Husserl comprenait ce type de relations idéales comme autant de formes catégoriales *structurantes pour le champ de la perception*, et *aussi* structurantes – même si ce n'est pas au même sens – que les formes sensibles réelles. Ces formes définissent en effet, par le jeu de leur opposition, ce que nous avons appelé au chapitre précédent les deux *a priori* de la perception : *a priori* sensible d'un côté représenté par les lois synthétiques *a priori* matérielles, *a priori* intelligible de l'autre représenté par les lois catégoriales relevant de la sphère analytique formelle.

Il n'y a donc pas lieu, une nouvelle fois, de s'appuyer sur la rupture introduite dans la perception sensible par l'analyse des formes catégoriales pour opposer des relations réelles, relevant à proprement parler de la perception, à des relations idéales ou catégoriales, dépendant cette fois non plus de notre activité perceptive mais d'une activité intellectuelle et judicative. La phénoménologie entérine ici le dépassement d'une psychologie en direction d'une théorie logique des formes de connexions catégoriales, laquelle ne se fonde plus, comme c'était le cas chez Brentano et indirectement dans l'ensemble de son école, sur le concept de représentation, mais sur la nouvelle classe des actes objectivants, à l'intérieur de laquelle les actes catégoriaux trouvent leur signification phénoménologique. On

1. *AE*, p. 154.

2. Cf. *Hume-Studien II, Zur Relationstheorie*, GA II, p. 137 *sq.*, et *Présentation personnelle*, trad. fr. J.-F. Courtine dans Meinong, *Théorie de l'objet*, Paris, Vrin, 1999. Prenant pour exemple le nombre de livres contenus dans telle ou telle bibliothèque, Meinong expliquait en effet dans ce dernier texte : « j'ai pensé devoir désigner les relatifs et les complexes de ce type par les termes de relatifs *idéals* et complexes idéals, par opposition aux relatifs *réels* et aux complexes réels tels ceux que l'on perçoit entre couleur et lieu, et qui se révèlent être réels *précisément par le fait d'être perçus* » (p. 135 ; nous soulignons la fin de cette citation).

comprend ainsi les raisons qui ont fondé Husserl à s'autoriser de cette conception des actes catégoriaux pour revendiquer l'inutilité de la théorie classique du jugement, et son dépassement phénoménologique :

> Il n'y a pas de théorie phénoménologique du jugement pour soi, il n'y a qu'une analyse englobante des actes objectivants et, à l'intérieur de celle-ci, une analyse du jugement imbriquée en elle [1].

Ainsi, non seulement Husserl établit une forme de parallélisme entre les formes catégoriales et les différentes formes d'énoncés à travers lesquels s'expriment nos jugements, mais cette analyse conduit à un renversement des rapports sous lesquels était comprise l'articulation des catégories aux jugements. Loin qu'une telle mise en parallèle des formes de la perception et du jugement conduise à une indexation des premières sur les secondes, c'est, en un sens, le contraire qui se passe : l'analyse des formes catégoriales permet de secondariser l'analyse des formes de jugement, dont la première assume entièrement les prérogatives. Ce n'est pas le juger comme tel qui doit nous délivrer la liste des catégories, ainsi que l'avait cru Kant, ce sont au contraire les formes catégoriales qui doivent être prises comme l'index des différentes formes logiques possibles de jugement. Husserl renverse ici du tout au tout les termes sous lesquels Kant avait formulé la problématique catégoriale dans l'*Analytique transcendantale* de la *Critique de la raison pure*, en prenant le jugement comme fil conducteur de son enquête, et en s'efforçant de déduire sa « table des catégories » de celle des jugements. Les catégories ne sont plus seulement les outils de la pensée logique, ou les conditions (transcendantales) de son application au réel, dans la mesure où elles doivent à présent être identifiées à la structure formelle même *du* logique, aux modalités de structuration de toute pensée et de toute intuition. Ainsi les formes catégoriales gagnent-elles une autonomie qui ne pouvait leur être reconnue tant qu'elles étaient seulement dérivées de l'analyse des différents types de prédication. Pour la première fois dans l'histoire qui fut la sienne, la catégorialité se trouve délivrée de la dépendance extrêmement forte à l'égard du jugement prédicatif sous laquelle elle avait été placée, d'Aristote à Kant.

1. *TJ*, p. 101.

CHAPITRE V

LA « PRISE » DE LA PENSÉE CATÉGORIALE SUR LE MONDE

LE PARTAGE DE L'ANALYTIQUE ET DU SYNTHÉTIQUE

Identification et remplissement

Percevoir n'est pas juger : tel est le résultat fondamental que l'analyse phénoménologique de la perception aura permis à Husserl d'obtenir, mettant en évidence l'irréductibilité de la perception à une modalité du jugement ou à une forme de synthèse au sens kantien. Mais percevoir peut pourtant *aussi* engager – et engage le plus souvent – la réalisation, ou, en termes plus husserliens, le remplissement d'un *sens* prédicatif articulé selon des formes catégoriales. L'étude de ces formes et des lois qui les gouvernent (que Husserl caractérise comme les lois « de la pensée proprement dite » déterminant les variations possibles de formes catégoriales[1]) sera donc complémentaire de l'analyse des lois d'ordonnancement des contenus intuitifs au seul niveau de la sensibilité (c'est-à-dire les lois synthétiques de l'*a priori* matériel déterminant la liaison des contenus sensibles). Ces deux directions de l'enquête phénoménologique doivent être articulées l'une à l'autre d'une façon qui respecte la spécificité et l'irréductibilité des formes dont elles s'occupent respectivement. D'un côté, il n'est en aucun cas question de recourir à la fondation des actes catégoriaux sur les actes sensibles pour faire descendre les objets d'ordre supérieur au niveau des objets de l'intuition simple. Nous y avons déjà insisté : ce ne

1. Cf. *RL*6, § 62.

sont pas les *objets* eux-mêmes qui sont fondés, mais les *actes intentionnels* qui les visent. De ce point de vue, la rupture introduite par la problématique catégoriale dans l'analyse des objets intentionnels de la perception ne saurait être minimisée. Mais il n'est pas davantage question, d'un autre côté, de tirer argument de la radicalité de cette rupture opposant les objets sensibles aux objectités catégoriales pour traiter ces dernières comme autant de nouveaux objets produits par l'activité synthétique de la conscience, et auxquels devrait être reconnu un statut ontologique fort. L'analyse phénoménologique de la perception ne semble pas seulement entériner un dépassement sans équivalent de toute problématisation exclusivement ontologique de la notion d'objet, elle parait tout autant remettre en cause le primat de la synthèse dans la théorie de la connaissance.

Ce bouleversement important auquel donne lieu l'analyse phénoménologique des actes catégoriaux se traduit dans l'œuvre de Husserl par une reconfiguration de l'opposition entre liaison sensible et colligation explicite dont était initialement parti l'auteur de la *Philosophie de l'arithmétique*. En effet, si l'opposition structurante pour la théorie des formes de liaison des contenus pouvait alors être caractérisée comme opposition entre passivité et activité de la conscience (les *Verbindungen* sensibles se caractérisant par leur indépendance à l'égard de toute activité de conscience, tandis que les formes de liaison, que Husserl appellera plus tard « catégoriales », comme la colligation, requéraient l'effectuation de certains actes spécifiques), cela ne semble plus être tout à fait (voire plus du tout) le cas dans les *Recherches Logiques*, qui s'attachent à redéfinir le cadre de cette opposition à partir d'une distinction entre différents types d'*actes* – sensibles et catégoriaux[1]. Certes, cette opposition n'en est pas non plus complètement absente, et elle garde une certaine pertinence : les actes catégoriaux sont caractérisés comme des « synthèses d'actes » (*Akt-Synthesis*) par opposition à la « fusion immédiate des intentions partielles » ou des contenus qui ne nécessitent pas l'intervention de nouvelles intentions[2]. Mais le point le plus important de cette analyse n'est certainement pas là, l'essentiel des efforts de Husserl durant les longues années de préparation des *Recherches Logiques* ayant consisté à trouver les moyens de dépasser l'opposition du psychique et du physique, à laquelle

1. Du reste, le lexique de la passivité est significativement absent des *Recherches Logiques* et semble, à cette étape de la mise en place de la phénoménologie husserlienne, totalement étranger à la problématique catégoriale et à la distinction entre le sensible et le catégorial.

2. *RL*6, § 47, p. 181-182.

renvoyait implicitement la distinction entre les formes de liaison catégoriales et matérielles dans la *Philosophie de l'arithmétique*, et qui avait valu à ce texte d'être rangé par Frege au rayon des différentes variétés de « psychologismes ».

En effet, si les analyses de 1891 s'établissaient sur le fond d'une critique parfaitement explicite de la conception kantienne de la synthèse, cette critique maintenait toutefois, comme nous avons pu le voir, l'un des préjugés métaphysiques les plus forts hérités d'un certain kantisme, à savoir ce que nous avons nommé le « préjugé en faveur de l'activité de la conscience », qui devait consacrer l'opposition de Husserl à la conception des synthèses inconscientes développée par Lange. Il faut rappeler que la découverte husserlienne d'un mode de liaison des contenus sensibles ne dépendant d'aucune activité synthétique de la conscience tirait argument d'une thèse psychologique issue de Brentano sur la légitimité de l'introspection : elle supposait une certaine transparence de la conscience à elle-même nous permettant de discriminer de façon évidente entre les liaisons effectivement produites par notre activité mentale et celles pour lesquelles ce n'est pas le cas. En dépit de leur proximité apparente, il faut donc s'abstenir de projeter directement et sans plus de précautions cette analyse *psychologique* de 1891 sur la distinction *phénoménologique* entre les « formes de connexion sensibles ou réelles » et les « formes de connexion catégoriales et idéales » [1], proposée dix années plus tard dans les *Recherches Logiques*.

En 1901, il n'est plus question pour Husserl de fonder son analyse des actes catégoriaux sur la conception brentanienne des phénomènes psychiques, présupposant une délimitation du physique et du psychique que Husserl refuse résolument. L'opposition du sensible et du catégorial n'est plus suspendue à la possibilité de mesurer sur un mode introspectif le degré d'activité synthétique impliqué dans telles ou telles formes de liaisons (*Verbindungen*), dans la mesure où cette opposition renvoie désormais aux deux régimes d'aprioricité essentiellement distincts (synthétique d'un côté, analytique de l'autre) qui confèrent un sens très différent aux types de connexions (*Verknüpfungen*) qu'ils mettent en jeu (connexions sensibles d'un côté, catégoriales de l'autre). C'est la raison pour laquelle ces deux formes de connexions n'engagent pas moins l'une que l'autre l'intentionnalité de la conscience, et relèvent simplement d'actes n'obéissant pas aux mêmes lois *a priori* : tandis que les liaisons sensibles de contenus relèvent de l'*a priori* synthétique-matériel qui définit en

1. *RL*6, § 48, p. 189.

quelque sorte la grammaire des actes d'intuition simple, les liaisons catégoriales dépendent au contraire de lois analytiques-formelles fixant *a priori* les possibilités et les limites de l'intuition catégoriale[1].

Ce partage de l'analytique et du synthétique a ainsi pour effet de reléguer au second plan la question kantienne de la synthèse et d'en réaménager considérablement le rôle dans la théorie de la connaissance. Kant, dira Husserl au terme de la sixième *Recherche*, n'a su concevoir le champ de l'analyticité que de façon très restrictive, et sa critique de la connaissance devait en payer le prix métaphysique, en se focalisant exclusivement sur la question de la synthèse.

> Non seulement, il [Kant] n'a jamais remarqué combien peu les lois logiques possèdent en toute occasion le caractère de propositions analytiques, dans le sens où lui-même avait fixé leur définition ; mais il n'a pas vu davantage combien l'on gagne peu, pour une élucidation de la fonction de la pensée analytique, à se référer à un principe évident de propositions analytiques[2].

L'ensemble de la conception kantienne des catégories devait se trouver affectée par cette « funeste » erreur, en se voyant asservie au dualisme de l'intuition et du concept, et placée sous l'interdit de toute « extension des concepts de perception et d'intuition au domaine catégorial »[3].

Si Husserl recourt à son tour à la notion de synthèse pour caractériser les actes catégoriaux, c'est donc en un sens très différent de Kant, ne présupposant plus cette opposition de l'intuition et du concept dont une théorie *intentionnaliste* de la connaissance ne peut plus, comme nous allons le voir, s'accommoder. Il faut pourtant reconnaître que, comme chez Kant, c'est bien la question de l'unité et de l'identité de l'objet de connaissance qui commande l'intervention du concept de synthèse dans les *Recherches*. Mais, traitée d'un point de vue phénoménologique, cette question, loin de faire apparaître les fonctions synthétiques du jugement comme uniques garantes de toute identification objective, conduit au contraire à souligner le fossé qui sépare deux modalités d'identification ne pouvant en aucune façon se recouper. Dans la mesure où l'intentionnalité de la conscience la caractérise d'emblée comme rapport à un objet (c'est-à-dire comme une conscience *d'*objet à chaque fois déterminée), la question de l'identification de cet objet ne peut plus se poser de la même façon que si cette

1. Cf. *RL*6, § 62.
2. *RL*6, § 66, p. 243.
3. *Ibid.*, p. 242.

identification requérait nécessairement un acte *spécifique* de la conscience – une synthèse – pour s'accomplir.

Aussi devons-nous bien distinguer entre la réalisation d'une identification et la thématisation explicite de celle-ci, soit entre la saisie perceptive d'un objet identique et la saisie perceptive de l'identité de cet objet elle-même. Cette thèse fondamentale des *Recherches* doit ainsi nous retenir de fonder toute identification sur un *acte* d'identification : « *unité d'identification* – et l'on ne peut éviter de faire cette distinction – *ne signifie pas la même chose qu'unité d'un* ACTE *d'identification* »[1]. L'identification ne prend pas le même sens selon qu'elle vise une identité et la représente pour elle-même ou qu'elle se réalise simplement dans la mise en présence perceptive directe de l'objet. Dans ce dernier cas, précise Husserl, à savoir dans le cas de la perception sensible d'une chose réelle, « une identification est bien réalisée, mais aucune identité n'est visée ». Le déroulement continu du flux perceptif et sa variation intrinsèque ne remet en aucune façon en cause l'identité de l'objet perçu, qui apparaît en chacun des moments de ce processus comme étant « le même ». Toutefois, ce qui s'objective et vient à apparaître dans ce flux, « c'est exclusivement l'objet sensible, jamais son identité avec lui-même ». L'identité de l'objet n'est donc pas moins expérimentée dans la perception simple de l'objet que dans son déploiement thématique à l'occasion d'une perception catégoriale de cette identité en tant que telle, quoique en un sens essentiellement différent.

Or, ce qui oppose ces deux cas de figure, c'est la référence à une dimension de visée qui structure l'identification catégoriale, mais qui est absente de la perception sensible. Cela ne signifie pas que la perception sensible n'est pas animée par des intentions et des actes de visée perceptive – Husserl soutient le contraire – mais simplement que ces visées ne portent à aucun moment sur l'identité en tant que telle, et si elles occupent une place importante dans le déroulement du processus perceptif, elles ne peuvent pour autant jouer aucun rôle dans l'actualisation de cette identité. Inversement, c'est sur cette dimension de visée que repose la possibilité de faire apparaître pour elle-même l'identité de l'objet dans le cas des actes catégoriaux édifiés sur cette perception simple. L'identification catégoriale qu'accomplissent ces actes ne fait nullement apparaître une identité qui appartiendrait à l'objet sensible en tant que tel ou qui lui serait inhérente : en aucun cas l'intuition catégoriale ne nous permet de saisir l'identité pure et simple de l'objet avec lui-même (comme si une telle identité *logique* pouvait en même temps être perceptible), elle ne rend jamais

1. *RL*6, § 47, p. 183.

manifeste que l'identité qu'elle réalise entre l'objet qui était visé et l'objet qui nous est à présent donné dans l'intuition. Il n'y a ici pas d'autre identification possible que celle de l'objet *visé* sur un mode significatif et *donné* à l'intuition, donc l'identité d'un objet dont on attend qu'il réponde à deux modalités différentes de l'intentionnalité (la visée de signification d'un côté, l'intuition remplissante de l'autre) :

> Nous éprouvons intuitivement comment, dans l'intuition, la même objectivité est rendue présente intuitivement alors qu'elle était « simplement pensée » dans l'acte symbolique, et nous éprouvons également qu'elle devient intuitive précisément à titre de chose déterminée de telle et telle manière, telle qu'elle avait été tout d'abord simplement pensée (simplement signifiée)[1].

C'est la raison pour laquelle la notion de synthèse ne s'éclaire dans les *Recherches* qu'à partir de l'idée de remplissement qui vient la requalifier : la synthèse renvoie avant toute autre chose à la possibilité phénoménologique de faire se rencontrer deux modalités intentionnelles de la conscience, dont on doit pourtant constater l'irréductibilité[2]. Husserl y insiste encore un peu plus loin : « l'objet de l'intuition est *le même* que l'objet de la pensée qui se remplit en elle » et il est « intuitionné exactement tel qu'il est pensé (ou, ce qui dans ce cas veut toujours dire la même chose : signifié) »[3]. La fonction remplissante qu'endosse l'intuition lorsqu'elle donne lieu à une « synthèse de remplissement » lui donne ainsi un nouvel éclairage, en la mettant en regard de l'expression de signification qu'elle vérifie, soit en la resituant dans le contexte d'actes de signification auxquels elle a en quelque sorte à répondre.

La plasticité des synthèses de remplissement et l'intuition catégoriale

En repensant la question de la synthèse dans l'horizon de la théorie phénoménologique du remplissement, la sixième *Recherche* renonce définitivement à concevoir la synthèse sur le fondement d'une distinction verticale entre deux choses par principe transcendantes l'une à l'autre, à savoir le concept du côté de l'entendement, et, face à lui, l'objet extérieur (le *Gegen-stand*) donné à l'intuition sensible. Au contraire, l'*Erfüllung*,

1. *RL*6, § 8, p. 47-48.

2. Cette irréductibilité apparaît notamment au § 4 de la sixième *Recherche* : la signification ne peut en aucun cas résider « dans » la perception, et elle dépend nécessairement d' « actes spécifiques d'expression » (*op. cit.*, p. 28).

3. *Ibid.*, p. 50.

comme remplissement intuitif d'une visée signitive, ne décrit plus que le rapport « purement latéral et immanent » d'une modalité de l'intentionnalité à une autre, comme l'a très bien vu J. Benoist[1]. Pour le dire dans les termes de Husserl, le remplissement ne rend compte de rien d'autre que de l'« appartenance mutuelle de deux actes » : l'intention de signification et l'intuition qui lui correspond. Ce qui constitue l'identité phénoménologique de l'objet n'est alors ni la visée intentionnelle de signification, ni l'intuition qui vient la remplir, mais c'est le *rapport* intentionnel de l'une à l'autre, et la « forme d'unité phénoménologique originale » qui se dégage avec cette conscience de remplissement[2]. Aussi l'objet, que la théorie phénoménologique de la vérité comme adéquation redéfinira, au terme de la première section de la sixième *Recherche*, comme « objet vrai », n'est-il rien en lui-même, si ce n'est le point de coïncidence ou de recouvrement de ces deux modalités de l'*intentio*, et il n'apparaît que dans la mesure où il est donné *adéquatement*, c'est-à-dire exactement *ainsi* qu'il est visé[3]. Les synthèses de remplissement n'ont donc pas tant à accorder l'objet avec les représentations que nous en avons, qu'à assumer la possibilité d'une coïncidence latérale entre la signification (la visée) et l'intuition (le remplissement), offrant une plasticité inédite à la connaissance.

Il faut en effet rappeler que le remplissement, c'est là une des thèses fondamentales de la sixième *Recherche*, doit en même temps permettre de préserver l'écart entre les modalités de l'intentionnalité dont il met en scène le recoupement. L'intuition n'a pas à recouvrir parfaitement la signification, comme si l'adéquation exigeait que l'une puisse devenir une sorte de décalque de l'autre, ou venir se fondre en elle[4]. Husserl montre au

1. *Cf.* sur cette question la mise au point décisive qu'il établit au chap. V (« La vérité ») d'*Entre acte et sens* (*op. cit.*, p. 200-201).

2. *RL*6, § 8, p. 47-48, pour ces deux citations.

3. Cf. *RL*6 § 37, où la vérité de la connaissance est définie comme suit : « Là où l'intention de représentation s'est procuré un dernier remplissement au moyen de cette perception idéale parfaite, se trouve réalisée la véritable *adequatio rei et intellectus* : l'*objet est* véritablement présent *ou* donné *exactement tel qu'il est visé* » (*op. cit.*, p. 146 [647]).

4. *Cf.* le texte de J. Benoist qui vient d'être cité : abandonnant le lexique de l'*Übereinstimmung*, notion tant critiquée par Brentano, pour lui préférer celui de l'*Adäquation*, Husserl refuse résolument de concevoir cette adéquation sur le modèle d'une « simple coïncidence » ou d'un « recouvrement » (*bloßen Deckung*) entre la visée signitive et ce qui lui donne son remplissement intuitif. En aucun cas il ne s'agit de retomber dans un type de conception de la vérité présupposant, comme Frege le dénoncera plus tard, la possibilité d'un accord entre deux « choses » de même nature : « un accord ne peut être total que si les choses en accord coïncident, donc ne sont pas de nature différente. On doit pouvoir prouver l'authenticité d'un billet de banque en l'appliquant par recouvrement (*Deckung*) sur un billet authentique »

contraire que la connaissance se réalise sous la forme de synthèses de remplissement *y compris* dans les cas de situations conflictuelles à l'occasion desquelles nous nous heurtons à l'impossibilité d'un recouvrement intégral de la signification par l'intuition. Que l'intuition et la signification puissent ne pas coincider et qu'elles échouent à se recouvrir parfaitement ne constitue nullement, aux yeux de Husserl, un obstacle à sa théorie de l'*Erfüllung*. Loin de compromettre la possibilité du remplissement, l'absence de coincidence entre les intentions et le remplissement qu'elles peuvent obtenir de l'intuition est en quelque sorte *de règle* au sein de la vie intentionnelle : la notion même de remplissement ne peut faire sens que sur fond d'un certain écart entre une visée et l'intuition qui la remplit, sans quoi elle perdrait toute légitimité descriptive. Le remplissement ne présuppose pas moins que ce qui semble être son contraire, à savoir la déception d'une intention, une distance le séparant de la visée qu'il a à charge de venir combler. C'est la raison pour laquelle, afin de comprendre de la façon la plus claire ce que Husserl entend par « synthèse de remplissement », il faut se placer précisément non pas dans la situation où le remplissement d'une intention peut avoir lieu sans poser de problème, mais au contraire dans le cas, examiné par l'auteur au § 11 de la sixième *Recherche*, où la visée *échoue* à atteindre l'objet qu'elle vise pourtant bel et bien, comme cela arrive lorsque ce qui se donne dans l'intuition vient décevoir l'intention de signification. Pensons par exemple au cas où mon intention vise un A vert tandis que l'intuition sensible me donne un A rouge. Dans un tel cas, où l'on a affaire à un conflit (*Widerstreit*) entre signification et intuition, où l'une et l'autre ne peuvent en aucun cas fusionner puisqu'elles se contredisent ouvertement, Husserl maintient pourtant que l'on a bien encore affaire à une synthèse de connaissance. Non plus toutefois à une synthèse d'identification, mais à une « synthèse de distinction » (laquelle n'est pas moins une synthèse que la première) : ce que nous expérimentons ici sous la forme du conflit ou de la déception, c'est l'inadéquation ou l'incompatibilité de certaines intentions par opposition à d'autres intentions partielles qui, elles, se remplissent (ce qui est ici le cas de l'intention partielle « visée de A », qui trouve une confirmation dans l'intuition). Notons dès à présent que cette expérience du conflit ou ce vécu « déceptif » ne peut avoir lieu que sur fond d'un remplissement qu'elle présuppose toujours : l'expérience perceptive semble être *à chaque fois* remplissante, même si elle ne remplit pas forcément les intentions

(« Der Gedanke », *Logische Untersuchungen*, Göttingen, éd. Vandenhoeck – Reilhe, 1976, p. 32 ; trad. fr. C. Imbert, *Écrits logiques et philosophiques*, *op. cit.*, p. 172).

précises qui étaient les nôtres. Le remplissement est en quelque sorte une condition de l'expérience phénoménologique, il fait figure de réquisit logique de la description des phénomènes. Quoiqu'il en soit, l'analyse de Husserl montre donc qu'il y a ici, aussi bien que dans l'identification pure et simple, place pour une synthèse donnant lieu à une connaissance :

> L'intuition ne « concorde » pas avec l'intention de signification, elle est en conflit avec elle. Un conflit « sépare », mais le vécu du conflit met en relation et pose une unité, il est une forme de la synthèse. Si la synthèse précédente était du genre de l'identification, celle-ci est du genre de la distinction[1].

On ne peut qu'être frappé, à la lecture de ces lignes, par la présentation que donne ici Husserl de la synthèse comme d'un vécu de *mise en relation* de l'intuitif et du signitif, plutôt que comme une forme d'unification ou d'homogénéisation de ces deux modalités intentionnelles de rapport à l'objet. Il n'est nullement question de présupposer la possibilité de leur coïncidence parfaite, mais seulement d'organiser leur confrontation ou de mettre en scène leur rencontre. C'est la raison pour laquelle cette mise en relation est première par rapport à l'« unité » qu'elle ne manque pourtant pas de produire (ou du moins de « poser »), y compris dans le cas du « vécu de conflit » qui intéresse ici Husserl. On doit en conclure que la synthèse ne rassemble pas nécessairement, mais que, de façon beaucoup plus essentielle, elle consiste à *mettre face à face* ou à faire se rencontrer différents modes de rapport à l'objet.

Abordé dans la sixième *Recherche* avant que la question de la catégorialité ne se pose, ce point aura toutefois une incidence décisive sur l'élargissement de l'intuition auquel parviendra Husserl dans la deuxième section de ce texte. Car en effet, le caractère « excédentaire » des formes de signification autour desquelles s'articule la visée signitive et auxquelles rien de réel ne peut correspondre dans l'intuition sensible n'est plus un obstacle à l'accomplissement d'une connaissance leur accordant, à un niveau qui leur est propre (un niveau non-sensible, et spécifiquement catégorial), un remplissement. La « plasticité » des synthèses de remplissement légitime Husserl à les appliquer au cas des énoncés complets, éléments catégorématiques y compris, et à conjuguer deux thèses qui semblent pourtant difficiles à tenir ensemble :

a. Husserl soutient d'une part la thèse selon laquelle une visée propositionnelle complexe, autrement dit une visée exprimée dans un énoncé

1. *RL*6, § 11, p. 58.

complet (non pas un simple nom propre visant un « objet simple » mais un énoncé articulé, possédant une complexité d'ordre syntaxique, et auquel correspond lorsqu'il est vrai un état-de-choses), doit pouvoir être portée à la plénitude dans le remplissement intuitif de sorte à produire l'évidence de la connaissance. Ce point suppose que tous les moments de signification puissent trouver vérification dans notre rapport intuitif au réel.

b. Mais cette première thèse doit toujours être mise en tension avec la thèse de l'« excédentarité » de la signification, permettant à Husserl d'enregistrer l'écart irréductible qui l'oppose à l'intuition[1]. Cette seconde thèse signifie le rejet d'un isomorphisme structural entre la proposition et le réel du type de celui défendu par le *Tractatus Logico-Philosophicus* de Wittgenstein, et l'abandon des théories traitant l'expression comme « une réplique, une sorte d'image de la perception »[2]. Les catégories ne sont rien de perceptible *dans* ou *à même* l'objet[3], elles ne sont que des *formes* de la pensée et non des « *moments réels* » de l'objet perceptibles dans un simple voir[4] : « je puis voir la couleur, non ce qu'est l'*être*-coloré. Je puis sentir le poli, non ce qu'est l'*être*-poli… »[5].

Ainsi, pour reprendre l'exemple célèbre donné par Husserl au début de la seconde section de la sixième *Recherche*, lorsque je dis « je vois du papier blanc », on n'a pas seulement affaire à une série de remplissements des intentions partielles – telles que la couleur blanche, le papier, etc. – qui fusionneraient en une seule perception, mais à un remplissement portant sur la proposition dans son ensemble. Ce qui nous est alors donné, c'est précisément ce qui était visé en elle, et visé à travers certaines formes de signification soutenant l'organisation syntaxique de l'énoncé : non seulement tel papier ou telle blancheur déterminée, mais l'« être-blanc de ce papier », lequel n'est en aucune façon un moment réel de la chose perçue. La description phénoménologique ne peut pourtant faire l'éco-

1. Cf. *RL6*, § 40, p. 162 : « Le papier est connu comme blanc, ou bien plutôt, comme du papier blanc quand, exprimant notre perception, nous disons : *du papier blanc*. L'intention de l'adjectif *blanc* ne coïncide que partiellement avec le moment couleur de l'objet qui apparaît, il reste un excédent de signification, une forme qui ne trouve, dans le phénomène lui-même, rien qui l'y confirme ».

2. *Ibid.*, p. 161.

3. Husserl le souligne avec insistance à l'occasion de son analyse fameuse de l'être de l'objet, qui « n'est lui-même rien dans l'objet, ni une de ses parties, ni un moment qui lui soit inhérent » (*ibid.*, § 43, p. 169).

4. *RL6*, § 48, p. 189-190.

5. *RL6*, § 43, p. 169.

nomie de cette forme catégoriale appartenant non plus à l'objet, mais à l'état-de-choses perçu lorsque nous voyons avec évidence « *que ce papier est blanc* ». Avec l'intuition catégoriale, ce sont les formes mêmes de la signification présentes dans l'énoncé, et exprimées dans la subordonnée sur laquelle porte le « voir que », qui se trouvent validées ou vérifiées par notre rapport intuitif au réel.

Les synthèses du sens

L'élargissement de l'intuition au domaine catégorial fait jouer un renversement des rapports dissymétriques entre signification et intuition, accordant l*a priori*té à la première par rapport à la seconde. Ce n'est pas l'organisation matérielle du donné sensible qui sert de support à l'intuition catégoriale, mais c'est bel et bien la structure syntaxique de la proposition ou les « formes de signification » au moyen desquelles s'accomplit la visée de l'objet. L'intuition catégoriale est pour ainsi dire guidée par la modalité signitive de l'intentionnalité, dont Husserl a démontré l'autonomie dans la première *Recherche*, et qui se trouve ici confirmée par l' « excès » de la signification sur l'intuition. S'il y a nécessairement *fondation* des actes catégoriaux sur les actes sensibles, celle-ci n'implique pas pour autant qu'il y ait continuité entre l'organisation sensible de l'objet empirique donné à l'intuition et les synthèses catégoriales qui s'édifient sur elle :

> Jamais la simple sensibilité ne peut fournir un remplissement à des intentions catégoriales ; le remplissement réside au contraire toujours dans une sensibilité informée par des actes catégoriaux [1].

Les synthèses catégoriales doivent donc pouvoir intervenir en amont de l'intuition, puisque leur terrain légitime d'application n'est autre que celui des « formes de signification », et des contraintes qui pèsent, au niveau de l'intention de signification, sur la production du *sens* (c'est-à-dire sur la possibilité, pour une telle intention, de se définir comme visée *d'objet*). Nous devons donc comprendre ces synthèses comme des actes dont la fonction ne consiste plus à rapporter un concept à du donné intuitif et à assurer ainsi l'unification de deux choses hétérogènes l'une à l'autre, mais comme des synthèses intervenant au seul niveau du sens ou de la signification, et se tenant en retrait par rapport à l'intuitivité : de telles synthèses définissent des formes objectives possibles pour le donné *sans avoir à sortir du concept* et à passer par l'intuition pour donner une légitimité aux

1. *RL*6, introduction, p. 16.

formes sur lesquelles elles opèrent. Husserl utilisera une formule frappante, à la toute fin des *Recherches Logiques*, pour caractériser cette forme très particulière de synthèse opérée sur la signification en tant que telle et au seul niveau de la *visée* signitive : il s'agit de « synthèses simplement présumées » (*bloß vermeinten Synthesen*) [1], qui reposent intégralement sur cette dimension de visée (*meinen*) et ne font intervenir à aucun moment l'effectuation d'un remplissement intuitif ; elles correspondent en quelque sorte davantage à une visée de synthèse qu'à une synthèse réellement ou effectivement accomplie. Dire cela, c'est admettre que la thèse de l'intuition catégoriale engage la possibilité de « synthèses purement conceptuelles » [2], c'est-à-dire des synthèses qui ne requièrent plus l'extériorité au concept pour se réaliser. On aurait donc ici affaire à une forme de synthèse placée sous la contrainte de la signification et qui doit rendre compte du jeu strictement immanent des significations entre elles, suffisant à garantir une production autonome de sens.

Or, ce qui, dans l'architecture des *Recherches Logiques*, rend pensable ce type de synthèses, c'est la découverte d'une nouvelle forme d'aprioricité à travers l'idée de « grammaire pure logique ». L'acquis fondamental de la quatrième *Recherche* est d'avoir mis au jour l'*a priori* propre aux lois grammaticales pures qu'il faut situer, dans le dispositif théorique des *Recherches Logiques*, entre les lois analytiques pures de la logique formelle et les lois synthétiques qui commandent la structuration matérielle *a priori* de l'objet. C'est en effet, selon Husserl, « un des faits les plus fondamentaux du domaine de la signification [...] *que les significations sont soumises à des lois a priori qui régissent leur combinaison en de nouvelles significations* » [3]. La thèse audacieuse défendue ici par Husserl soutient que les conditions de production du sens dépendent en premier lieu de la grammaire comme « armature logique de toute langue » [4], ce qui l'amène à isoler le niveau syntaxique de constitution du sens par rapport à

1. *RL6*, § 64, p. 237 [727].

2. L'expression est de J. Benoist ; voir le chap. V de *L'a priori conceptuel. Bolzano, Husserl, Schlick*, Paris, Vrin, 1999.

3. *RL4*, § 10, p. 110.

4. *Ibid.*, § 14, p. 134 : « La morphologie pure des significations se délimite comme une sphère qui, considérée en elle-même, est primordiale et fondamentale ; c'est la théorie des catégories de signification pures, et des lois de la combinaison et modification fondées *a priori* en elles. Elle met à nu l'armature idéale que toute langue existant effectivement, obéissant en partie à des motifs humains universels, en partie à des motifs empiriques variant accidentellement, remplit et revêt de matériaux empiriques, selon des modes différents, d'une manière qui lui est propre » (nous citons ici le texte de la 1ère édition).

la question de la référence objective. Il accorde de cette façon une autonomie très forte au domaine du sens linguistique, dans la mesure où l'on n'a plus besoin de se situer à l'extérieur du domaine des significations pour s'assurer de la validité formelle des formations grammaticales énoncées dans notre discours. C'est sur l'articulation « grammaticale » des catégories (en tant que « catégories de la signification »), c'est-à-dire sur le seul niveau de leur fonction syntaxique dans la structure de la proposition, que repose le sens de nos concepts et la possibilité la plus primitive de leur remplissement.

Le sens de la visée est strictement dépendant du jeu des significations à l'intérieur de l'énoncé qui donne leur matière (nominale ou adjective, par exemple) aux éléments de la proposition, et qui va ainsi permettre d'engendrer de nouveaux concepts en restant sur le plan de la structure logique du langage : les seules lois qui entrent ici en ligne de compte sont ces « lois *a priori* selon lesquelles des significations, tout en conservant un noyau essentiel, doivent se transformer de diverses manières en de nouvelles significations »[1] (lois qui sont comparables aux transformations de formules arithmétiques). Les concepts et les formes (en tant que « formes de signification ») n'ont plus pour seul horizon de légitimation la sphère de l'intuitivité puisque leur agencement dans une visée propositionnelle relève de lois de validité purement formelles et indépendantes de tout rapport à une matière déterminée par l'intuition. Si les conditions de production du sens de la visée signitive reposent sur les lois « grammaticales » immanentes à la structuration syntaxique de notre langue, on comprend alors que certains « éléments » de la pensée – les formes catégoriales – puissent participer activement au processus de connaissance alors même qu'ils ne sont rien de perceptible *dans* l'objet intuitionné.

Or, ces lois grammaticales de variation et de transformation des formes catégoriales vont être appelées à jouer un rôle important à la toute fin des *Recherches Logiques*, au moment où Husserl s'interroge sur la possibilité de faire jouer entre elles les formes catégoriales sans sortir du domaine de la pensée, c'est-à-dire sans avoir besoin d'aller chercher *dans l'intuition* les lois devant prescrire ses limites à cet usage de la pensée catégoriale. Le § 63 de la sixième *Recherche* va ainsi creuser l'écart entre la pensée catégoriale et l'intuitivité en assignant une fonction primordiale à ce que Husserl appelle la « pensée au sens d'une simple signification ». Il s'agit d'envisager une légalité apriorique qui doit rendre compte des possibilités de construction et de dérivation des formes catégoriales indépendamment

1. *Ibid.*, § 11, p. 118.

de la possibilité d'une intuition catégoriale qui leur corresponde, c'est-à-dire avant que ne se pose la question de leur remplissement. Husserl développe ainsi, dans ce paragraphe, l'idée selon laquelle « toute signification peut être pensée comme réalisée sans intuition corrélative », en déroulant de cette façon jusqu'au bout ce qui aura servi de fil conducteur à cette sixième *Recherche*, à savoir la thèse selon laquelle « le domaine de la signification est beaucoup plus vaste que celui de l'intuition », que nous retrouvons ici au terme de ce parcours [1].

Il s'agit donc de lois catégoriales correspondant à l'exercice d'une pensée purement signitive, trouvant ses ressources sur le seul terrain de la signification, d'une « pensée au sens impropre ». Nous disposons toujours d'une grande latitude par rapport aux formes catégoriales, de sorte qu'il nous est possible de les combiner entre elles sans sortir de l'ordre de la pensée, et de produire ainsi des formations qui n'ont en tant que telles aucune prétention à l'objectivité, mais restent pour le moins *pensables*, offrant ce faisant à la pensée un terrain d'exercice privilégié. Partant de l'intuition catégoriale d'un tout donné – intuition fondée sur l'intuition simple d'un objet sensible déterminé – je peux faire varier les rapports entre formes catégoriales en me retirant pour ainsi dire du champ de l'intuitivité (c'est-à-dire, pour être plus précis, en mettant entre parenthèses l'exigence de trouver un correspondant intuitionnable aux formes nouvelles pouvant être ainsi obtenues) : je peux, par exemple, envisager un tout strictement identique à sa partie, ce qui reste une possibilité limite pour l'intuition catégoriale, mais je peux aussi bien penser, sur un mode simplement signitif, un tout qui serait la partie de sa propre partie [2]. Bien qu'une telle « pensée » ne puisse évidemment pas avoir de correspondant objectif dans aucune intuition possible, elle reste une pensée dans la mesure où elle n'est pas un simple non-sens (*Unsinn*), et se déploie dans les limites du sens. Il est donc tout à fait clair que les lois qui permettent à la pensée signitive de s'élever en complexifiant toujours davantage les formes catégoriales au moyen desquelles elle se réalise, sont strictement parallèles à celles qui permettaient de départager le sens du non-sens et qui offraient à la langue son « armature logique » dans la quatrième *Recherche*, à telle enseigne que Husserl leur donnera au § 59 le titre de lois de la « *morphologie pure des intuitions possibles* » (en référence à la « morpho-

1. *RL* 6, § 63, p. 230.

2. *Cf.* J. Benoist, « Husserl, Wittgenstein et l'impossibilité d'une pensée illogique », dans D. Fisette, S. Lapointe (éd.), *Aux origines de la phénoménologie*, Québec / Paris, Presses de l'Université Laval / Vrin, 2003, p. 244.

logie pure des significations » à laquelle elles correspondent). Les contraintes qui pèsent sur les actes catégoriaux relevant de cette pensée au sens impropre sont précisément les mêmes que celles qui régissent la grammaire pure logique, et dont les premières ne sont jamais que « la contrepartie intuitive »[1] :

> Dans la formation et la transformation catégoriales au sens impropre, nous sommes libres, pourvu que nous n'assemblions pas les significations d'une manière absurde [*unsinnig*][2].

Husserl établit ainsi la possibilité d'actes catégoriaux dont les lois aprioriques ne dépendent pas des matériaux intuitionnés ou de quelque référence que ce soit au domaine extra-linguistique de l'intuitivité, mais sont strictement parallèles aux conditions du sens. Nous nous situons ici au niveau d'une pensée radicalement déchargée de toute portée ontologique, et qui manifeste l'écart de principe entre la pensée et l'être que permet de poser, dans les *Recherches Logiques*, la distinction phénoménologique des actes signitifs et intuitifs.

Si nous faisons à présent entrer en ligne de compte la question de la possibilité, pour de tels actes catégoriaux, d'obtenir de l'intuition un remplissement, nous en arrivons alors aux lois de la pensée « au sens propre » (et non plus au sens « impropre »), c'est-à-dire aux restrictions qui encadrent *a priori* la possibilité qu'un objet corresponde à cette pensée, dont les formes catégoriales doivent maintenant pouvoir trouver un remplissement dans une intuition spécifique, catégoriale. Il s'agit de comprendre dans quelle mesure la *liberté* qu'exerce la pensée sur le terrain de la seule signification (ou plutôt de la simple – *bloße* – signification) se trouve préservée, en dépit des restrictions que lui impose l'exigence d'objectivité à laquelle elle doit ici se soumettre ; il s'agit donc, en d'autres termes, de prendre la mesure du degré d'autonomie dont peut jouir la pensée catégoriale, non plus lorsqu'elle a renoncé à trouver dans la « plénitude de l'intuition » cette « réalité » qui fait encore défaut aux significations complexes qu'elle engendre[3], mais *sur le terrain même de l'intuition* et de l'objectivité à laquelle prétendent ces formations catégoriales.

Car en effet, dans la mesure où elle se constitue d'abord dans des intentions signitives dont nous avons souligné l'autonomie à l'égard des lois matérielles pesant *a priori* sur l'intuitivité, la pensée reste libre de faire

1. *RL6.*, § 59, p. 219.
2. *Ibid.*, § 63, p. 232-233 [723].
3. *Ibid.*, p. 230.

varier jusqu'à un certain point les catégories à l'aide desquelles elle détermine l'«en tant que» de l'objectité, la façon particulière selon laquelle l'objet est visé[1]. Or, cette liberté est, encore une fois, gagée sur l'écart irréductible qu'il est possible d'établir entre les formes appartenant à l'intuition sensible, et celles qui relèvent en propre d'une intuition catégoriale. Ainsi, s'il est, comme nous l'avons vu, absurde d'imaginer que la pensée catégoriale puisse altérer en quelque façon que ce soit l'objet auquel elle se rapporte, elle peut toutefois faire apparaître les « relations externes » qui définissent la « forme sensible » de l'objet perçu en tant que telles, et les prendre comme supports d'une information ou d'une mise en forme catégoriale[2]. C'est ce qui a lieu, par exemple, lorsque nous établissons une collection à partir de contenus divers donnés ensemble dans un tout sensible :

> Tandis que [...] la conscience, et spécialement l'intuition simple des contenus réels, est *eo ipso* conscience de leurs connexions ou formes réelles, il en va tout différemment des formes catégoriales. Avec les contenus réels, aucune des formes catégoriales qui peuvent leur être appliquées n'est donnée nécessairement ; il y a ici, dans la connexion et la mise en relation, dans la généralisation et la subsomption, etc., une grande liberté. Nous pouvons décomposer à notre gré, et de multiples manières, un groupe formant une unité sensible en groupes partiels ; nous pouvons à notre gré ordonner et relier les uns aux autres, horizontalement, ces groupes partiels susceptibles de différenciations multiples, ou bien superposer hiérarchiquement des collections du deuxième, troisième... degré[3].

Nous exerçons alors la «liberté» (*Freiheit*) de notre pensée en combinant les formes de signification, sans avoir pour cela nécessairement besoin de quelque chose qui leur corresponde *réellement* dans l'objet donné à l'intuition sensible : aucune forme catégoriale n'est donnée de toute nécessité avec les «contenus réels» de l'intuition simple, dans la mesure où, comme le précise Husserl un peu plus loin dans ce même

1. Ainsi, dans l'exemple que nous avons repris à Husserl, le papier est-il visé *en tant que blanc*, ou « comme du papier blanc » (*RL*6, § 40, p. 162).

2. Cf. *RL*6, § 48, p. 190 : « Dans la formation des relations externes, la forme sensible peut servir de fondement à la constitution d'une forme catégoriale qui lui corresponde, comme quand nous appréhendons ou, éventuellement, exprimons par les formes synthétiques *A est contigu à B* ou *B est contigu à A* la contigüité sensible des contenus *A* et *B*, qui est donnée dans l'intuition d'un tout englobant *G* ».

3. *Ibid.*, § 62, p. 225.

paragraphe, « les formes catégoriales ne sont précisément pas fondées dans les contenus matériels » [1], mais dans les actes du signifier.

Cette dernière remarque est particulièrement importante, car elle permet de comprendre le « double jeu » que joue en quelque sorte l'intuition catégoriale, à laquelle l'exigence phénoménologique d'une fondation sur la sensibilité permet d'avoir un pied du côté de l'intuition, tandis que l'autre se situe résolument du côté de la signification et des lois grammaticales *a priori* qui régissent les transformations possibles de formes catégoriales. Une fois de plus, il est essentiel de bien saisir le sens de cette théorie phénoménologique de la *Fundierung* qui ne prétend en aucune façon *expliquer* le catégorial par le sensible en en retraçant la genèse : la fondation n'est pas une fondation des *objets* (catégoriaux sur les objets sensibles), mais une fondation des *actes* (catégoriaux sur les actes sensibles). Ce point est décisif, dans la mesure où il fait définitivement pencher la balance en faveur de la signification dans l'équilibre entre la dimension signitive de la visée intentionnelle et la dimension intuitive du remplissement, qui sous-tend toute connaissance perceptive catégoriale. C'est très précisément ce qu'entendait Husserl au tout début de cette seconde section en soutenant qu'il n'y a pas de « parallélisme entre les intentions de signification des expressions et les simples perceptions qui leur correspondent, mais entre les intentions de signification et ces *actes fondés dans des perceptions* » [2].

Il doit donc être maintenant tout à fait clair que les lois de l'*a priori* synthétique-matériel de la troisième *Recherche* ne pourront pas prétendre définir le type de légalité ayant à charge de tracer les limites de variations des formes catégoriales pouvant légitimement prétendre à un remplissement, puisque ces dernières ne concernent que la pensabilité de certaines relations formelles ne pouvant trouver aucun correspondant *matériel* dans l'objet perçu (bien qu'elles se fondent toujours, en dernier ressort, sur le sensible). Les lois pures de la pensée proprement dite n'ont rien de lois *matérielles* devant régler les possibilités de correspondance entre tels matériaux sensibles donnés et telles formes catégoriales :

> Ces lois pures ne peuvent pas prescrire quelle forme un *matériau donné* peut adopter ; mais seulement enseigner que lorsque ce matériau et un matériau quelconque en général, a adopté ou est susceptible d'adopter une certaine forme, une sphère nettement circonscrite d'autres formes se trouve à notre disposition pour ce même matériau, ou encore *qu'il y a une sphère*

1. *Ibid.*, p. 228 ; voir aussi p. 211.
2. *Ibid.*, § 40, p. 163.

> *idéalement fermée de transformations possibles de chaque forme en formes toujours nouvelles*[1].

Ainsi, si l'exigence d'objectivité ou de remplissement intuitif vient limiter la liberté catégoriale d'une pensée purement signitive (d'une pensée au sens impropre), elle ne fait intervenir l'intuitivité que comme une limite purement formelle, ou du moins formalisable, imposée *de l'extérieur* aux formes de signification. Certes, ce matériau a une teneur déterminée qui n'appartient qu'à lui et que la pensée catégoriale doit accepter comme telle : tel est le donné qui lui est imposé et auquel elle doit se plier. Mais cette teneur *matérielle* particulière n'a aucune incidence, une fois donnée, sur les *variations possibles* de formes catégoriales qui peuvent lui être appliquées : l'identité du matériau (*Stoff*) ne joue ici un rôle que dans la mesure où la loi de fondation des actes catégoriaux sur les actes sensibles implique que quelque chose soit d'abord et à chaque fois *donné* dans l'intuition simple, et en toute rigueur, cette identité du matériau peut bien être parfaitement « quelconque ». Ainsi que l'affirme Husserl, « le matériau n'entre ici en ligne de compte que pour autant qu'il doit être maintenu intentionnellement en identité avec lui-même »[2]. Ce donné sensible n'intervient jamais qu'au titre de réquisit ou de condition nécessaire, mais tout à fait inessentielle au déploiement de la pensée catégoriale, dans la mesure où, aussi déterminé soit-il, ce matériau est en fin de compte « arbitraire » (*beliebig*) :

> Les *lois idéales* [de la pensée proprement dite] relèvent des formes catégoriales *in specie* [...]. Elles déterminent *quelles variations de formes catégoriales prédonnées quelconques sont possibles sur la base de l'identité d'une matière déterminée mais arbitraire (beliebigen)*[3].

De telles lois ne peuvent attendre aucun secours de l'intuition, réduite, en dépit de son caractère d'acte fondateur, au statut de condition formelle de la possibilité des actes catégoriaux édifiés sur elle. C'est la raison pour laquelle ces « lois purement catégoriales », devant limiter la possibilité que telles ou telles formes de signification puissent obtenir de l'intuition un remplissement et donner ainsi lieu à une connaissance objective, ne sont nullement des lois matérielles ou synthétiques, dépendant du donné intuitif en tant que tel, mais des « lois analytiques de la pensée proprement dite » – et Husserl ne manque pas de souligner à nouveau, à cette occasion,

1. *RL*6, § 62, p. 228-229.
2. *Ibid.*, p. 227.
3. *Ibid.*, [718].

l'importance que joue le processus syntaxique de la « formalisation » dans la connaissance :

> Les lois [catégoriales de la pensée proprement dite] ont le caractère de lois entièrement *pures* et *analytiques*, elles sont *pleinement indépendantes de la particularité des matériaux.* Aussi leur expression générale ne contient-elle pas trace d'espèces matérielles, elle n'utilise bien plutôt que des *symboles algébriques* comme supports de représentations générales indéterminées de certains matériaux en général, du reste quelconques, avec la seule condition de demeurer identiques à eux-mêmes [1].

La doctrine de l'intuition catégoriale prend très exactement la mesure du fait que les synthèses catégoriales *n'ont plus besoin d'accorder le concept avec l'intuitivité* : la synthèse n'a plus pour fonction de conduire la pensée hors de ses concepts pour aller chercher dans l'intuition la matière qui leur faisait défaut [2]. Husserl peut ainsi maintenir jusqu'au terme des *Recherches Logiques* cette distinction fondamentale qu'il avait fermement établie dans la seconde *Recherche*, entre les fonctions intellectuelles appartenant en propre à la pensée, et celles qui relèvent de l'intuition [3]. Loin de légitimer un passage du sensible au catégorial, l'intuition catégoriale ne fait en définitive que souligner la rupture et l'écart qui les sépare : les formes catégoriales sont des formes *appartenant à la pensée en tant que telle* et calquées sur le type de formalité propre à la signification, et elles le restent y compris là où elles peuvent prétendre à l'objectivité ou à la plénitude que peut leur offrir un remplissement intuitif, c'est-à-dire au niveau d'une intuition catégoriale possible.

L'analyticité des lois catégoriales

L'une des lignes de force de cette conception, devant permettre à la phénoménologie des *Recherches Logiques* d'échapper aux erreurs du kantisme, consiste d'abord dans cette idée selon laquelle les synthèses

1. *Ibid.*

2. Une thèse similaire est défendue dans un cadre différent par J.-Ph. Narboux dans son article « Non-sens, contresens et contre-exemple » (dans S. Laugier et J. Benoist (éd.), *Husserl et Wittgenstein, de la description de l'expérience à la phénoménologie linguistique*, Hildesheim, Olms, 2004) : l'auteur y montre notamment à quel point les lois de formation des significations pures sont solidaires de l'intuition catégoriale et jouent un rôle absolument déterminant dans la délimitation des possibilités du voir.

3. Cf. *RL*2, § 24, p. 197, où Husserl déclarait : « Intuitionner n'est justement pas penser », et nous devons « qualifier d'interprétation radicalement erronée de cet état-de-chose celle qui entend concevoir les actes d'intuition [...] comme la fonction intellectuelle proprement dite ».

d'actes catégoriales (les *Akt-Synthesis*) sont elles-mêmes soumises à des lois qui sont pour leur part *analytiques*. On n'a sans doute pas suffisamment relevé à quel point ces derniers paragraphes de la seconde section de la sixième *Recherche* mettaient à mal la représentation classique d'une correspondance, qui semblait jusque là évidente, entre l'activité de synthèse proprement dite, et le caractère synthétique des lois sur lesquelles se fonde la connaissance objective. Nous soulignions à la fin du chapitre précédent l'opposition structurante pour la phénoménologie des *Recherches* entre deux formes d'*aprioricité* que Husserl convoque tour à tour, et qui encadrent l'apparition de tout phénomène : *a priori* analytique-formel d'un côté, *a priori* synthétique-matériel de l'autre. Il apparaît maintenant de façon beaucoup plus claire en quoi la radicalité de cette distinction cardinale entre deux types de légalité qui, par leur opposition, définissent le cadre de la vie de la conscience, vient complètement déstabiliser le schéma kantien de la synthèse et le dispositif d'ensemble de sa théorie de la connaissance. Si la *Critique de la raison pure* avait contribué à redéfinir le partage un peu rapide de l'analytique *a priori* et du synthétique *a posteriori*, l'analyse phénoménologique des rapports entre formes sensibles et formes catégoriales nous engage à franchir une étape supplémentaire dans la remise en cause de ces découpages.

En effet, le « concept authentiquement phénoménologique de l'*a priori* »[1] qui avait « manqué » à Kant, aura eu en fin de compte pour résultat essentiel de faire apparaître cette dichotomie, opposant du « synthétique sans synthèse » d'un côté (l'*a priori* matériel, qui ne fait intervenir aucun acte synthétique au sens fort, mais seulement une « fusion » des contenus sensibles), et, une sorte de « synthèse sans synthétique » de l'autre (les synthèses d'actes catégoriales, reposant quant à elles sur les « lois analytiques » de la pensée proprement dite). C'est la raison pour laquelle, comme nous l'avons déjà indiqué un peu plus haut, la grande erreur de Kant aura consisté à partir d'une conception trop étroite et limitée de l'analyticité et du « domaine purement logique », ce qui l'a à la fois empêché de concevoir le pouvoir autonome de formalisation de la pensée catégoriale comme un pouvoir *productif*, se traduisant par un élargissement du champ des connaissances possibles, et lui a constamment barré la voie d'un élargissement de l'intuition et de la perception au domaine catégorial. En conséquence, c'était chez Kant à la synthèse (ou à la fonction synthétique du « je pense ») qu'il revenait d'établir ce dont une telle *Erweiterung* l'aurait dispensé, à savoir la possibilité d'*appliquer* les

1. *RL*6, § 66, p. 243.

catégories aux objets de l'intuition. Une telle conception du rôle des synthèses dans la connaissance a été passée par pertes et profits à l'occasion de cette redéfinition des rapports entre l'analytique et le synthétique et des types d'*a priori* qui leur correspondent : le kantisme est ainsi renversé dans la mesure où les catégories ne sont plus l'outil par excellence de la synthèse du sensible, et où elles assument au contraire un statut strictement formel en étant soumises à des lois analytiques, là où l'*a priori* matériel se passe purement et simplement de toute participation « active » de la conscience à la synthèse.

Ce renversement, qui définit un trait fondamental de la phénoménologie des *Recherches Logiques*, mérite d'être souligné. En reprenant, dans la troisième *Recherche*, une définition de l'analyticité qu'il emprunte à la *Wissenschaftslehre*, Husserl ne se contente pas de jouer Bolzano contre Kant, et de suivre le premier dans la voie d'un « objectivisme sémantique »[1]. Ce qui caractérise bien plutôt sa démarche, c'est sa façon originale de trouver, dans la conception bolzanienne de l'analytique-formel, les ressources pour poser *à nouveaux frais* une question proprement *kantienne*, à savoir la question de la « prise » que les catégories peuvent avoir sur le réel sensible, leur façon de « mordre » sur le monde ou d'ouvrir de nouvelles possibilités pour l'intuition remplissante et la connaissance. La doctrine de l'intuition catégoriale n'a, en un sens, pas de plus grand objectif que celui de montrer en quoi des lois catégoriales « entièrement *pures* et *analytiques* » jouent un rôle décisif dans le processus même de la connaissance perceptive, et contribuent à « informer » la sensibilité au moyen des actes catégoriaux qu'elles rendent possibles. Le catégorial devait donc être repensé sur la base de cet élargissement de l'intuition comme une modalité d'accès à l'objet à part entière, qui exerce une prise déterminée sur le monde sans pour autant que celle-ci doive être pensée sur le modèle d'une simple *correspondance* entre nos représentations et les objets sur lesquels elles portent.

Ce refus de toute correspondance comprise sur le modèle d'une relation de ressemblance picturale entre les représentations et leurs objets est une thèse qui rapproche encore Husserl de Bolzano, au point que l'on puisse lire l'ensemble des *Recherches Logiques*, ainsi que le suggère Jan Sebestik[2], comme une tentative de réponse au problème soulevé par Exner

1. *Cf.* J. Benoist, « Variétés d'objectivismes sémantiques », dans *Propositions et états-de-choses*, *op. cit.*

2. J. Sebestik, « Husserl reader of Bolzano », dans D. Fisette (éd.), *Husserl's Logical Investigations reconsidered*, Dordrecht, Kluwer, 2003, p. 71.

dans sa lettre à Bolzano du 10 décembre 1834[1]. Toutefois, ce rejet s'insère chez Husserl dans le cadre de sa théorie de l'intentionnalité, et en réponse à l'opuscule de Twardowski, que Husserl vise précisément dans l'appendice aux paragraphes 11 et 20 de la cinquième *Recherche*[2]. Or, ce point est fondamental, puisqu'il permet à Husserl de réinvestir pour son propre compte la conception bolzanienne de l'analyticité, en la faisant jouer d'un point de vue strictement phénoménologique, comme une dimension fondamentale de la pensée permettant de comprendre les conditions *a priori* de son inscription dans le monde, via l'intuition catégoriale. Ainsi la référence à Bolzano se prolonge-t-elle bien au-delà des réflexions sur la logique pure et la scientificité de la science conduites dans les *Prolégomènes*, puisqu'elle permet ici d'enrichir considérablement la problématisation phénoménologique de la question de l'*accès* au réel – soit *la* question phénoménologique par excellence – en l'ayant d'emblée prémunie contre toute tentation de fonder la théorie de la connaissance sur une forme de correspondance entre un niveau mental ou psychique (celui de nos représentations) et un niveau réel ou physique (celui des objets sensibles qui sont susceptibles de leur correspondre).

L'élargissement de l'intuition et l'écart de la signification

Nous avons insisté sur l'idée selon laquelle l'élargissement phénoménologique de l'intuition permettait à Husserl de court-circuiter la théorie kantienne de la synthèse, dans la mesure où la théorie de l'intuition catégoriale rendait inutile de garantir l'applicabilité des concepts aux intuitions. Il ne faudrait toutefois pas croire pour autant que cette « ouverture » de l'intuition au domaine catégorial a simplement permis à Husserl de réassumer sur un terrain phénoménologique – celui de l'opposition entre les formes de signification catégoriales et les formes sensibles données à l'intuition – les prérogatives qui appartenaient chez Kant à la synthèse, ce qui reviendrait à perpétuer le dispositif théorique sur lequel cette conception repose. La doctrine de l'intuition catégoriale n'a en aucun cas pour fonction d'établir un point de passage entre les contenus provenant de l'intuition et les formes de signification, et c'est très exactement l'inverse que nous enseigne la sixième *Recherche*.

1. Cf. *Correspondance* Bolzano-Exner, dans B. Bolzano, *De la méthode mathématique*, trad. fr. C. Maigné et J. Sebestik, Paris, Vrin, 2008, p. 176 *sq.*

2. Cf. *RL*5, appendice aux § 11 et § 20, point 1 : « Contribution à la critique de la "théorie des images" », p. 228-230.

Contrairement à ce à quoi l'on pouvait s'attendre, en effet, ce n'est pas leur perméabilité, mais au contraire la différence radicale qui sépare la signification de l'intuition, qui doit permettre d'étendre cette dernière au domaine catégorial. C'est précisément cette différence qui a manqué à Kant, ce qui l'a égaré dans sa théorie de la connaissance en lui interdisant de comprendre en quoi l'opposition du sensible et du catégorial, aussi radicale soit-elle, ne remet nullement en cause – et engage au contraire – un élargissement des concepts d'intuition et de perception au domaine catégorial. Husserl souligne très clairement ce point en précisant sa critique de Kant dans le tout dernier paragraphe de la seconde section de la sixième *Recherche*, au moment où il dresse le bilan des jeux d'opposition philosophique fondamentaux que l'élucidation phénoménologique de la distinction entre *pensée* et *intuition* lui a permis de clarifier (entre *intuition* et *signification*, entre *intuition sensible* et *intuition catégoriale*, entre *intuition adéquate* et *intuition inadéquate*, entre *intuition* et *concept*)[1] :

> Combien fort est le penchant à laisser s'entremêler ces oppositions, c'est ce qu'établirait une critique de la théorie de la connaissance de Kant, cette théorie se caractérisant tout entière par l'absence de toute délimitation précise entre elles. Dans la pensée de Kant, les fonctions catégoriales (logiques) jouent sans doute un grand rôle, mais il ne parvient pas à une extension fondamentale des concepts de perception et d'intuition au domaine catégorial ; et s'il n'y parvient pas, *c'est parce qu'il n'estime pas à sa valeur la grande différence entre intuition et signification*, avec leur délimitation possible quoiqu'elles soient d'habitude intimement mêlées, et que, par suite, il n'effectue pas l'analyse de la différence entre l'inadéquation et l'adéquation de la signification à l'intuition[2].

Parce qu'il ne prend pas en considération le rôle absolument déterminant de la distinction entre signification et intuition pour l'élucidation de la connaissance, Kant ne peut concevoir l'analyticité que de façon extrêmement pauvre et restrictive, et sa théorie de la connaissance en paye le prix métaphysique en se focalisant à tort sur la question de la synthèse. C'est au contraire en insistant sur l'écart et la tension qui opposent du point de vue phénoménologique les actes d'intuition et de signification que les *Recherches Logiques* devaient se rendre capables de reconnaître une réelle autonomie aux formes catégoriales, autonomie qui leur était paradoxalement refusée dans la théorie pourtant dualiste de Kant, en raison du primat qu'elle accorde à la question du jugement et aux synthèses

1. Cette liste est établie par Husserl lui-même, cf. *RL*6, § 66, p. 241-242.
2. *Ibid.*, p. 242.

judicatives. Dans ces conditions, en effet, les catégories, définies en régime transcendantal comme des conditions conceptuelles de l'expérience possible, ne peuvent trouver de légitimité que dans le rapport insigne qui les lie *a priori* à l'intuition (et au réel sensible auquel la synthèse doit pouvoir les appliquer) : « des concepts sans intuitions sont vides », tandis qu'inversement, « des intuitions sans concepts sont aveugles ». Suivant jusqu'à son point le plus extrême cette ligne d'interprétation de la première *Critique*, on a ainsi cru pouvoir débusquer derrière le dualisme kantien le caractère secrètement conceptuel des représentations intuitives[1].

Or, la distinction phénoménologique de l'intuitif et du signitif interdit précisément d'appliquer une telle interprétation aux *Recherches Logiques*, puisqu'elle maintient jusqu'au bout, analyses descriptives des phénomènes de fusionnement qui sous-tendent l'intuition simple à l'appui, que l'intuition n'est pas *par elle-même* catégoriale, et qu'elle reste radicalement étrangère à la fonction intellectuelle proprement dite. Cela ne signifie toutefois pas pour autant que la perception ne puisse être *élargie* en direction de la sphère catégoriale, puisqu'elle doit au contraire être comprise comme le point de départ de la pensée catégoriale, l'acte fondateur sur la base duquel les actes fondés peuvent prendre leur essor. Il y a un sens à décrire comme des phénomènes relevant de la perception à proprement parler non seulement le voir simple (la perception d'objet), mais également le voir « propositionnel » ou catégorial (la perception d'états-de-choses, le « voir *que*... »). La perception ne se contente pas de nous donner des contenus ou des objets sensibles, elle ouvre un champ de possibilités catégoriales nouvelles régies par des « lois » aprioriques et offre à la pensée une prise sur le monde (ou, du moins, une « appréhension ») ne remettant nullement en cause l'irréductibilité des formes de signification à l'intuition.

1. *Cf.* W. Sellars, *Science and Metaphysics. Variations on Kantian Themes*, Londres, Routledge and Kegan Paul, 1967, p. 3 ; voir les commentaires de John McDowell dans ses « Woodbridge lectures » : « Sellars is firm in his conviction that what Kant usually calls *intuitions* are representations of individuals that already involve the understanding, the faculty associated with concepts », « Having the World in View : Sellars, Kant and Intentionality », *The Journal of Philosophy*, XCV/9, septembre 1998, p. 452.

L'ARTICULATION CATÉGORIALE DE LA PENSÉE ET DU MONDE

Le « cours du monde réel » et les lois de la pensée

Impossibilités logiques et ontologiques

La pensée catégoriale est bien toujours une pensée *du* réel, une pensée en tension étroite avec le monde qui lui est présenté dans l'intuition, sans être pour autant purement et simplement rivée ou indexée à la réalité sensible à laquelle elle s'adosse, ce qui légitime Husserl à parler de la « liberté » relative dont jouit la pensée dans le processus de la connaissance (et c'est, en définitive, la raison pour laquelle la distinction kantienne entre sensibilité et entendement est délibérément maintenue par la seconde section de la sixième *Recherche*). Ni la fondation des actes catégoriaux sur les actes sensibles, ni les contraintes que peut faire peser sur les formes de signification l'exigence de leur remplissement intuitif, ne remettent en cause, de ce point de vue, l'indépendance des lois analytiques de la pensée proprement dite à l'égard de tout ce qui concerne les « faits » (*Tatsachen*) de la sensibilité. La deuxième section de la sixième *Recherche* accuse ainsi l'écart qui sépare deux régimes d'aprioricité ne pouvant en aucune façon être mis sur le même plan. Sensibilité et entendement n'appartiennent pas, de ce point de vue, au même « espace logique », à telle enseigne que l'idée même de leur confrontation ou de leur mise en concurrence possible est *absolument* dépourvue de sens, tout autant que peut l'être la comparaison de lois relevant de genres différents et incommunicables au sens aristotélicien des termes :

> Nous comprenons désormais parfaitement pourquoi l'idée que le cours du monde pourrait jamais réfuter les lois logiques – ces lois analytiques de la pensée proprement dite ou encore les normes de la pensée au sens impropre, qui s'édifient sur elles – ou bien que l'expérience, la *matter of fact* de la sensibilité devrait et pourrait seule fonder ces lois et prescrire les limites de leur validité, pourquoi cette idée n'est qu'une absurdité [*Widersinn*]. […] L'idée de fonder à l'aide de la sensibilité des lois purement catégoriales – lois qui *font abstraction* spécialement de toute sensibilité, donc de toute facticité [*Tatsächlichkeit*], et se contentent de faire des énoncés généraux et évidents sur la compatibilité ou l'incompatibilité des *formes* catégoriales, que cette idée représente la μετάβασιζ ἐιζ ἄλλο γένοζ la plus évidente[1].

1. *RL*6, § 65, p. 238-239/297 [728].

En déclarant « absurde » (*widersinnig*) la fondation du catégorial sur la sensibilité, Husserl ne veut pas seulement souligner l'écart que la description phénoménologique a rendu manifeste entre les actes sensibles et les actes catégoriaux, et qui fonde l'irréductibilité du sens d'être des objets qui leur sont corrélatifs. L'erreur des théories métaphysiques qui se mettent en devoir d' « *expliquer la concordance du cours de la nature avec la législation "innée" de l'entendement* » va bien au-delà d'un simple défaut dans l'analyse, comme s'il s'agissait seulement d'une interprétation erronée ou d'une mauvaise description de l'essence des actes qui mettent en jeu la distinction du sensible et du catégorial. Ce dont Husserl dénonce dans ces lignes l' « absurdité », c'est la présupposition sur laquelle repose cette fondation naturaliste du catégorial sur le sensible (présupposition que partagent, comme nous allons le voir, toutes les théories « métaphysiques » et non phénoménologiques de la connaissance), à savoir l'idée selon laquelle l'un et l'autre représentent en quelque sorte deux sphères de validité pouvant être opposées ou comparées : une sphère sensible dont les lois ont une portée *ontologique* (il s'agit des lois de l'être), et une sphère catégoriale rassemblant les lois de la *logique*. Posé dans ces termes, le problème ne peut dépendre que de la *relation* que l'on établira entre ces deux types de légalité : les lois à caractère ontologique de la sensibilité valident-elles ou non les lois de la pensée logique, sont-elles en accord ou en désaccord ?

Or, Husserl ne prétend pas davantage montrer que les lois de l'être n'entrent *de facto* jamais en contradiction avec les lois logiques (ou qu'elles les confirment toujours) que le contraire. Il cherche, de façon beaucoup plus radicale, à remettre en cause les termes mêmes sous lesquels se pose cette question, en montrant que les deux branches de l'alternative qu'elle propose sont précisément exclues *au même titre*, et que la perspective d'une confirmation n'a pas davantage de sens que celle d'une réfutation de la logique par le réel. La réalité ou l'effectivité des faits, la *Tatsächlichkeit*, ne peut nous être d'aucun secours pour comprendre ou évaluer des lois catégoriales qui ne s'adressent à aucun moment à elle, et n'ont aucune prétention, ou mieux, aucune *présomption* la concernant :

> Des lois qui ne visent aucun fait [*Tatsache*] ne peuvent être confirmées ni réfutées par aucun fait [1].

Husserl résume ici, en une formule extrêmement ramassée, la conclusion que l'on doit tirer des analyses mises en place dans la seconde

1. *Ibid.*, p. 239 [728].

section de la sixième *Recherche* : que les actes catégoriaux soient des actes fondés sur des actes sensibles n'empêche nullement, comme nous l'avons vu, les lois logiques qui régissent les rapports entre les formes catégoriales d'être des lois *analytiques*, et n'implique en aucune façon qu'elles aient à se régler sur les faits donnés à l'expérience sensible. Il faut donc faire descendre d'un cran l'argumentation philosophique et reconnaître l'absurdité du «*problème de la "signification réelle ou formelle du logique"*, problème qui a été traité avec tant de sérieux et de profondeur par de grands philosophes»[1]. Ce qui est « absurde », c'est la *possibilité* même de pouvoir mettre en contradiction le « cours du monde réel » (*die wirkliche Weltlauf*) avec les formes de la pensée, non pas parce que l'un et l'autre ne peuvent pas se rencontrer *de fait*, mais parce que la contradiction est elle-même une forme *logique* qui, *en droit*, ne fait sens que d'un seul côté, à savoir de celui de la pensée, et qu'elle ne relève en conséquent d'aucun autre niveau de légalité que de celui-là.

En effet, pour qu'il puisse y avoir contradiction, il faut nécessairement supposer que le monde sensible *peut* se présenter d'une façon qui invaliderait les formations propres à la pensée catégoriale, c'est-à-dire qu'il pourrait se présenter sous d'*autres* formes catégoriales – sous des formes soumises à d'*autres* lois. On peut noter que cette difficulté met en jeu deux problèmes très différents, qui trouvent dans les *Recherches* deux voies de résolution distinctes auxquelles fait écho ce § 65 : ce qui est d'abord en question, c'est la possibilité d'une *autre* logique que celle de la pensée, une « logique » appartenant en propre à l'être ou à la réalité et définissant les lois de la sensibilité. Ce point a été doublement critiqué par Husserl : d'abord dans les *Prolégomènes* qui cherchaient à établir de façon irrécusable et contre l' « anthropologisme logique » la pureté, et donc l'universalité (qui lui est nécessairement conjointe) du domaine logique ; ensuite dans la troisième *Recherche*, où Husserl a montré que les rapports de dépendance et d'indépendance entre contenus sensibles se rangent eux-mêmes sous des lois logiques ayant une portée ontologique : celles de la méréologie. Les *Recherches Logiques* rejoignent en cela la position d'un Wittgenstein, ainsi que l'a montré Jocelyn Benoist, partageant avec lui l'idée d'un «formatage *a priori* des possibles ontologiques par la logique»[2]. De ce dernier point de vue, Husserl aurait dû défendre en quelque sorte la thèse d'une «implication réciproque» de la pensée et de

1. *Ibid.*

2. J. Benoist, « Husserl, Wittgenstein et l'impossibilité d'une pensée illogique », *op. cit.*, p. 250.

l'être, entrant en résonnance avec la célèbre formule du § 6 de la troisième *Recherche*: « ce que nous ne pouvons penser ne peut exister, et ce qui ne peut pas exister, nous ne pouvons pas le penser »[1]. Toutefois, la distinction entre signification et intuition, qui sert de fil conducteur à l'ensemble de la sixième *Recherche*, a amené Husserl à prendre fortement ses distances à l'égard des recherches sur les rapports entre touts et parties qui l'avaient conduit, dans la troisième *Recherche*, à pénétrer sur un terrain ontologique à la lisière duquel il se situe maintenant: la thèse que fait valoir ce § 65 n'est pas tant une thèse *positive* sur l'être en tant que tel, posant l'impossibilité d'un être illogique comme une caractéristique essentielle de l'être, qu'une thèse sur la structure de la pensée elle-même (c'est-à-dire sur ses lois). Ou plutôt: si l'on trouve bien dans ce paragraphe une thèse sur l'impossibilité d'un être illogique, ce n'est jamais qu'une thèse *négative* (une thèse d'impossibilité, précisément), et dérivée par rapport à la thèse positive sur la pensée dont elle n'est qu'une conséquence.

C'est la raison pour laquelle Husserl ne suit pas du tout la ligne argumentative qui était celle de la troisième *Recherche*, et qui aurait ici consisté à appuyer la démonstration de cette thèse d'impossibilité sur l'*aprioricité* des lois logiques, en montrant que l'ontologie trouve ses conditions *a priori* de possibilité dans la logique. Tel n'est justement pas le raisonnement de Husserl dans ce paragraphe, qui tend au contraire à creuser l'écart irréductible entre la pensée et l'être, plutôt qu'il ne cherche à en montrer la réciprocité. Passant à une élucidation proprement phénoménologique de la connaissance dans la dernière *Recherche* (là où les *Recherches* précédentes étaient encore seulement des travaux *en direction* de la phénoménologie), Husserl a écarté tout questionnement de nature ontologique pour se consacrer à l'analyse descriptive des « actes du signifier, du penser et du connaître »[2], et mettre l'accent sur la différence fondamentale qui oppose de ce point de vue la signification à l'intuition, différence à l'aune de laquelle doit à présent être revue la question des rapports entre la pensée et l'être. Aussi, la voie de traitement du problème de la « signification réelle du logique » en appelle moins à la question de l'*aprioricité* de la logique qu'elle ne fait écho à celle de la *liberté* de la pensée, qui vient d'être mise sur le tapis dans les paragraphes immédiatement précédents et qui occupe Husserl tout au long de ce dernier chapitre. Ce qui constitue donc le fond de l'argumentaire déployé ici par Husserl, c'est encore une fois l'autonomie des formes de signification: ces

1. *RL*3, § 6, p. 21.
2. *RL*6, § 65, p. 239.

dernières obéissent à des lois qui leur sont propres et qui ne relèvent en aucune façon de quelque rapport à l'être que ce soit, à savoir les lois grammaticales pures qui ont permis de poser dans la quatrième *Recherche* les fondements d'une « logique du sens ». Les conditions du sens sont aussi celles de toute pensée ou de toute logique[1], et elles « excèdent » très largement les conditions d'une intuition ou d'une connaissance objective possibles :

> Étant donné que la pensée logique empirique se réalise, pour la partie incomparablement la plus grande, d'une manière inadéquate et signitive, nous pensons, nous présumons beaucoup de choses qui, en vérité, c'est-à-dire sur le mode de la pensée proprement dite ou dans la réalisation effective de ces synthèses simplement présumées [*des wirklichen Vollzugs der bloß vermeinten Synthesen*], ne peuvent en aucune façon être réunies[2].

Or, si ces lois de « la pensée au sens d'une simple signification » accusent l'excédent de la signification sur l'intuition et doivent prendre pour « normes » (*Normen*) les lois de la pensée proprement dite, ainsi que Husserl le précise aussitôt après, cela signifie toutefois nécessairement que les secondes ne représentent jamais qu'une *restriction* opérée sur la base des premières, raison pour laquelle aucune intuition, aucun objet intuitionné ou aucune réalité sensible ne pourra *par définition* venir remettre en cause les lois beaucoup plus générales qui départagent le sens du non-sens. C'est le cas d'une part parce que ces dernières englobent les possibilités de réalisation objective d'une intuition, et d'autre part, parce que ces lois ne sont précisément pas des lois ontologiques mais grammaticales, qui ne *visent* à aucun moment l'être en tant que tel : ce sont les actes qui ont pour caractère d'être présomptifs, mais non les lois purement analytiques auxquelles sont soumises les formes catégoriales[3].

1. Cf. *RL4*, § 14, p. 130 : « Ces lois du sens, ou formulées d'un point de vue normatif, du non-sens à éviter, assignent les formes possibles de signification à la logique ».

2. *RL6*, § 64, p. 237 [727] (traduction légèrement modifiée).

3. C'est un point sur lequel Husserl reviendra dans la réécriture des *Recherches Logiques*, en soutenant que le domaine des lois relatives des catégories de signification a une extension moindre que la sphère des lois analytiques de l'ontologie formelle (cf. *RL4*, § 14, p. 131). Mais en 1901, Husserl insiste au contraire sur le fait que les lois grammaticales qui permettent d'éviter le non-sens recoupent un concept plus large du logique (que Husserl nomme « le logique en général ») que celui qui prend en charge le contresens formel et la question de la vérité des significations.

De la pensabilité des contresens métaphysiques et des problèmes philosophiques absurdes

De façon tout à fait remarquable, Husserl joue à la fois sur l'écart qui sépare la pensée de l'être, et sur l'impossibilité phénoménologique d'établir un décalage permettant de mettre en évidence l'opposition entre les types de légalité auxquels ils sont soumis. Toutefois, ce qui constitue maintenant le nerf de sa démonstration et qui était absent de la troisième *Recherche*, c'est l'autonomie accordée aux formations de la pensée catégoriale par la sixième *Recherche*, où celles-ci se voient adossées aux formes de la signification pour mieux souligner leur rupture radicale à l'égard des formes de la sensibilité. La « pensée » dont il est ici question repose sur la possibilité purement syntaxique de faire sens indépendamment de toute intuitivité. Le monde ou l' « être réel » peuvent bien se présenter sous des formes qui leur soient propres, c'est-à-dire sous des formes sensibles, et c'est très précisément ce dont permet de rendre compte l'analyse descriptive de l'intuition simple. Mais nous ne pouvons pas attendre de telles formes qu'elles viennent concurrencer, confirmer ou réfuter en quoi que ce soit les formes catégoriales, qui ne leur correspondent en aucune façon et relèvent d'un niveau de légalité qui leur est propre (contrairement aux actes catégoriaux – à ne pas confondre avec les *formes* catégoriales – qui sont pour leur part suspendus à leur nécessaire *fondation* sur les actes sensibles). On se place dans une situation théorique *absurde* dès lors que l'on traite le sensible à la fois comme l'*autre* du catégorial (c'est-à-dire comme ce qui excède ou transcende les lois analytiques-formelles de la pensée purement catégoriale), et comme un « monde en soi » (*Welt an sich*) dont les formes sont susceptibles d'entrer dans une relation de concurrence avec les formes catégoriales (donc comme un monde *déjà* mis par avance au format de la catégorialité) :

> Cela impliquerait qu'une sensibilité déterminée sur le mode de la signification et de manière hypothétique [*signifikativ und hypotetisch*], à savoir une sensibilité qui ferait en sorte que le monde en soi [*der Welt an sich*] se présentât lui-même à nous adéquatement, serait sans doute susceptible d'adopter les formes catégoriales, mais imposerait à ces formes des combinaisons qui sont généralement exclues par l'essence générale de ces mêmes formes [1].

1. *RL*6, § 65, p. 240/297 [729] (nous citons le texte de la 1re édition, en modifiant légèrement la traduction).

Il ne peut y avoir aucun sens à raisonner ainsi sur le sensible *depuis* le catégorial, et sans tenir compte de l'irréductibilité et de l'hétérogénéité radicale des formes sensibles aux formes catégoriales. Le contresens (*Widersinn*) ne tient pas tant ici à l'impossibilité *matérielle* de mettre en confrontation les formes respectives de l'intuition sensible et de l'intuition catégoriale, mais au caractère purement *formel* des lois catégoriales, « qui font abstraction de tout matériau de la sensibilité » comme Husserl ne manque pas de le rappeler immédiatement après. De ce point de vue, il est clair que l'absurdité dénoncée ici par Husserl doit se ranger du côté de ce qu'il avait caractérisé dans la quatrième *Recherche* comme contresens formel, par opposition au contresens matériel, dans la mesure où Husserl fait jouer l'indépendance des catégories de signification à l'égard de toute « matière de la connaissance concrète »[1]. L'illusion ne consiste pas simplement à poser le sensible comme un *dehors* de la pensée (ce qui, en un certain sens, est effectivement bien le cas, compte tenu de la différence de niveau entre les actes sensibles et les actes catégoriaux), mais à considérer ce *dehors* comme ce à l'aune de quoi doivent être évaluées les lois de la pensée. C'est au contraire *à l'intérieur de la pensée elle-même*, donc déjà sur le terrain des « lois purement catégoriales », que la question de la validité formelle ou de la non-contradiction de la pensée logique fait sens. Il n'y a pas de point de vue extérieur aux lois logiques depuis lequel celles-ci pouraient être examinées et soumises à correction : les lois logiques sont précisément des lois qui ne concernent *a priori* rien d'autre que les formes propres de la pensée catégoriale, et qui ne peuvent en conséquent être confirmées ni réfutées par aucun fait.

Toutefois, il faut insister sur le fait que l'hypothèse métaphysique d'une réfutation possible des lois de la logique par le « cours de la nature » n'est pas un pur et simple non-sens (*Unsinn*), une supposition fondamentalement inintelligible se révélant n'être, à l'analyse, qu'un énoncé dépourvu de sens. Husserl maintient au contraire qu'une telle hypothèse reste en droit *pensable* du point de vue d'une pensée purement signitive, bien qu'elle développe comme nous venons de le voir un « contresens formel » (*Widersinn*) au sens technique de la quatrième *Recherche*. Aussi, il ne suffit pas de renvoyer au caractère purement formel des lois sur lesquelles repose la

1. *RL*4, § 14, p. 130-131 : « Il nous faut ici distinguer entre le *contresens matériel* (*synthétique*) dont des concepts matériels doivent répondre [...] et le *contresens formel* ou *analytique*, par quoi nous comprenons toute incompatibilité objective purement formelle, c'est-à-dire fondée dans *l'essence pure des catégories de signification*, indépendamment de toute "matière de la connaissance" concrète ».

pensée catégoriale pour rendre compte du contresens sur lequel repose le problème métaphysique de la « signification réelle du logique ». Aussi ne suffit-il pas, pour le dire d'une autre façon, d'accomplir sur un mode purement signitif la pensée explicitant ce contresens formel ; nous devons avoir une intuition évidente de cette absurdité, soit une intuition évidente de l'irréductibilité des lois catégoriales aux lois qui concernent les matériaux de la sensibilité. C'est ce que précisait Husserl dans la suite du texte que nous venons de citer :

> Or, que ces combinaisons [de formes données dans la sensibilité, et dont on suppose qu'elles pourraient contredire les lois logiques de la pensée catégoriale] soient exclues et que les lois des catégories doivent être considérées comme des lois pures qui font abstraction de tout matériau de la sensibilité et qui, par conséquent, ne peuvent en aucune façon être atteintes par les variations illimitées de celui-ci, c'est là un fait que nous ne nous contentons pas simplement de *présumer* [*das meinen wir nicht bloß*], mais dont nous avons une *intuition* [*das sehen wir ein*], c'est là ce qui nous est donné dans l'adéquation la plus parfaite [*das ist uns in vollster Adäquation gegeben*] [1].

Une lecture superficielle de ces lignes pourrait laisser penser que Husserl n'a ici d'autre objectif que celui de reconduire la pensée catégoriale à sa propre évidence. On doit pourtant remarquer que Husserl ne parle pas d'*Evidenz*, mais d'*Einsicht*, c'est-à-dire à une intuition dont l'auteur nous dit dans les lignes qui suivent qu'elle doit toujours « se réalise[r] subjectivement sur la base de quelque intuition empirique contingente [*zufälligen empirischen Anschauung*] », sans que cela ne l'empêche pour autant d'être donnée « dans l'adéquation la plus parfaite ». Une telle « intuition adéquate » ne fait sens que dans la mesure où elle suppose la possibilité de son contraire, soit une inadéquation du donné au visé.

Or, ce point a manifestement son importance, puisqu'il implique un certain décalage, au moins possible en droit, entre la pensée et sa propre « logicité » [2], décalage qui justifie le philosophe à envisager la possibilité d'une pensée illogique – même si c'est pour la récuser aussitôt – et qui

1. *RL*6, § 65, p. 240 [730] (traduction modifiée).

2. On pourrait en trouver une attestation dans l'interprétation que Husserl donnait du principe de contradiction dans les *Prolégomènes*, en réponse aux différentes formes d'empirismes et de psychologismes : « des états-de-choses qui, en tant que contradictoires, *sont* objectivement incompatibles, ne peuvent, en fait, être *trouvés effectivement* comme coexistants par quiconque dans le cadre de son intuition et de l'évidence intellectuelle qui est la sienne – ce qui n'exclut nullement qu'ils ne puissent *être tenus* pour coexistants » (*Prolégomènes*, § 27, p. 102).

fournit l'explication de l'importance illégitime qu'a pris dans l'histoire de la métaphysique le « problème de la signification réelle du logique », se traduisant par un besoin absurde d' « expliquer la concordance du cours de la nature avec la législation innée de l'entendement ». C'est la raison pour laquelle Husserl prend bien soin de préciser ici que ce qui est saisi adéquatement dans cette intuition et n'est pas seulement visé (*meinen*) de manière présomptive par la pensée signitive n'est pas tant l'évidence propre aux lois logiques que l'*écart* par rapport au sensible dans lequel s'inscrit toujours la pensée catégoriale, et qui soustrait la validité de ses lois aux variations dont sont susceptibles les matériaux de la sensibilité. L'évidence, en d'autres termes, n'est autre que celle du décalage entre les conditions grammaticales de validité des significations et les conditions de possibilité de l'intuition, à l'intérieur duquel s'installe et se déploie la pensée catégoriale.

On mesurera plus aisément la signification de cette importante restriction en comparant la conception que défend ici Husserl de l'aprioricité de la logique à celle que l'on trouve exposée dans le *Tractatus Logico-Philosophicus* de Wittgenstein, ainsi que l'a bien vu J. Benoist[1]. Ce dernier rappelle en effet que si Wittgenstein semble se prononcer en faveur d'une évidence des lois logiques, lorsqu'il écrit par exemple que « nous ne pouvons, en un certains sens, nous tromper en logique »[2], il s'agit d'une évidence toute *négative*, que l'auteur du *Tractatus* commente aussitôt en précisant :

> Le caractère *a priori* de la logique consiste dans l'*impossibilité* de rien penser d'illogique[3].

Cette impossibilité n'est donc pas vue du dehors par une pensée qui aurait le pouvoir de se tenir aux marges du logique et de l'illogique, elle est pour ainsi dire expérimentée sur le plan du langage et actualisée à chaque fois que nous formons une pensée déterminée. Aussi J. Benoist peut-il commenter ce passage du *Tractatus* consacré au caractère *a priori* de la logique en expliquant qu'il s'agit en fait d'une critique systématique de l'idée d'évidence logique, initialement adressée à Russell mais concernant

1. *Cf.* l'article déjà cité, « Husserl, Wittgenstein et l'impossibilité d'une pensée illogique », dans lequel l'auteur met en évidence l'écart qui sépare leurs conceptions respectives en montrant comment la grammaire pure logique et l'autonomie accordée à la signification engagent Husserl à concevoir la possibilité d'une pensée qui déborde les lois de la logique au sens strict.

2. L. Wittgenstein, *TLP*, 5.473, *op. cit.*, p. 83.

3. *Ibid.*, 5.4731.

aussi bien Husserl. En effet, si nous avions insisté plus haut sur l'idée selon laquelle la thèse d'impossibilité énoncée dans ce § 65 n'est que le négatif d'une thèse positive concernant le statut des formes catégoriales et l'autonomie de la pensée qui en découle, nous venons maintenant de voir que cette thèse devait être validée dans une intuition adéquate, et faire ainsi l'objet d'une forme particulière de voir (*einsehen*). Pour Husserl, l'aprioricité de la logique (le caractère intangible de ses lois) ne s'éprouve pas *directement* dans l'exercice de la pensée et comme une sorte de contrainte intérieure, puisqu'elle doit bien plutôt trouver sa légitimation et son fondement intuitif dans l'évidence – première en droit – d'une insensibilité de la pensée aux variations des matériaux de l'intuition. Il ne serait donc pas tout à fait exact, du point de vue de Husserl, de dire que la pensée est logiquement déterminée par l'opposition du possible et de l'impossible, dans la mesure où cette *Einsicht* lui offre *d'une certaine façon* la possibilité de surplomber la limite qui les sépare l'un de l'autre, et de les embrasser de façon telle qu'elle puisse *se* déterminer comme pensée (c'est-à-dire comme pensée logique) en « choisissant » à chaque fois le possible contre l'impossible[1].

L'analyse phénoménologique de ce que Husserl appellera le « *vrai a priori logique* » nous renvoie ainsi à une « évidence » qui, loin de n'être qu'une simple contrainte logique négative nous privant de la liberté de penser illogiquement, se réalise en quelque sorte sous la forme d'une auto-saisie de l'entendement, d'une *Einsicht* au moyen de laquelle

1. Il ne faut évidemment pas entendre ce « choix » en termes psychologiques, puisque l'enjeu de cette séquence consiste précisément à réaffirmer la position antipsychologiste de Husserl concernant le statut de la logique. Mais il doit y avoir quelque chose comme une autodétermination de la pensée dans la mesure où celle-ci se pose comme pensée en actualisant pour ainsi dire son lien irréductible avec la logique, en affirmant cette dimension de logicité comme ce qui la caractérise de façon essentielle. Husserl démontrerait cette thèse par l'absurde, en soutenant qu'une pensée qui ne serait pas comprise à partir de cette possibilité de se poser comme logique plutôt qu'illogique serait nécessairement soumise à une contrainte de type psychologique, retombant dans une forme de psychologisme. Il faudrait relire de ce point de vue le § 27 des *Prolégomènes*, qui présente l'évidence (*Einsicht*) comme ce qui permet à la pensée de se libérer des contraintes psychologiques qui pèsent sur elle et de « voir » la direction vers laquelle elle « doit » nécessairement se porter (le vocabulaire normatif est particulièrement présent dans ce contexte, en relation avec la conception husserlienne de la logique comme discipline normative). Par opposition, les impossibilités psychologiques traduisant une « *impuissance subjective* » sont mises au compte de ce qui « force » la pensée en exerçant sur elle un pouvoir de contrainte dont l'évidence logique doit nous libérer : « aucune loi psychologique ne force celui qui juge à se mettre sous le joug des lois logiques » (*Prolégomènes*, § 27, p. 99).

l'entendement se constitue comme tel en intuitionnant son essence et ses lois propres: «le *vrai apriori logique* concerne tout ce qui ressortit à l'essence idéale de l'entendement en général»[1]. Si, comme nous l'avons vu, Husserl donne à sa démonstration la forme d'un raisonnement par l'absurde, ce raisonnement, en dépit de son caractère intrinsèquement formel et non intuitif, est conduit jusqu'au point où nous est finalement donnée à voir une évidence en laquelle il culmine, ou une intuition au moyen de laquelle la logique se confirme en quelque sorte d'elle-même *positivement* (et non de façon purement tautologique): les faits pourront tout au plus venir contraindre de l'extérieur la prétention à la connaissance objective de la pensée «au sens propre», mais cela ne signifie pas pour autant que les formes catégoriales dans l'articulation desquelles se constitue le sens le plus primitif de l'activité de penser, soient dépendantes de l'intuition en tant que telle et des variations illimitées des matériaux sensibles. L'entendement n'a pas d'autres lois que celles de la logique qui lui sont, par essence, absolument propres : « un entendement avec d'autres lois que les lois purement logiques serait un entendement sans entendement»[2].

Évidence descriptive et loi normative

L'autonomie des formes catégoriales et l'analyticité des lois pures de la pensée qui règlent leurs variations possibles reçoivent ainsi une justification strictement phénoménologique dans ce paragraphe, puisqu'elles trouvent une légitimité sur le terrain de l'intuition où elles s'attestent « dans la plus parfaite adéquation». Or, nous devons remarquer que cette évidence qui vient, au terme de la sixième *Recherche*, fournir une caution descriptive à l'indépendance de principe de l'entendement par rapport à la sensibilité, occupe une place tout à fait singulière dans le dispositif d'ensemble de la théorie phénoménologique de la connaissance. Husserl prend immédiatement soin de préciser que cette *Einsicht* qui se réalise toujours de façon subjective et « sur la base de quelque intuition empirique contingente », doit pourtant avoir le statut d'une « évidence générale » dans la mesure où elle « se rapporte purement à la forme »[3]. Toutefois, si cette évidence ne se contente pas de sanctionner la mise au jour d'une loi d'essence valant pour telle ou telle «région» matérielle déterminée de

1. *RL*6, § 64, p. 237.
2. *Ibid.*, p. 235.
3. *Ibid.*, § 65, p. 240 [730].

l'être et si sa portée doit être plus générale, elle n'appartient pourtant pas non plus au domaine de l'« ontologie formelle » (selon le découpage ontologique que Husserl mettra en place quelques années plus tard, au moment où il écrira l'*Esquisse de préface aux Recherches Logiques* et dans le premier tome des *Idées directrices*). L'*Einsicht* dont il est question dans ce § 65 ne concerne pas davantage la question de l'objet matériel que celle de l'objet formel : elle ne fait à aucun moment intervenir le rapport à l'objet, et elle ne se rapporte à rien d'autre qu'à la pure forme *de la pensée en tant que telle*. Mais cela signifie que cette évidence doit avoir en quelque sorte un statut méta-phénoménologique, dans la mesure où, se situant très en amont de l'*apparaître* proprement dit de l'objet, elle laisse complètement de côté la question du *phénomène* à proprement parler.

La vacuité et l'inutilité d'une explication de la concordance du cours de la nature avec la législation « innée » de l'entendement, l'absurdité du problème de la signification réelle des formes catégoriales et des lois logiques, ne sont pas – ou du moins *pas seulement* – le *résultat* de l'enquête phénoménologique, elles en constituent tout autant le *principe* fondamental, établissant les droits et fondant la légitimité de l'activité descriptive. La phénoménologie exige que l'on renonce (que l'on ait *déjà* renoncé) au type de perplexité que partagent sans le savoir le psychologisme empiriste et la philosophie transcendantale de Kant : celle qui consiste à s'étonner de la concordance entre les lois de l'être et celles de la logique, et à confier en conséquent à la philosophie la tâche de justifier cette concordance – que ce soit en se demandant à la façon de Kant comment la physique est possible comme science, ou en cherchant à fonder de façon psychologiste les lois de la pensée dans celles de la nature. C'est précisément parce que cette question ne se pose plus (et lorsque cette question ne se pose plus) que la description des vécus acquiert la dignité d'une tâche philosophique, en raison de cette forme originale de réciprocité entre les impossibilités qui caractérisent la pensée et celles qui concernent l'être au sens le plus large : si la pensée est telle que « ce que nous ne pouvons penser ne peut pas être » tandis que réciproquement « ce qui ne peut pas être, nous ne pouvons pas le penser »[1], alors nous sommes légitimés à entreprendre la tâche d'une « phénoménologie purement descriptive des vécus de la pensée et de la connaissance »[2] sans risquer de

1. *RL*3, § 6, p. 21 [242] (traduction modifiée). Cette célèbre formule de la troisième *Recherche* exprimant mieux qu'aucune autre l'universalisme logique du jeune Husserl trouve ainsi dans ce paragraphe de la sixième *Recherche* sa justification ultime.

2. *RL*, Introduction, p. 2.

n'atteindre ainsi que les mécanismes psychologiques qui président à l'accomplissement effectif du penser. Mais cela signifie aussi que la *thèse* selon laquelle la sensibilité ne saurait pas davantage fonder les lois catégoriales que les confirmer ou les réfuter doit être acceptée au titre de principe de la phénoménologie des *Recherches Logiques* : que le cours de la nature ne puisse jamais entrer en contradiction avec les lois logiques de la pensée n'est précisément pas vrai parce que tel est bel et bien le cas *de fait*, mais au contraire et seulement parce que cela est impossible *en droit*. L'évidence à laquelle renvoie ici Husserl a beau nous être « donnée » (*gegeben*) comme un fait, elle a la structure d'un fait *qui fait absolument droit*, et à partir duquel s'ouvre et se définit le champ de l'enquête phénoménologique.

Lors de la réécriture de l'introduction générale aux *Recherches Logiques*, Husserl a voulu insister sur le fait que les vécus auxquels a affaire la phénoménologie ne sont pas les vécus « aperçus empiriquement comme des faits réels » mais ceux que l'on doit pouvoir intuitionner « dans une généralité d'essence pure »[1]. Si Husserl ne se serait pas exprimé de cette façon en 1901, il n'en reste pas moins vrai, quoique pour des raisons différentes, que l'objet de la description phénoménologique n'est pas et ne peut pas être le simple *fait* du vécu. La description phénoménologique manquerait totalement son but si elle n'était rien de plus qu'une forme d'introspection ou de réflexion psychologique, soit une description du vécu ne s'aventurant jamais au-delà de l'objet psychique ou mental auquel il peut toujours être réduit, et ramenant la phénoménologie à une psychologie descriptive[2]. Le vécu ne constitue l'objet de la description phénoménologique que dans la mesure où elle le tient pour le lieu de l'apparaître par excellence des phénomènes, et justement pas pour un phénomène d'un type particulier – psychique – par opposition à d'autres – physiques, comme c'est le cas chez Brentano. La description manquerait son but, au point de perdre sa légitimité en tant que *méthode* philosophique, si l'opposition du sensible et de l'intelligible renouait d'une façon ou d'une autre avec le découpage des phénomènes physiques et psychiques. C'est précisément un tel découpage ontologique que le renouveau de la problématique catégoriale doit permettre d'éviter dans les *Recherches*, en articulant les

1. *Ibid.*

2. C'est le sens à la fois de l'attaque en règle menée contre la perception interne dans l'appendice aux *Recherches Logiques* et des critiques très fortes à l'encontre de la psychologie brentanienne formulée dans les premiers paragraphes de la cinquième *Recherche* (notamment au § 11a).

formes sensibles et catégoriales de façon telle qu'elles ne s'opposent plus comme deux domaines de réalité susceptibles d'entrer en contradiction l'un avec l'autre.

La légitimité du projet descriptif de la phénoménologie est suspendue à la reconnaissance de l'impossibilité pour la réalité et les formes sensibles d'entrer radicalement en conflit avec les lois relatives aux formes catégoriales qui structurent notre pensée. Cette reconnaissance entérine le dépassement, annoncé dès la fin des *Prolégomènes*, du « problème en apparence si profond de l'harmonie entre le processus subjectif de la pensée logique et le processus réel de la réalité extérieure »[1]. Husserl répond de cette façon à une difficulté évoquée dès l'introduction aux *Recherches Logiques*, qui laissait ouverte la question de savoir si le langage de la description ne constitue pas un obstacle au retour « aux choses elles-mêmes », et si la façon dont nous *exprimons* nos vécus psychiques ne vient pas limiter la possibilité de *décrire* pour eux-mêmes les phénomènes[2]. De la même façon que le problème de l'harmonie entre la pensée et le réel, cette question ne peut avoir d'autre sens que *métaphysique* (au sens que la phénoménologie entend justement récuser) et elle disparaît dès lors que les formes catégoriales de signification qui structurent les *Denkerlebnisse* ne s'opposent plus aux formes sensibles comme si elles leur étaient simplement extérieures et leur faisaient face. Ce qui doit fonder la légitimité de la description phénoménologique, c'est la démonstration de l'absence totale de pertinence des termes dans lesquels la métaphysique classique avait posé le problème de la connaissance, en plaçant la pensée logique et la réalité sensible dans une relation d'extériorité qui devait alors constituer *le* problème par excellence dont la théorie de la connaissance devait fournir l'explication. C'est très exactement cela que récuse Husserl en dénonçant le contresens sur lequel repose le problème absurde de la « signification réelle du logique ».

La pensée catégoriale s'autorise toujours, certes, d'un certain *écart* par rapport au sensible – auquel elle doit sa « liberté ». Mais cet écart, dont l'élucidation des rapports entre les actes de signification et d'intuition doit permettre de rendre compte d'un point de vue strictement phénoméno-

1. *Cf.* le § 59 des *Prolégomènes*, dont le § 65 de la sixième *Recherche* constitue le pendant, permettant de mesurer l'ensemble du parcours effectué dans le deuxième tome des *Recherches*.

2. Pour une analyse plus détaillée de ce problème, voir notre article « Expression et description, Remarques sur les limites linguistiques de la phénoménologie », *Bulletin d'analyse phénoménologique*, V, 3, 2009.

logique, ne traduit pas pour autant une *extériorité* de la pensée au monde, imposant à la théorie de la connaissance le problème métaphysique de l'*harmonie* (ou de la *dysharmonie*) entre leurs lois respectives. De façon paradoxale (du moins en apparence), l'absence de « visée » objective, qui caractérise les lois catégoriales et semble mettre la pensée en retrait par rapport aux variations du donné intuitif sensible, contribue à abolir la distance qui pourrait séparer *effectivement* la pensée du monde, dans la mesure où elle interdit précisément que le cours de la réalité puisse s'opposer à elle en réfutant ses lois. Il n'y a pas de sens à penser une distance *effective* entre la pensée et le monde, et l'opposition de l'une à l'autre ne peut avoir de sens que *logique*. Nous sommes ainsi absolument légitimés à décrire nos vécus dans les formes sous lesquelles ils se présentent à notre pensée, dans la mesure où, si ces formes s'opposent aux formes sensibles et ont une relative autonomie par rapport aux variations du « matériau » sur lequel elles portent, elles ne nous mettent pas pour autant à distance de la réalité sensible, ou du moins pas de façon telle que le cours du monde réel soit *effectivement* susceptible d'apporter une invalidation globale de ces formes en venant réfuter les lois de la pensée.

Or, si l'intuition parfaitement adéquate de cette autonomie de la pensée permet à Husserl d'avaliser l'opposition des formes sensibles et catégoriales en leur offrant un fondement descriptif, il faut souligner que l'analyse du § 65 de la sixième *Recherche* donne une valeur nouvelle à cette distinction : celle-ci passe un effet du statut de distinction descriptive (établie *au moyen* de la description phénoménologique) à celui de *norme* de la description, posant en quelque sorte les conditions logiques de toute description. Que le catégorial ne puisse être opposé au sensible comme s'ils étaient extérieurs l'un à l'autre et comme s'il revenait au sensible de donner la mesure ultime du catégorial en menaçant d'invalider ses lois, c'est une loi à laquelle Husserl donne, certes, une assise intuitive – en la caractérisant comme une donnée adéquate – mais c'est pourtant une loi que nous ne pouvons plus décrire de l'extérieur, comme si nous étions susceptibles de la « voir » (*einsehen*) depuis un point de vue auquel elle n'appartenait pas déjà d'une certaine façon. Ce qui met cette singulière « évidence » radicalement à part des considérations eidétiques auxquelles les descriptions des phénoménologues permettent d'aboutir, c'est son implication extrêmement forte dans la méthode descriptive en tant que telle : la description phénoménologique ne saurait commencer sans elle, dans la mesure où, comme nous venons de le voir, c'est toujours, d'une certaine façon, cette intuition adéquate qui donne sa légitimité philosophique à la description du vécu, en garantissant qu'elle ne nous éloigne pas des phénomènes qu'elle prétend atteindre, et nous ouvre au contraire l'accès « aux choses mêmes ». Ce « fait que nous ne nous contentons pas de présumer », et dont Husserl nous assure au § 65 que nous « avons une *intuition évidente* », définit ainsi en même temps la *loi* la plus générale de la description, conduisant ainsi à son comble l'intrication irréductible du descriptif et du normatif en laquelle culmine la phénoménologie des *Recherches*.

C'est la raison pour laquelle il aura fallu patienter jusqu'à la toute fin des *Recherches*, conformément au mouvement de « zigzag » que suit la recherche phénoménologique selon Husserl[1], pour que l'obstacle métaphysique qui a interdit aux prédécesseurs de Husserl de formuler clairement le problème philosophique et les enjeux de la théorie de la connaissance soit définitivement levé ; il fallait en effet encore attendre que soit mise en place cette *norme descriptive*, pour que puisse être légitimement accompli le passage de l'*explication* à l'*élucidation* (de la métaphysique à la phénoménologie descriptive), que Husserl avait appelé de ses vœux dans l'introduction générale des *Recherches*, et qui trouve ici sa justification :

> Ce n'est pas d'*explication* [*Er*klärung] qu'il est besoin, mais de la simple *élucidation* [*Auf*klärung] phénoménologique du signifier, du penser, du connaître, ainsi que des idées et des lois qui en découlent[2].

Il est tout à fait remarquable qu'une entreprise philosophique qui avait été placée par Husserl sous le signe de la description, s'achève ainsi dans une démonstration par l'absurde devant garantir la légitimité de l'exigence descriptive. Derrière cette défense de la descriptivité phénoménologique s'est glissée une dose non négligeable de normativité qui pèse de tout son poids sur l'ensemble des *Recherches*, normativité qui se trouve, discrètement, mais sûrement, consacrée dans ces lignes très importantes venant clore l'ensemble de l'édifice : la description trouve à cet endroit l'une de ses limites, dans l'impossibilité *logique* de pouvoir opposer le sensible et le catégorial en les mettant face à face, c'est-à-dire en les mettant dans une relation d'extériorité comparable à celle à partir de laquelle s'opposaient jusqu'ici le sujet et l'objet (le *Gegen-stand*).

La phénoménologie ne peut en un sens commencer sans qu'ait été, consciemment ou non, avalisé ce principe qu'elle présuppose toujours (et auquel elle doit sa « neutralité », en entendant par là sa capacité à se délester

1. Cf. *RL*1, Introduction, § 6, appendice 2, p. 19.
2. *RL*6, § 65, p. 239 [729].

des problématiques propres à la métaphysique) : aucune description des objets sensibles et des formes qui leur sont propres ne pourra jamais venir contredire les lois analytiques-formelles de la logique sur lesquelles se règlent les lois de transformation des formations catégoriales en formes nouvelles. Et inversement, il est *a priori* exclu que le domaine catégorial puisse être cerné dans une description des usages concrets que nous pouvons effectivement faire des formes de signification ou des catégories en tant que telles :

> Les lois pures sont précisément pures de la *matter of fact*, elles n'énoncent pas ce qui est l'usage général dans telle ou telle province du réel, mais ce qui échappe absolument à tout usage [*Brauch*] et à toutes délimitations concernant des sphères de la réalité [*Realitätsphären*] [1].

Le catégorial non-réflexif : Husserl critique de Kant

Husserl s'est de cette façon donné les moyens d'éviter les deux dangereux écueils qui menaçaient la réintroduction d'une problématique catégoriale dans une théorie de la connaissance se voulant « métaphysiquement neutre ». Le premier est l'écueil naturaliste : il consiste à dériver simplement le catégorial du sensible, sur lequel le premier doit pourtant bien se fonder d'une façon ou d'une autre, si l'on renonce à poser *a priori* l'entendement comme une *faculté*, et à le tenir à ce titre *séparé* de la sensibilité. Le passage qui vient d'être cité en donne un très bon exemple : l' « usage » auquel Husserl fait référence, renvoie (comme la *matter of fact*) à la psychologie empiriste de Hume et à la sédimentation des pratiques dans l'habitude. La problématique catégoriale que Husserl tente de renouveler s'efforce au contraire de laisser de côté cette question de l' « usage », afin de substituer le « vrai *a priori* logique », l' « *a priori* pur et authentique », à une fondation rattachant les lois de la pensée à celles de notre organisation psychique [2]. Mais il ne s'agit pas pour autant de penser le catégorial comme le vis-à-vis du sensible – ce serait là le second des deux écueils entre lesquels navigue la problématique catégoriale dans les *Recherches* : cela reviendrait en effet à concevoir les actes et les synthèses catégoriales comme une façon d' « appliquer » de l'extérieur les catégories au réel et de conférer de cette façon une forme à un donné intuitif qui en serait initialement dépourvu. Husserl formulera ce point de façon extrêmement claire et intéressante dans un texte plus tardif de 1908, à

1. *Ibid.*, § 64, p. 237 [727].
2. *Ibid.*, p. 235-237, pour l'ensemble de ces références.

l'occasion duquel il reviendra sur la portée et la signification de sa conception du catégorial. Husserl s'intéresse ici aux cas où l'analyse phénoménologique doit prendre en compte « la constitution des différentes objectivités pures et simples qui, dans leur être même, impliquent déjà une saisie catégoriale » :

> On ne doit pas ici se laisser induire en erreur par la façon de parler qui – convenablement comprise – est injustifiée, suivant laquelle la pensée est ce qui confère [*verleihe*] aux objets la forme catégoriale. Nous devons éviter tout contact avec cette idée dangereuse, naïve, et en fait difficilement surmontable, qui dit à peu près ceci : l'objet est ce qu'il est, en soi. Mais la pensée ne pourrait malheureusement s'en saisir que par l'intermédiaire du représenter [*das Medium des Vorstellens*], par les actes consistant à percevoir, se souvenir, attendre, croire, etc., au plus haut niveau par les actes du représenter au sens prégnant. L'objet serait donc pensé, et la pensée aurait naturellement les formes, qui lui appartiennent en propre, avec lesquelles s'accomplit nécessairement la relation à l'objectif [*das Gegenständliche*] ; ce n'est que dans de telles formes qu'il pourrait nous être donné et être connu de nous.
>
> Mais nous avons clairement compris depuis longtemps que nous ne pouvons précisément pas commencer par l'opposition [*Gegenübersetzung*], si évidente dans l'aperception psychologique, de l'objet d'un côté, et de la pensée qui pense de façon contingente l'objet et qui malheureusement n'en approche que par le médium psychologique. C'est dans la pensée elle-même, et ce n'est que dans la pensée, qu'il est possible *a priori* d'opérer la séparation entre l'objet lui-même et la pensée de l'objet[1].

La conception fondamentalement erronée et naïve de la pensée et des formes catégoriales que Husserl présente ici comme l'erreur archétypique de la théorie de la connaissance rappelle manifestement, mais non sans ambiguité, l'analyse kantienne du rôle des catégories dans la connaissance : nous avons ici affaire à une sorte de relecture en termes psychologiques (et, jusqu'à un certain point, très brentaniens) du cadre général dans lequel Kant avait formulé sa conception du catégorial. Du point de vue qui est celui de Husserl, la subordination opérée par Kant des catégories aux actes de jugement dont elles traduisent les formes, et de ces jugements à l'entendement conçu comme « pouvoir de juger » opposé à la sensibilité, ne pouvait conduire la théorie kantienne de la connaissance

1. *Leçons sur la théorie de la signification*, § 10, *op. cit.*, p. 70-71 (traduction légèrement modifiée) ; *Husserliana* XXVI, p. 46-47.

qu'à restaurer une forme déguisée de psychologie[1], quand bien même celle-ci s'opposait à la psychologie empiriste-naturaliste et devait donc correspondre à une forme nouvelle – *transcendantale* – de psychologie : « la psychologie transcendantale est bien *aussi* une psychologie »[2].

Il faut rappeler à cet égard que la conception kantienne des formes logiques pures du jugement est encore profondément marquée au sceau d'une théorie de la réflexion et du sens interne héritée de Port-Royal. Si la logique relevait pour Arnauld et Nicole des « réflexions que les hommes ont faites sur les principales opérations de leur esprit »[3], il n'en va en un sens pas autrement pour l'auteur de la *Critique de la raison pure* : la logique dépend des jugements en tant qu'actes mentaux, lesquels s'atteignent dans de nouveaux actes de réflexion sur ces actes[4]. La conception kantienne du catégorial en porte la marque, à telle enseigne que la table des catégories peut être établie en relation étroite avec l'analyse des *actes mentaux* indispensables à toute représentation d'objet, et dont Kant

1. Voir notamment la référence aux « conditions psychologiques » de la connaissance par expérience chez Kant au § 65 des *Prolégomènes* (*op. cit.*, p. 261).

2. *Prolégomènes*, § 28, p. 104. Cette lecture critique du rapport entre la conception kantienne de la logique et sa théorie de la connaissance est partagée par un certain nombre de philosophes de la logique, au tournant du XXe siècle : on en trouve notamment une version chez Emil Lask, qui considérait lui aussi que Kant n'était pas véritablement parvenu à donner une caractérisation non psychologique du logique (cf. *La logique de la philosophie et la doctrine des catégories*, Paris, Vrin, 2002, p. 259). Voir à ce propos les commentaires de J.-F. Courtine, *La cause de la phénoménologie*, Paris, P. U.F., 2007, p. 142. Estimant que Kant n'avait pas été fidèle à l'exigence qu'il s'était lui-même fixé – celle de dégager la logique de la psychologie – Jean Cavaillès reprochera lui aussi à Kant de verser dans une forme insidieuse de psychologisme, en raison de l'implication problématique de sa théorie des facultés dans sa conception de la logique (*cf.* J. Cavaillès, *Sur la logique et la théorie de la science*, 2e éd., Paris, Vrin, 2008, p. 17 : Chez Kant, « la logique ne peut être définie que postérieurement à la position de ces facultés, bien qu'elle prétende les diriger »).

3. A. Arnauld, P. Nicole, *La Logique ou l'art de penser*, Paris, Gallimard, 1992, p. 30. Husserl y fait directement référence en critiquant au début des *Prolégomènes* l'assimilation de la logique à une « technique du jugement, du raisonnement, de la connaissance, de la pensée », et en mentionnant à ce moment « *l'art de pensée* » (en français dans le texte ; *Prolégomènes*, § 12, p. 30).

4. *Cf.* Kant, *Logique*, trad. fr. L. Guillermit, Vrin, 1966, p. 13 : « La logique est connaissance de l'entendement et de la raison par eux-mêmes, uniquement selon la forme ». Ces pages de la *Logique* sont citées par Husserl dans les *Prolégomènes* (§ 19, p. 58), ainsi que par Cavaillès qui les citait de mémoire depuis sa cellule dans la prison militaire de Montpellier (*Sur la logique et la théorie de la science*, p. 18). Cavaillès interprétait cet appel à la « forme » comme la marque de fabrique du psychologisme original de Kant : « le formel coïncide avec l'acte de penser en général » (*op. cit.*, p. 21).

expose les différentes formes logiques dans sa table des jugements[1]. C'est la raison pour laquelle les *Prolégomènes* n'hésitaient pas à assimiler « l'idéalisme formel de Kant » à un genre particulier de psychologisme devant être rangé parmi les « spécimens de la théorie des facultés innées de la connaissance »[2].

La réintroduction de la problématique catégoriale au terme des *Prolégomènes* doit au contraire permettre de purger la question du rapport de délimitation réciproque du « mental » et du logique des contresens métaphysiques dans lesquels elle a toujours baigné. La sixième *Recherche* s'attaque ainsi tout autant aux tentatives empiristes pour fonder les lois catégoriales sur celles de la sensibilité qu'à une forme déguisée et particulièrement perverse de psychologisme, fondée sur la perception interne des actes mentaux, mais se protégeant derrière le masque d'une critique transcendantale des formes de la connaissance. Pas plus qu'elles ne sauraient être dérivées du sensible ou prélevées « sur » les choses réelles, les catégories sur lesquelles reposent les fonctions de la pensée et du jugement ne sauraient être trouvées « en » nous, au moyen d'une perception interne ou de quelque autre forme que ce soit de réflexion psychologique sur les opérations mentales effectives que nous accomplissons[3].

Ces critiques font ressortir un élément important de l'opposition manifestée par Husserl à l'encontre de la conception kantienne du catégorial – quoiqu'il en soit de l'injustice faite ici à Kant. Les formes catégoriales, avons-nous dit, sont toujours liées pour Husserl à des actes spécifiques – les actes catégoriaux – auxquels elles doivent leur type original d'ancrage dans le sensible (puisque ces actes sont nécessairement fondés sur des actes sensibles). Le catégorial peut ainsi à la fois jouir d'une certaine autonomie par rapport aux formes et aux matériaux sensibles (dans la mesure où ces formes catégoriales ne sont pas elles-mêmes directement fondées dans la sensibilité, mais indirectement seulement, par l'intermédiaire des actes dont elles dépendent), sans être pour autant détaché *a priori* du monde dans lequel il trouve sa signification ou par

1. *Cf.* B. Longuenesse, *Kant et le pouvoir de juger*, Paris, P. U.F., 1993, p. XII.

2. *Prolégomènes*, § 28, p. 104 ; voir également le § 20, dans lequel Husserl dirige ses critiques contre la conception que se font les kantiens et les herbartiens de la logique pure : « n'est-il pas constamment question chez eux de lois normatives de la pensée, en particulier de la formation de concepts, de jugements, etc. ; voilà qui démontre amplement, pourrait-on dire, que la matière n'est ni théorique, ni étrangère à la psychologie » (p. 65).

3. *Cf.* la critique que Husserl donnait de la « réflexion naturelle » au § 12b de la cinquième *Recherche*.

rapport auquel il prend sens (puisqu'il lui est toujours rattaché en vertu de la fondation nécessaire des actes catégoriaux sur les actes sensibles). Toutefois, l'écart que l'autonomie des formes catégoriales permet de maintenir entre la pensée et l'être ne doit pas nous inciter à concevoir l'opposition du catégorial et du sensible sous la figure d'une confrontation, en comprenant, à tort, le premier comme se tenant dans une position de vis-à-vis par rapport au second. La disqualification, au § 65 de la sixième *Recherche*, du problème de la signification réelle du catégorial, devait en effet aboutir à poser à nouveaux frais la problématique catégoriale, en dehors de toute référence à une question que la psychologie « en demi-teinte » de Kant semblait réinstituer malgré elle : la question absurde et fallacieuse du *lieu* du catégorial. Les formes catégoriales ne peuvent être dites « appartenir » à la pensée si cela doit avoir pour implication une mise en opposition de la pensée et du réel les posant comme extérieurs l'un à l'autre. Ces formes ne peuvent donc pas faire l'objet d'une réflexion, si celle-ci signifie un retour de la pensée sur elle-même (ou à elle-même), lui permettant de mettre au jour les catégories comme autant d'outils dont la pensée pourrait toujours disposer par avance, étant libre de les « appliquer » ou pas au donné intuitif. Les catégories ne font en aucune façon office de ressources disponibles pour la connaissance, ou de capacités se trouvant *en puissance* dans l'esprit et se manifestant *en acte* dans les jugements. C'est ce que le passage du cours de 1908 précédemment cité dénonce dans des termes plus explicites encore. Les formes catégoriales n'appartiennent pas « en propre » et *a priori* à la pensée, comme autant de conditions épistémiques *au moyen desquelles* devrait « nécessairement s'accomplir la relation à l'objectif ». La relation à l'objet n'a pas besoin de telles formes pour se réaliser (pour que l'objet puisse « nous être donné et être connu de nous »), dans la mesure où ces formes présupposent au contraire toujours que cette relation ait pu s'établir *en amont* dans une intuition simple. Cela signifie que la sphère du catégorial ne peut en aucune façon être conçue comme une sorte de « boite à outils » de la pensée, comprenant en elle les instruments à l'aide desquels celle-ci pourrait seulement s'appliquer au réel.

Ce que Husserl cherche à éluder, c'est une conception du catégorial conçu comme un moyen de réunir ce que l'on a d'abord et à tort séparé : la pensée et le réel – séparation qui laissait supposer à tort que le problème par excellence de la connaissance était d'expliquer leur harmonie, et que la meilleure façon de le régler consisterait à les fonder l'un sur l'autre, de façon idéaliste ou empiriste selon le sens que l'on donne à cette relation de fondation. C'est la raison pour laquelle la dénonciation de l'absurdité sur laquelle repose le problème de la signification réelle des catégories ne s'appuie pas seulement, comme nous avons pu le remarquer, sur une analyse descriptive, mais sur un raisonnement par l'absurde : elle a d'abord et avant tout une vocation thérapeutique, celle de nous délivrer du charme que peut exercer sur le métaphysicien cette représentation inepte des rapports entre la pensée et le réel[1]. C'est, en définitive, la raison pour laquelle la conception du catégorial développée par Husserl dans les *Recherches Logiques* va de pair avec une réforme du rôle qu'une certaine théorie de la connaissance – dont Kant constitue le représentant le plus éminent – accordait aux synthèses, en considérant qu'elles doivent permettre aux catégories de s'appliquer au divers de l'intuition, et de gagner de cette façon une « prise » déterminée sur le monde[2]. La question *n'est précisément pas* celle de l'application ou de l'applicabilité des catégories au réel, au sensible, ou à un matériau qu'elles viendraient informer : d'où l'insistance de Husserl sur l'idée selon laquelle les « fonctions catégoriales » préservent toujours l'intégrité de l'objet sensible en le laissant « intact » (*unberührt*)[3]. Sa capacité à « mordre » sur le réel ou à être en prise avec le monde, la pensée ne la doit pas à une sorte de pouvoir de synthèse des catégories (demandant à être légitimé au moyen d'une théorie de l'applicabilité des catégories au sensible) : c'est au contraire le caractère strictement analytique des lois de transformations possibles des formes catégoriales sur la base de tel ou tel matériau donné (dont l'identité, certes déterminée, reste toutefois fondamentalement « *arbitraire* »)[4] qui en est le garant, dans la mesure où cette analyticité va de pair avec l'autonomie formelle de la pensée catégoriale, qui, en la mettant à l'écart de toute possibilité de voir ses lois confirmées ou réfutées par le « cours du monde réel », lui assure paradoxalement sa « prise » sur celui-ci.

1. Ce caractère thérapeutique de la méthode phénoménologique et le type d'exténuation des dichotomies métaphysiques qu'elle propose est généralement très sous-estimé, alors qu'il constituait le nerf de la « neutralité métaphysique » à laquelle prétendent les *Recherches Logiques.*

2. C'est un point dont Heidegger avait parfaitement su prendre la mesure dans son séminaire de Zahringen, en soutenant que la doctrine de l'intuition catégoriale ne répondait pas tant à l'objectif de redonner aux concepts purs de l'entendement une « prise » sur le réel-intuitif, qu'elle ne cherchait à se donner les moyens de comprendre l'appréhension de la substantialité même de la chose perçue sans avoir besoin de recourir à la « synthèse transcendantale » kantienne ». Cf. *Questions IV*, p. 460 *sq.*

3. *RL*6, § 61, p. 223.

4. *RL*6, § 62, p. 227.

La « conversion » phénoménologique et le catégorial

Aussi le catégorial ne doit-il pas être compris comme la condition de possibilité de la connaissance objective au sens que pouvait prendre cette expression dans la *Critique de la raison pure*, dans la mesure où, loin de venir répondre au problème de l'accès épistémique au réel, il présuppose en un sens ce problème *déjà résolu*. C'est ce qu'indique dans une formulation saisissante la conclusion tirée par Husserl dans le passage que nous avons extrait du cours sur la théorie de la signification : nous ne pouvons pas *commencer* par l'opposition de la pensée et de l'objet, et fonder le statut de la catégorialité sur une séparation de l'esprit et du monde qu'elle aurait vocation à colmater. Le type d'aprioricité qui caractérise la pensée catégoriale, dont les lois « ne visent aucun fait », n'est intelligible que dans la mesure où cette séparation de la pensée et de l'objet est effectuée *de l'intérieur de la pensée elle-même*, et où il a clairement été reconnu et accepté que cette séparation ne précède pas la pensée catégoriale (ce qui ne manquerait pas de poser une nouvelle fois la problématique catégoriale dans des termes qui sont ceux de l'*applicabilité* des catégories aux intuitions sensibles) :

> C'est dans la pensée elle-même, et ce n'est que dans la pensée, qu'il est possible *a priori* d'opérer la séparation entre l'objet lui-même et la pensée de l'objet[1].

La problématique catégoriale, depuis laquelle s'éclaire le sens de l'opposition « entre l'objet lui-même et la pensée de l'objet », ne peut être correctement posée qu'à la faveur d'une sorte de « conversion » phénoménologique première : elle suppose en effet toujours qu'ait *déjà* été effectué le saut nous permettant de nous positionner sur son terrain propre, ce qui revient à dire, en d'autres termes, que la question de la catégorialité ne peut se poser que depuis son propre préalable. La sphère de la pensée catégoriale ne peut en aucune façon s'atteindre de l'extérieur : telle est, d'une certaine façon, la leçon fondamentale que nous enseigne la sixième *Recherche* en mettant au jour une dimension proprement catégoriale *de l'intuition elle-même*, preuve s'il en est que le catégorial s'atteint toujours en se présupposant lui-même, ou qu'il exige des modalités d'accès à la mesure de ce que l'on veut ainsi atteindre : le phénoménologue n'y parvient que s'il y est en un sens déjà situé. C'est aussi la raison pour laquelle le modèle classique de la réflexivité ne convient décidément pas à l'analyse

1. *Leçons sur la théorie de la signification*, § 10, p. 71.

que les *Recherches Logiques* proposent de la catégorialité, dans la mesure où il implique la possibilité d'un regard extérieur nous permettant d'accéder aux formes catégoriales [1]. Ainsi, le catégorial définit-il nécessairement le format de toute description phénoménologique de la connaissance, non parce qu'il poserait les conditions de l'accès à l'objet en tant que tel, mais parce que cet objet ne peut être thématisé *dans sa différence avec la pensée de l'objet*, soit comme objet *de* connaissance, que *depuis la pensée elle-même*, et sur un terrain déjà catégorialement déterminé. Cette thèse ne doit donc pas avoir pour corolaire que tout accès à l'objet est catégorial, ce qui est très exactement refusé par le maintien des actes d'intuition simple au fondement des actes catégoriaux, mais elle signifie que l'objet, *en tant qu'objet de connaissance*, n'est descriptible que sur la base d'actes catégoriaux nous le donnant comme tel.

Ainsi, l'intuition catégoriale constitue-t-elle la « clé de voûte » de la phénoménologie husserlienne, dans la mesure où elle nous installe d'emblée au cœur du rapport entre la pensée et le monde, et nous évite de cette façon de devoir accepter *a priori* leur opposition comme un donné à partir duquel devrait s'effectuer la description phénoménologique. Partir de cette opposition, en effet, nous placerait devant une alternative interdisant toute description au sens technique et phénoménologique que Husserl entend réserver à ce terme dans les *Recherches* : soit la description ne décrit que le monde extérieur – c'est-à-dire le monde *posé comme extérieur* et donné dans la perception externe ; soit, inversement, elle ne s'applique qu'au vécu posé *comme intérieur*, déterminé par sa dimension strictement *psychique*, et donné cette fois dans la perception interne. Cette situation vouerait alors la phénoménologie à osciller de façon stérile entre un objectivisme naïf et une psychologie descriptive qui ne se serait en rien départie de celle que l'on trouvait déjà chez Brentano et ses disciples. La conception husserlienne du catégorial doit au contraire nous fournir la clé de la méthodologie descriptive des *Recherches Logiques* dont elle est intimement solidaire : c'est en effet à elle qu'il revient, en définitive, de donner à la description phénoménologique sa légitimité, dans la mesure où, en vidant de sa substance problématique la question métaphysique du face à face entre la pensée et l'être, elle fonde la prétention de la description *des*

1. Précisons toutefois que la notion de réflexion sera considérablement réaménagée par Husserl dans les années qui suivent les *Recherches Logiques* et jusqu'à la parution du premier tome des *Ideen*, rendant possible une forme de réflexivité nouvelle que les *Recherches* refusaient. Voir à ce sujet notre étude : « La question de la réflexion », dans A. Grandjean, L. Perreau, *Husserl, la science des phénomènes*, Paris, CNRS éditions, 2012.

vécus à être tout autre chose qu'une forme de réflexion psychologique ou de perception interne, et à exhiber ultimement le logos *des phénomènes* en tant que tels.

Tout ce qui se donne à la conscience ne se donne certes pas sur un mode catégorial (c'est-à-dire selon une mise en forme qui n'intervient que là où entre en jeu la dimension épistémique de la conscience, le connaître en tant que tel), mais c'est en revanche toujours sur un terrain déjà catégorisé que s'ouvre le champ d'une description possible ou d'une « élucidation » phénoménologique de la connaissance. Toute expérience n'est pas catégoriale, mais toute description phénoménologique de l'expérience ne peut déployer les structures de celle-ci que parce qu'elle est déjà *a priori* en mesure d'en saisir l'articulation. Or, cette possibilité ne peut lui être garantie que par l'intuition catégoriale, c'est-à-dire par une forme d'intuitivité en laquelle nous devons reconnaître, contre Kant, une intuition *médiate*, traversée de part en part par une *discursivité* fondamentale, dans la mesure où elle dépend toujours d'actes catégoriaux dont la détermination phénoménologique essentielle tient à leur caractère d'actes *fondés*, et où l'objectivité à laquelle elle se rapporte est saisie par sa forme catégoriale propre (laquelle n'est pas *a priori* étrangère aux formes de signification qui structurent la visée énonciative).

On doit ainsi reconnaître que le catégorial définit ce que l'on pourrait appeler le « format de descriptibilité » du vécu : il exprime cette structure ou cette formalité logique du vécu qui l'ouvre à la description et le rend ainsi disponible pour l'analyse phénoménologique. Ce n'est que dans la mesure où les vécus peuvent se présenter sous un format ou une armature logique qui en révèle l'articulation complexe qu'ils peuvent offrir une « prise » à une description ayant pour objectif d'en établir le *logos*. Si décrire ne consiste pas seulement dans la saisie directe et immédiate d'un prétendu objet psychique interne, mais dans la thématisation de la relation intentionnelle qui articule la pensée et le monde (auquel la première est irrémédiablement liée), si, en d'autres termes, la méthode descriptive proprement phénoménologique se distingue par son irréductibilité à toute forme de description empirico-psychologique du vécu, alors le type de mise en lumière ou d'« élucidation » des phénomènes et de la connaissance qu'une telle description accomplit suppose que l'on soit déjà passé à un niveau catégorial d'analyse, avec lequel c'est *la forme même du vécu* qui constitue l'objet de notre description, et depuis lequel la possibilité d'une opposition entre les lois de la pensée et celles du monde ne fait plus problème.

Telle est, en quelque sorte, la clause normative à laquelle est suspendue la méthode descriptive de la phénoménologie : le vécu n'est descriptible que sous une formalité qui lui est propre, et cette formalité n'est autre que celle de la pensée catégoriale à partir de laquelle peuvent s'opérer à la fois sa séparation d'avec son objet intentionnel, et la consécration du fait que cet objet demeure bien, justement, *son* objet intentionnel. La description ne peut fonctionner que dans la mesure où l'intuitif et le discursif ne sont plus strictement opposés l'un à l'autre, et où le vécu peut être saisi dans des formes qui ne sont pas étrangères au « format » propositionnel des énoncés dans lesquels s'expriment les comptes-rendus descriptifs du phénoménologue. C'est précisément la raison pour laquelle la question de savoir si le caractère linguistique de la description peut remettre en cause sa prétention à déployer la structure des vécus ne doit plus avoir à se poser au terme des *Recherches Logiques.* Nous pouvons ainsi jeter un nouvel éclairage sur le parcours philosophique complexe et sinueux qui conduisit Husserl de ses premiers travaux encore fortement marqués par l'influence d'une psychologie héritée de Brentano et de Stumpf jusqu'aux *Recherches.* La mise en place de la problématique catégoriale et de la distinction phénoménologique entre actes sensibles et catégoriaux rend possible une philosophie descriptive analysant le vécu non plus comme une unité *psychologique* donnée empiriquement à la perception interne, mais comme une unité *logique* dont la structuration ne nous est accessible que dans la mesure où nous nous sommes *déjà* situés à un niveau catégorial d'analyse : une structure logique, donc, déjà mise au format de la pensée catégoriale et pouvant ainsi rendre compte *a priori* de sa « prise » sur le monde.

CONCLUSION

En ouverture de cet ouvrage, nous faisions état du problème que posent à la pensée la possibilité constante et inéliminable de son écart par rapport à l'être, ainsi que sa capacité problématique à négocier plus ou moins comme elle l'entend – du moins avec une certaine latitude – avec la perception qui la rapporte au monde. Il n'y a en effet de pensée que là où peut être mise en œuvre une forme de liberté à l'égard de ce qui s'offre à nous, à la faveur de laquelle la pensée s'inscrit dans une certaine distance par rapport au réel – distance nécessaire pour qu'un discours, un acte de l'esprit, etc., puissent légitimement revendiquer le nom de pensée. Or, la possibilité de cet écart entre la pensée et l'être représente aussi invévitablement un danger pour la première, et, si cette possibilité est apparue comme une menace que la philosophie s'est donné pour tâche de prendre en charge, c'est à la théorie des catégories qu'a été confié le soin d'en apporter la solution. La problématique catégoriale s'est inscrit dans la postérité du meurtre symbolique de Parménide dans le *Sophiste*, en ayant à charge de penser la relation entre ce que Parménide se refusait à séparer. Prenant au sérieux le risque que peut faire peser sur la pensée la distance qui la sépare constitutivement de l'être, l'analyse traditionnelle des catégories s'est efforcée de les articuler l'un à l'autre en mettant au jour la compatibilité des structures dont ils relèvent et qui les caractérisent respectivement. Ainsi s'est-il agi de montrer que les formes du jugement et de la logique, loin d'entrer en conflit avec celles de la perception et de l'être, s'accordaient parfaitement avec elles : soit que la perception soit elle-même conçue sur le modèle ou comme une forme de jugement, soit que l'obédience à une forme plus ou moins explicite d'universalisme logique vienne cimenter la relation du logique et de l'ontologique.

Or, s'il y a bel et bien un sens à s'interroger sur l'écart dans lequel s'inscrit la pensée, il n'y a peut-être pas pour autant de motif de s'en inquiéter au sens où l'ont fait les grandes pensées catégoriales à la suite du *Sophiste*. Il ne va pas absolument de soi qu'il y ait des raisons de s'alarmer du fait que la pensée se situe toujours, de par son exercice même, dans une position de retrait nécessaire par rapport à ce sur quoi elle porte. N'est-ce pas là sa loi la plus propre ? Que pourrait bien être une pensée qui s'affranchirait de cette condition ? Il semble que ce que l'on appelle penser exige à la fois une certaine dose de liberté et de détermination dans le rapport de la pensée à l'être. Montrer une inquiétude à cet égard est symptomatique d'une tendance extrêmement commune et tenace de la philosophie à s'étonner de problèmes qu'elle s'est elle-même créés, là où elle devrait au contraire être en mesure d'y reconnaître son fait ou son œuvre. *Distinguer* l'être de la pensée, la sensibilité de l'entendement, ou encore l'intuition de la signification est sans doute nécessaire là où l'on cherche à décrire les éléments qui permettent de rendre compte de l'expérience, et il n'est nullement question de contester que ce type de distinctions ont une portée phénoménologique (que précisément les *Recherches Logiques* s'efforcent de déployer). Mais *opposer* l'être à la pensée, la sensibilité à l'entendement, l'intuition à la signification, etc., *au point d'en faire un problème*, ce ne peut être là que l'œuvre d'une philosophie qui court alors le risque de perdre de vue l'ancrage descriptif de la pensée et de tourner à vide, selon la métaphore de John McDowell. S'inquiéter de cette distance par rapport à l'être qui donne son sens à la pensée, c'est faire état d'un certain type d'attentes à l'égard de ce que l'on voudrait que la pensée soit, révélatrices des présuppositions qui ont grevé la conception du rôle des catégories de Platon et Aristote jusqu'à Husserl[1].

Ce qui caractérise la stratégie philosophique commune à l'ensemble de cette tradition, c'est le fait d'admettre *a priori* et comme un donné de départ un clivage entre les lois de la logique et celles qui régissent le cours de la nature, clivage qui est sensé rendre compte de l'opposition de la pensée et du réel. La grande nouveauté de la conception husserlienne des catégories repose sur sa profonde défiance à l'égard de ce type de stratégie, et sur son refus d'inscrire la problématique catégoriale dans un cadre théorique présupposant une opposition de la pensée et de l'être qui n'a pas encore trouvé son élucidation phénoménologique. C'est la raison pour laquelle l'analyse de la perception joue un rôle architectonique en permettant à

1. Il faut donc être clair quant au point selon lequel le fait de ne pas s'alarmer de cet écart ne revient pas à se replier sur une identification de l'être et de la pensée.

Husserl de décrire sur un mode strictement phénoménologique l'articulation de la pensée et de l'être au terme des *Recherches Logiques.* C'est aussi la raison pour laquelle la réflexion que Husserl consacre à la question de la signification et de la « portée réelle » du logique constitue le soubassement nécessaire de sa redéfinition de la problématique catégoriale, l'autorisant à aborder celle-ci à nouveaux frais et sans devoir faire fond sur une façon abstraite d'opposer la pensée au réel.

Cette interrogation sur la « portée réelle » du logique constitue ainsi le leitmotiv sur lequel s'ouvrent et s'achèvent les *Recherches Logiques*, des *Prolègomènes* aux derniers paragraphes de la sixième *Recherche*, parcourant un chemin qui permet à Husserl de redéfinir le sens de l'opposition entre les lois qui caractérisent la perception sensible et celles qui gouvernent la pensée proprement dite. Cette opposition classique entre la façon dont l'être se donne et la façon qu'a la pensée de s'y rapporter a certes une valeur, mais une valeur strictement *interne* à l'analyse phénoménologique des formes, à la faveur de laquelle la distinction classique de la sensibilité et de l'entendement trouve un sens nouveau. C'est *depuis* la perception elle-même, et non en amont de celle-ci, que se décide le partage du sensible et du catégorial, loin que l'analyse du percevoir puisse faire fond sur cette division et la présupposer acquise. L'élargissement du voir à la faveur duquel la sixième *Recherche* introduit l'intuition catégoriale ne consiste pas à appliquer à la perception des catégories qui lui seraient extrinsèques : il procède purement et simplement d'une phénoménologie de la perception qui met au jour l'irréductibilité d'un sens catégorial du voir, lequel ne doit pas pour autant absorber ce que Husserl continue d'appeler le « voir simple » – la *schlichte Wahrnehmung*.

Le point qui nous intéresse et sur lequel cet ouvrage a voulu mettre l'accent est que la perception nous installe sur un terrain depuis lequel l'opposition classique *a priori* de la pensée et du réel perd sa légitimité : elle ne fait en effet plus tout à fait sens dès lors que peut être mise au jour la façon selon laquelle la perception apporte un remplissement aux formes de signification qui structurent le penser en général. La doctrine de l'intuition catégoriale n'est pas simplement un complément à la théorie des catégories ; elle en est bien plutôt la vérité, puisqu'elle permet d'en accomplir la visée en montrant comment les formes de signification qui structurent le penser en général peuvent entrer en ligne de compte dans l'ouverture des possibilités de la perception, et redéfinir le sens qu'il faut donner au voir. Les formes de la pensée ne sont pas *a priori* étrangères aux modalités d'appréhension du réel, ce qui ne veut pas pour autant dire que le réel *soit* en lui-même intrinsèquement perméable à de telles formes, comme s'il y avait là une quelconque thèse positive sur la structure *ontologique* de la réalité. Simplement, en mettant en évidence la façon dont le réel *répond* aux formes logiques animant l'intention qui le vise, la perception disqualifie une certaine façon de poser la question du rapport de la pensée à l'être en présupposant leur opposition *a priori*. C'est seulement en vertu d'un découpage (que la phénoménologie récuse) entre le vécu et ce qui apparaît que peut se poser le problème de la compatibilité entre les structures propres à la pensée et celles qui ressortissent de l'être en tant que tel.

L'analyse phénoménologique de la perception catégoriale prend au contraire le parti de se situer en amont de ce type de découpages, en se plaçant exactement au point en lequel se rejoignent et depuis lequel se départagent l'esprit et le monde, c'est-à-dire là où se recoupent le domaine du sens et celui de l'être, dans la tension qui oppose la (visée de) signification à l'intuition (susceptible de la remplir ou non), ou la pensée à la perception. Ce faisant, la phénoménologie justifie l'usage de la méthode descriptive qu'elle préconise, le travail de description faisant constamment jouer cette tension entre ce qui est susceptible de s'offrir à l'intuition et la possibilité d'en déterminer le sens au moyen de la signification. C'est la raison pour laquelle l'élucidation des rapports phénoménologiques entre le voir et le penser ne constitue pas seulement l'une des tâches de la philosophie phénoménologique mais son enjeu le plus fondamental, dans la mesure où il y va de la possibilité pour la phénoménologie de fournir ses propres gages de légitimité. La doctrine de l'intuition catégoriale permet ainsi à Husserl de justifier *après-coup* les prétentions descriptives de la phénoménologie en prouvant par l'exemple qu'il est toujours en droit possible d'étendre l'analyse des rapports entre la conscience intentionnelle et ce qu'elle vise, *y compris là où la signification visée semble déborder le donné et excéder l'intuition*. La découverte phénoménologique de l'intuition catégoriale n'« élargit » pas seulement le sens du voir, elle ouvre aussi bien la possibilité de le décrire. Ce faisant elle offre au discours philosophique une prise sur la perception qui n'est plus menacée par l'opposition *a priori* de l'être et de la pensée ni par l'écart qui sépare la perception du langage qui l'exprime.

La phénoménologie commence donc là où est en quelque sorte effectué un pas en retrait par rapport à l'ontologie, c'est-à-dire là où la question de la portée réelle des catégories a été court-circuitée et n'a plus besoin de se poser, de façon à donner libre champ à la description phénoménologique. De ce point de vue, outre les gages qu'elle offre à la phénoménologie en termes de ressources descriptives, la grande force de cette doctrine des catégories est d'éviter avec beaucoup de fermeté le piège « ontologique »[1] dénoncé plus tard Emil Lask. Réunissant la philosophie critique de Kant et le néo-kantisme de Windelband sous un même chef d'accusation, Lask leur reproche en effet leur façon commune de définir les catégories en les subordonnant toujours d'une façon ou d'une autre à l'expérience d'un étant naturel. Si Husserl échappe à ce travers, c'est parce qu'en mettant en évidence l'analyticité des lois pures sur lesquelles reposent les rapports de transformation possibles des formes catégoriales, il s'est donné les moyens de penser la catégorialité à partir de son appartenance au domaine purement logique, et non seulement à partir de son statut transcendantal de condition de possibilité de l'expérience. C'est la raison pour laquelle les formes catégoriales sont, dans les *Recherches Logiques*, les garantes d'une autonomie de la pensée qui lui est essentielle – quoique limitée par la fondation du catégorial sur le sensible – sans pour autant que celle-ci doive engager la moindre remise en cause du lien extrêmement fort qui rattache toujours la pensée catégoriale – moyennant les actes sensibles sur lesquels elle doit toujours être fondée – au monde.

Il faut comprendre ici qu'il y a une parfaite symétrie entre le reproche que Husserl adressait à la théorie kantienne de la connaissance à la fin de la sixième *Recherche*, celui de n'avoir pas su étendre l'intuition au domaine catégorial, et celui que formulera Lask, toujours à l'encontre de Kant, à qui il reproche de s'être interdit toute extension des catégories au domaine purement logique. La conception husserlienne de la catégorialité a l'ambition de répondre à l'une et à l'autre de ces deux critiques, en rendant tout aussi légitime l'ouverture du catégorial à la sphère purement logique que son « débordement » dans le champ de l'intuitivité. Les formes catégoriales ne nous délivrent rien d'autre que l'armature logique d'une pensée dont elles doivent exhiber la « logicité », sans que cela les prive pour autant d'avoir prise sur le réel, dans la mesure où elles participent activement à la constitution de la perception entendue sous sa modalité strictement épistémique, c'est-à-dire là où il est question non plus simplement de perception mais de *connaissance* perceptive.

De ce point de vue, le geste extrêmement novateur et original qui aura permis au Husserl des *Recherches Logiques* de réinvestir une problématique très classique, sans craindre pour autant d'exposer de cette façon

1. E. Lask, *Die Logik der Philosophie und die Kategorienlehre*, Siebeck, Tübingen, 1911/13; trad. fr. J.-F. Courtine, M.-B. Delaunay, D. Pradelle, Ph. Quesne, *La logique de la philosophie et la doctrine des catégories. Étude sur la forme logique et sa souveraineté*, Paris, Vrin, 2002, p. 48 *sq*.

la phénoménologie aux préjugés métaphysiques qui émaillent l'histoire de la thématique catégoriale, aura consisté à poser à nouveaux frais cette question des catégories dans le cadre d'une théorie de la signification, plutôt que d'en restreindre *a priori* le champ à une théorie du jugement et des synthèses prédicatives. Si les catégories ont vocation à déterminer les formes logiques possibles de l'objectivité au sens large (formes recensées sous le titre de « catégories objectives formelles » dans la première édition ou « ontologiques formelles » dans la seconde, telles les formes d'objet, d'état-de-chose, de tout, de partie, etc.), ces formes relèvent d'abord d'une sémantique, ou mieux, d'une logique syntactique posant les conditions du sens au niveau de la structuration formelle de l'énoncé et en-deçà de la question de sa référence objective. À ce titre, elles doivent être caractérisées comme « catégories de la signification » obéissant aux lois de structuration de la grammaire pure logique. La question qui commande la problématique catégoriale dans les *Recherches* est d'abord celle des conditions d'articulation du sens dans un complexe de signification, ou de la possibilité d'une signification ne s'exprimant pas simplement dans des mots mais dans des propositions. Si le catégorial intervient d'abord sous la plume de Husserl dans le cadre d'une théorie des formes possibles de théories, c'est parce qu'il met en jeu la structure formelle et *propositionnelle* de toute connaissance comme telle et de toute objectivité. Aussi les catégories sont-elles directement indexées sur la question du *sens* comme condition de toute connaissance et comme foyer d'articulation de toute référence objective possible : elles déterminent les structures *a priori* de la signification avant que ne se pose la question « ontologique » de leur pouvoir de contrainte sur la sphère de l'objectivité ou le problème de leur rapport à l'être en général[1]. Reprenant ainsi à nouveaux frais un projet qui situe la philosophie des *Recherches* dans le droit fil de la tradition catégoriale, l'étude phénoménologique des catégories pose ainsi une question qui n'est autre que la question de la pensée, en reconduisant cette dernière jusqu'à sa strate la plus fondamentale, celle à l'intérieur de laquelle se constitue la possibilité même du sens.

1. Jean-François Courtine a fait toute la lumière sur cette question : les « catégories objectives formelles » (ou « *ontologiques* formelles ») ne sont précisément pas des catégories *de* l'être, au sens où elles devraient être dérivées d'une ontologie des individus ou se déduire d'une « théorie de l'objet » ; elles imposent au contraire au concept traditionnel de l'être un déplacement sans précédent dans l'histoire de la métaphysique, puisqu'il doit à présent être saisi « comme ce qui se présente et s'articule dans la totalité de la proposition » (« L'objet de la logique », *op. cit.*, p. 25).

Toutefois, l'intérêt et l'originalité de cette approche du catégorial consistent précisément à ne pas en limiter la portée à une théorie des rapports entre les éléments syntaxiques de la signification sur la base desquels repose la production d'un sens. Au contraire, et de façon en apparence paradoxale, l'autonomie relative que Husserl confère à l'analyse des catégories de signification lui permet de donner un sens fort à l'articulation de la pensée et de la perception, que la préséance traditionnellement accordée à la question du jugement dans l'étude des catégories empêchait de prendre en vue. Là où une théorie des synthèses judicatives conduisait à replier la pensée et la perception l'une sur l'autre sans permettre de les articuler à proprement parler l'une à l'autre, la phénoménologie husserlienne envisage un rapport à la fois plus étroit et plus lâche entre le voir et le penser. Plus lâche parce qu'il montre que la perception n'est pas simplement indexée sur les formes du jugement lui imposant *a priori* d'avoir à se réaliser sous la forme d'une connaissance. En accordant un rôle fondamental et non-négociable à l'intuition simple, et en montrant comment celle-ci établit un rapport à l'objet sans le secours d'aucune autre forme de synthèse que la pure et simple « fusion des intentions partielles »[1], la phénoménologie husserlienne rend ainsi compte de la spécificité de la perception en la décrivant comme un rapport au monde de plein droit, n'ayant nullement besoin d'être conçu sur le modèle de la connaissance ni de se plier *a priori* à la logique des formes judicatives[2]. Mais la relation entre le voir et le penser que cette analyse de la perception établit est aussi en un sens plus étroite, dans la mesure où, au lieu de le présupposer, la description phénoménologique montre comment se met en œuvre le rapport qui lie la perception à la pensée, et la pensée à la perception. En mettant l'accent sur le rôle fondamental que joue le remplissement à cette occasion, la phénoménologie met ainsi en évidence le fait que cette relation ne va pas complètement de soi et qu'elle a besoin d'être actualisée, si tant est qu'elle requiert précisément un *acte* nouveau d'un type spécifique, à savoir l'acte de remplissement. On critique souvent cette notion de remplissement parce qu'elle appelle une théorie de la vérité mobilisant une certaine forme d'adéquation, sans voir que son intérêt essentiel est de nous

1. Voir l'analyse du § 47 de la sixième *Recherche* proposée dans le chap. III de cet ouvrage.

2. En détachant la perception de la question de la connaissance perceptive, l'analyse proposée dans les *Recherches Logiques* place ainsi d'emblée la phénoménologie à l'abri d'un reproche que l'on pourrait adresser à bon nombre des philosophies contemporaines de la perception qui ramènent obstinément celle-ci à un type particulier de *connaissance* (*cf.* J. Benoist, *Le bruit du sensible*, Paris, Cerf, 2013, p. 9 *sq.*)

donner à voir l'acte même au moyen duquel s'effectue le travail d'ajustement du voir et du penser l'un à l'autre, lequel intervient tout autant dans les situations conflictuelles que dans celles où ce remplissement semble s'effectuer sur un mode non-problématique. La description phénoménologique nous donne ainsi à voir la façon dont se négocie la tension entre le voir et le penser, dans un rapport à l'objet qui suscite une constante adaptation permettant à la pensée d'affiner sa prise sur l'objet que la perception lui présente, tandis que celui-ci lui offre une flexibilité suffisante pour qu'elle puisse le saisir au moyen de formes qui lui sont propres. La phénoménologie husserlienne peut de cette façon rendre compte de la relation qui lie la pensée et la perception l'une à l'autre sans pour autant devoir amoindrir la tension qui les oppose, consciente au plus haut point du fait que résorber cette tension reviendrait à perdre ce qui fait la spécificité de l'une et de l'autre.

Il n'y aurait donc pas davantage de sens à vouloir opposer la perception à la pensée qu'à chercher à les identifier. La force du lien qui rattache la pensée et la perception l'une à l'autre ne vient précisément pas du fait que la perception serait ordonnée aux structures de la pensée et de la connaissance et qu'elle pourrait s'y identifier, mais au contraire du fait que sa plasticité lui permet pour ainsi dire de s'y fondre. Voir n'est certes pas penser, et l'intuition catégoriale a toujours besoin de s'adosser à une forme simple et irréductible (c'est-à-dire strictement non-catégoriale) d'intuition pour pouvoir se constituer comme telle. La perception peut bien apparaître de ce point de vue comme une limite pour la pensée, dans la mesure où elle peut toujours aussi la contraindre et la décevoir. Mais elle n'en est justement capable que parce qu'elle peut aussi entrer en rapport avec la pensée et qu'elle ne lui est pas tout à fait étrangère. Sa plasticité lui permet d'être mise au service de la pensée, et de contribuer – ou non – à son remplissement. En ce sens, voir n'est pas nécessairement non plus faire *autre chose* que penser, comme si les deux activités s'excluaient : tout dépend de ce que l'on fait de la perception, de la contribution que l'on attend d'elle et de ce au service de quoi on la met. Il n'y a de ce point de vue rien d'absurde à faire de la perception la fin de la pensée (au sens téléologique), son accomplissement, non pas parce que les seules pensées dignes de ce nom devraient viser leur adéquation à l'être, mais plutôt parce que penser, c'est déjà une façon de se situer dans l'être (y compris lorsqu'il s'agit de le tenir à distance), tant et si bien qu'il n'y a en définitive pas lieu d'être surpris du fait que l'intuition puisse remplir la pensée et en épouser les structures.

BIBLIOGRAPHIE

Avertissement : ne figurent dans cette bibliographie que les œuvres de Husserl et les travaux qui sont pertinents eu égard à l'approche spécifique et à la problématique retenues dans cet ouvrage. Pour une recension plus large et beaucoup plus détaillée de la littérature concernant l'ensemble des questions abordées ici, on pourra notamment consulter les ouvrages de Jean-François Lavigne (*Husserl et la naissance de la phénoménologie, 1900-1913*, Paris, P.U.F., 2005) et de Jocelyn Benoist (*Intentionnalité et langage dans les Recherches Logiques de Husserl*, Paris, P.U.F., 2001).

ŒUVRES D'EDMUND HUSSERL ET TRADUCTIONS

Allgemeine Erkenntnistheorie. Vorlesung 1902/03, in *Husserliana*, Materialienband III, éd. E. Schuhmann, Dordrecht, Kluwer, 2001 (cité *AE*).

Articles sur la logique (1891-1913), trad. fr. J. English, Paris, P.U.F., 1975 (cité *AL*).

Aufsätze und Rezensionen (1890-1910), in *Husserliana* XXII, éd. B. Rang, La Haye, Nijhoff, 1979.

Briefwechsel, éd. K. et E. Schuhmann, Dordrecht, Kluwer, 1994.

Chose et espace, Leçons de 1907, trad. fr. J.-F. Lavigne, Paris, P.U.F., 1989.

De la synthèse passive, trad. fr. B. Bégout et J. Kessler, Grenoble, Millon, 1998.

Esquisse d'une préface aux Recherches Logiques (1913), trad. fr. J. English dans *AL*.

Expérience et Jugement. Généalogie de la logique, trad. fr. D. Souche-Dagues, Paris, P.U.F., 1970.

Husserl-Twardowski. Sur les objets intentionnels (1893-1901), trad. fr. J. English, Paris, Vrin, 1993 (cité *OI*).

Ideen zu einer reinen Phänomenlogie und phänomenlogischen Philosophie. Erstes Buch : Allgemeine Einführung in die reine Phänomenologie, in *Husserliana* III/1, éd. W. Biemel, La Haye, Nijhoff, 1950.

Idées directrices pour une phénoménologie et une philosophie phénoménologique pure, t. 1 : *Introduction générale à la phénoménologie pure*, trad. fr. P. Ricœur, Paris, Gallimard, 1950, 1985 (cité *Ideen I*).

Introduction à la logique et à la théorie de la connaissance, Leçons 1906-1907, trad. fr. L. Joumier, Paris, Vrin, 1998.

Logik, Vorlesung 1896, in *Husserliana*, Materialienband I, éd. E. Schuhmann, Dordrecht, Kluwer, 2001.

Logik, Vorlesung 1902/03, in *Husserliana*, Materialienband II, éd. E. Schuhmann. Dordrecht, Kluwer, 2001.

Logique formelle et Logique transcendantale. Essai d'une critique de la raison logique, trad. fr. S. Bachelard, Paris, P.U.F., 1957.

Logische Untersuchungen, Erster Band. Prolegomena zu reinen Logik, in *Husserliana* XVIII, La Haye, Nijhoff, 1975 (trad. fr. dans *Prolégomènes*).

Logische Untersuchungen, Zweiter und Dritter Band. Untersuchungen zur Phänomenology und Theorie der Erkenntnis, in *Husserliana* XIX/1 et XIX/2, La Haye, Nijhoff, 1984 (trad. fr. dans *RL* 2/1, *RL* 2/2 et *RL* 3).

Logische Untersuchungen, Ergänzungsband. Erster Teil. Entwürfe zur Umarbeitung der VI. Untersuchung und zur Vorrede für die Neuauflage der Logischen Untersuchungen (Sommer 1913), in *Husserliana*, XX/1, éd. U. Melle, La Haye, Kluwer, 2002.

Logische Untersuchungen, Ergänzungsband. Zweiter Teil. Texte für die Neufassung der VI. Untersuchung. Zur Phänomenologie des Ausdrucks und der Erkenntnis (1893/94-1921), in *Husserliana*, XX/2, éd. U. Melle, New York, Springer, 2005.

Philosophie de l'arithmétique, trad. fr. J. English, Paris, P.U.F., 1972.

Philosophie der Arithetik, in *Husserliana* XII, La Haye, Nijhoff, 1970.

« Psychologische Studien zur elementaren Logik », *Philosophische Monatshefte*, vol. 30, 1894, p. 159-191 ; trad. fr. J. English, « Études psychologiques pour la logique élémentaire de 1894 », dans *AL* p. 123-167.

Recherches logiques, t. 1 : *Prolégomènes à la logique pure*, trad. fr. Elie, Kelkel et Schérer, Paris, P.U.F., 1959 (cité *Prolégomènes*).

Recherches Logiques, t. 2/1 : *Recherches pour la phénoménologie et la théorie de la connaissance* (Recherches I et II, citées *RL* 1 et 2), trad. fr. Elie, Kelkel et Schérer, Paris, P.U.F., 1961.

Recherches Logiques, t. 2/2 : *Recherches pour la phénoménologie et la théorie de la connaissance* (Recherches III, IV et V, citées *RL* 3, 4 et 5), Paris, P.U.F., 1961.

Recherches Logiques, t. 3 : *Eléments d'une élucidation phénoménologique de la connaissance* (*Recherche* c, citée *RL* 6), Paris, P.U.F., 1963.

Sur la théorie de la signification (Leçons de 1908), trad. fr. J. English à partir du t. XXVI des *Husserliana*, Paris, Vrin, 1995.

Urteilstheorie. Vorlesung 1905, in *Husserliana*, Materialienband V, éd. E. Schuhmann, Dordrecht, Kluwer, 2002.

Wahrnehmung und Aufmerksamkeit, Texte aus dem Nachlass (1893-1912), in *Husserliana* XXXVIII, éd. Thomas Vongehr et Regula Giuliani, Dordrecht, Springer, 2004.

LITTÉRATURE SECONDAIRE ET AUTRES OUVRAGES CITÉS

AMESEDER, Rudolf, « Über Vorstellungsproduktion », *in* A. Meinong, *Untersuchungen zur Gegenstandstheorie und Psychologie*, Leipzig, Barth, 1904.

ARISTOTE, *Catégories*, trad. fr. F. Ildefonse et J. Lallot, Paris, Seuil, 2002.

ARNAULD, Antoine et NICOLE, Pierre, *La logique ou l'art de penser*, Paris, Gallimard, 1992.

AUBENQUE, Pierre, « Une occasion manquée : la genèse avortée de la distinction entre l' "étant" et le "quelque chose" », *in* P. Aubenque, M. Narcy (éd.), *Études sur le* Sophiste *de Platon*, Napoli, Bibliopolis, 1991.

– *Concepts et catégories dans la pensée antique*, Paris, Vrin, 1980.

BÉGOUT, Bruce, *La généalogie de la logique. Husserl, l'antéprédicatif et le catégorial*, Paris, Vrin, 2000.

– « La réverbération logique : la phénoménologie des "Prolégomènes à la logique pure" de Husserl », *Revue Philosophique de Louvain,* 99, 2001, p. 564-592.

– « L'héritage ambigu. La synthèse passive de Husserl au regard de la pensée kantienne », *Recherches husserliennes*, vol. 13, Centre de Recherches Phénoménologiques des Facultés Universitaires de Saint-Louis, Bruxelles, 2000.

– « Stumpf et Husserl. La théorie de la fusion », *Festschrift pour Jacques English*, R. Brisart (éd.), Hildesheim, Olms, à paraître.

BENOIST, Jocelyn, *L'a priori conceptuel. Bolzano, Husserl, Schlick*, Paris, Vrin, 1999.

– *Le bruit du sensible*, Paris, Cerf, 2013.

– *Intentionnalité et langage dans les Recherches Logiques de Husserl*, Paris, P.U.F., 2001.

– « Intuition catégoriale et voir comme », *Revue philosophique de Louvain*, 99, 2001/4.

– *Entre acte et sens*, Paris, Vrin, 2002 (cité *EAS*).

– « Fulfilment », *in* J. Padilla Galvez, *Phenomenology as Grammar*, Ontos Verlag, Frankfurt, 2008.

– « Husserl, Wittgenstein et l'impossibilité d'une pensée illogique », dans D. Fisette, S. Lapointe (éds.), *Aux origines de la phénoménologie*, Québec / Paris, Presses de l'Université Laval / Vrin, 2003.

– « L'écart plutôt que l'excédent », *Critique*, Paris, Minuit, n°78, 2003.

– « Phénoménologie et ontologie dans les Recherches Logiques », dans J.-F. Courtine et J. Benoist éds.), *Husserl : La représentation vide*, Paris, P.U.F., 2003.

– « Phénoménologie ou pragmatisme, deux psychologies descriptives », *Archives de philosophie*, 2006/3, t. 69, p. 415-441.

– Phé*noménologie, Sémantique, Ontologie. Husserl et la tradition logique autrichienne*, Paris, P.U.F., 1997 (cité *PSO*).

– *Représentations sans objet. Aux origines de la phénoménologie et de la philosophie analytique*, Paris, P.U.F., 2001.

– « Sur le concept de remplissement », dans J. Benoist éd.), *Husserl*, Paris, Cerf, 2008.

– « Two (or three) concepts of intentionality », *Tijdschrift voor Filosofie*, 69, 2007, p. 79-103.

– « Variétés d'objectivismes sémantiques », dans J. Benoist (éd.), *Propositions et états-de-choses*, Paris, Vrin, 2006.

BERNET, Rudolf, *Conscience et existence. Perspectives phénoménologiques*, Paris, P.U.F., 2004.

– « Désirer connaître par intuition », *Revue philosophique de Louvain*, n°4, nov. 2001.

– *La vie du sujet, Recherches sur l'interprétation de Husserl dans la phénoménologie*, Paris, P.U.F., 1994.

BOLZANO, Bernard, *Correspondance Bolzano-Exner*, dans B. Bolzano, *De la méthode mathématique*, trad. fr. C. Maigné et J. Sebestik, Paris, Vrin, 2008.

BRENTANO, Franz, *Kategorienlehre*, Hambourg, Meiner, 1985.

– *Psychologie vom empirischen Standpunkt*, texte édité par O. Kraus et révisé par F. Mayer-Hillebrand, Hamburg, Meiner, 1968 ; trad. fr. M. de Gandillac, revue par J.-F. Courtine, *Psychologie du point de vue empirique*, Paris, Vrin, 2008.

BRISART, Robert (éd.), *Husserl et Frege. Les ambiguïtés de l'anti-psychologisme*, Paris, Vrin, 2002.

— BENOIST, Jocelyn, ENGLISH, Jacques, *Liminaires phénoménologiques : Recherches sur le développement de la théorie de la signification de Husserl*, Bruxelles, Publication des Facultés universitaires Saint-Louis, 1998.

CAVAILLÈS, Jean, *Sur la logique et la théorie de la science*, 2e éd., Paris, Vrin, 2008.

COURTINE, Jean-François, « L'objet de la logique », dans J.-F. Courtine (éd.), *Phénoménologie et logique*, Paris, ENS, 1996.

– *La cause de la phénoménologie*, Paris, P.U.F., 2007.

DAHLSTROM, Daniel O. (ed.), *Husserl's* Logical Investigations, Dordrecht, Kluwer Academic Publishers, 2003.

DASTUR, Françoise, « Husserl, Lotze, et la logique de la validité », *Kairos*, 5, Toulouse, Presses Universitaires du Mirail, 1994.

– « Husserl et le projet d'une grammaire pure logique », *Cahiers de philosophie ancienne et du langage de Paris XII*, 1994.

– « La problématique catégoriale dans la tradition néokantienne », *Revue de métaphysique et de morale*, « Néokantismes », Paris, P.U.F., 1998 (3).

DERRIDA, Jacques, *La voix et le phénomène*, Paris, P.U.F., 1967.

– *Marges de la philosophie*, Paris, Minuit, 1972.

DESANTI, Jean-Toussaint, *La philosophie silencieuse, ou critique des philosophies de la science*, Paris, Seuil, 1975.

DUMMETT, Michael, « Thought and Perception », in D. Bell et N. Cooper (eds.), *The analytic tradition*, Oxford, Blackwell, 1990.

ELIE, Hubert, *Le signifiable par complexe : la proposition et son objet* (Grégoire de Rimini, Meinong, Russell), Paris, Vrin, 1936, 2000.

EHRENFELS, Christian (Von), « Über "Gestaltqualitäten" », *Vierteljahrsschrift für wissenschaftliche Philosophie*, t. XIV, vol. III, 1890 ; trad. fr. D. Fisette, *Brentano et son école, de Würzbourg à Vienne*, Paris, Vrin, 2007.

ENGLISH, Jacques, « La différenciation de l'intentionalité en ses trois modes canoniques comme problème constitutif central de la phénoménologie transcendantale », *Recherches husserliennes*, vol. 1, 1994.

FABIAN, Reinhard, *Leben und Wirken von Christian von Ehrenfels*, Amsterdam, Rodopi, 1986.

FISETTE, Denis (éd.), *Husserl's* Logical Investigations *reconsidered*, Dordrecht, Kluwer, 2003.

— et LAPOINTE, Sandra (éds.), *Aux origines de la phénoménologie. Husserl et le contexte des* Recherches Logiques, Paris / Québec, Vrin – Presses de l'Université Laval, 2003.

— et FRÉCHETTE, Guillaume, *À l'école de Brentano. De Würzburg à Vienne*, Paris, Vrin, 2007.

FREGE, Gottlob, *Écrits logiques et philosophiques*, trad. fr. C. Imbert, Paris, Seuil, 1994.

GEORGE, Rolf, « Bolzano and the problem of psychologism », *in* D. Fisette (ed.), *Husserl's* Logical Investigations *reconsidered*, Dordrecht, Kluwer, 2003.

GURWITSCH, Aron, *Théorie du champ de la conscience*, trad. fr. M. Butor, Paris, Desclée de Brouwer, 1957.

HEGEL, Georg Wilhelm Friedrich, *Science de la logique, doctrine de l'essence*, I, 2, trad. fr. Labarrière-Jarczyk, Paris, Aubier-Montaigne, 1976.

HÖFLER, Alois, *Philosophische Propädeutik : Logik*, Vienne, Tempsky, 1890.

IMBERT, Claude, *Phénoménologies et langues formulaires*, Paris, P.U.F., 1992.

JAMES, William, *Principles of Psychology*, Harvard, Harvard University Press, 1983.

JOLY, Henri, *Le renversement platonicien*, Paris, Vrin, 1974.

KANT, Immanuel, *Kritik der reinen Vernunft*, Hamburg, Meiner, 1976 ; trad. fr. A. Renaut, *Critique de la raison pure*, Paris, Aubier, 1997.

– *Logique*, trad. fr. L. Guillermit, Paris, Vrin, 1966.

KERN, Iso, *Husserl und Kant*, La Haye, Nijhoff, 1964.

KÜLPE, Oswald, « Zur Kategorienlehre », *Sitzungsberichte der Königlichen Bayerische Akademie der Wissenschaften*, Munich, 1915.

LAVIGNE, Jean-François, *Husserl et la naissance de la phénoménologie (1900-1913)*, Paris, P.U.F., 2005.

LASK, Emil, *La logique de la philosophie et la doctrine des catégories*, trad. fr. Courtine, Pradelle, Launay, Quesne, Paris, Vrin, 2002.

LERNER, Rosemary, « Husserl's breakthrough revisited : Genesis of the Logical Investigations », *Études phénoménologiques*, 35, 2002.

LOCKE, John, *Essai sur l'entendement humain*, trad. fr. J.-M. Vienne, Paris, Vrin, 2001 (livres I et II) et 2006 (livres III et IV).

LOHMAR, Dieter, *Erfahrung und kategoriales Denken. Hume, Kant und Husserl über vorprädikative Erfahrung und prädikative Erkenntnis*, Dordrecht, Kluwer, 1998.

– « Le concept husserlien d'intuition catégoriale », *Revue philosophique de Louvain*, 99, nov. 2001.

LONGUENESSE, Béatrice, *Kant et le pouvoir de juger*, Paris, P.U.F., 1993.

MAJOLINO, Claudio, « De la grammaire à l'ontologie et retour. Le rapport entre catégories de l'être et grammaire philosophique selon Trendelenburg et Marty », dans Denis Thouard (éd.), *Aristote au* XIX*e siècle*, Lille, Presses Universitaires du Septentrion, 2004.

McDowell, John, « Having the World in View : Sellars, Kant and Intentionality », *The Journal of Philosophy*, XCV/9, 1998.

Meinong, Alexius (Von), « Beiträge zur Theorie der psychischen Analyse », *Zeitschrift für Psychologie und Physiologie der Sinnesorgane*, vol. 6, 1894, p. 340-385 et p. 417-455.

– *Hume-Studien II, Zur Relationstheorie*, in *Gesamtausgabe* II, Graz, Akademische Druck- und Verlagsanstalt, 1968 (cité GAII).

– *Über Annahmen*, I, *Gesamtausgabe* IV, Graz, Akademische Druck- und Verlagsanstalt, 1977.

– « Über Gegenstände höherer Ordnung und deren Verhältnis zur inneren Wahrnehmung » (« Sur les objets d'ordre supérieur et leur rapport à la perception interne »), trad. fr. G. Fréchette, dans D. Fisette, *Brentano et son école*.

– *Théorie de l'objet, Présentation personnelle*, trad. fr. J.-F. Courtine, Paris, Vrin, 1999.

– « Zur Psychologie der Complexionen und Relationen », *Zeitschrift für Psychologie und Physiologie der Sinnesorgane*, vol. 2, 1891 ; repris dans le t. I de la *Gesamtausgabe*, Graz, Akademische Druck- und Verlagsanstalt, 1969, p. 281-300.

Monnoyer, Jean-Maurice, « Formes de complexion, types de connexion. Remarques sur la dualité descriptive et génétique de la notion de Gestalt chez Mach, Ehrenfels et Meinong », *Philosophiques*, n°26 (2), 1999.

Narboux, Jean-Philippe, « Non-sens, contresens et contre-exemple », dans S. Laugier et J. Benoist (éds.), *Husserl et Wittgenstein, de la description de l'expérience à la phénoménologie linguistique*, Hildesheim, Olms, 2004.

Platon, *Sophiste*, trad. fr. A. Diès, Paris, Les Belles Lettres, 1925.

Pradelle, Dominique, « Qu'est-ce qu'une intuition catégoriale de nombre ? », dans J.-F. Courtine et J. Benoist (éds.), *Husserl, la représentation vide*, Paris, P.U.F., 2003.

Renaudie, Pierre-Jean, « L'être et le sens des états-de-chose », *in* J. Benoist (éd.), *Propositions et états de chose. Entre être et sens*, Paris, Vrin, 2006.

– « Expression et description, Remarques sur les limites linguistiques de la phénoménologie », *Bulletin d'analyse phénoménologique*, V, 3, 2009.

– « Rectitude et obliquité intentionnelle de l'*oratio* phénoménologique : remarques croisées sur McDowell, Brentano et Husserl, *Bulletin d'Analyse Phénoménologiques*, vol. 6, 2010.

– « *Intentio* et *Adaequatio* : Heidegger, Husserl, et la neutralisation de la métaphysique », *Revue de Métaphysique et de Morale*, 2015 (3).

Rigal, Elisabeth, « Les "recherches psychologiques et logiques" de Husserl », *Kairos*, Toulouse, Presses Universitaires du Mirail, 1994 (5).

Rollinger, Robin, *Husserl's position in the school of Brentano*, Dordrecht, Kluwer Academic Publishers, 1999.

– *Meinong and Husserl on abstraction and universals, From Hume Studies I to Logical Investigations II*, Amsterdam, Rodopi, 1993.

– « Stumpf on Phenomena and Phenomenology », *in* « Carl Stumpf », *Brentano Studien* 9, 2000/01.

SCHÉRER, René, *La phénoménologie des* Recherches Logiques *de Husserl*, Paris, P.U.F., 1967.

SCHUHMANN, Karl, « Johannes Daubert und die Logischen Untersuchungen », dans Fisette, Denis (ed.), *Husserl's* Logical Investigations *Reconsidered*, Dordrecht, Kluwer, 2003.

SEBESTIK, Jan, « Husserl reader of Bolzano », dans Fisette, Denis (ed.), *Husserl's* Logical Investigations *reconsidered*, Dordrecht, Kluwer, 2003.

SELLARS, Wilfrid, *Science and Metaphysics. Variations on Kantian Themes*, London, Routledge and Kegan Paul, 1967.

– « Toward a Theory of the Categories », *Essays in Philosophy and its History*, Dordrecht, D. Reidel, 1974.

SIGWART, Ch. Von, *Logik*, tome 1 (2ᵉ éd.), Fribourg, 1889.

SIMONS, Peter, *Philosophy and logic in Central Europe from Bolzano to Tarski : selected essays*, Dordrecht, Kluwer Academic Publishers, 1992.

SIMPLICIUS, *In Aristotelis Categorias Commentarium*, trad. fr. Ilsetraud Hadot, Leyde, Brill, 1990.

SMITH, Barry, *Austrian Philosophy. The Legacy of Franz Brentano*, Chicago / LaSalle, Open Court, 1995.

– (éd.), *Foundations of gestalt theory*, Munich and Vienna, Philosophia, 1988.

SOKOLOWSKI, Robert, « Husserl's concept of categorial intuition », *Phenomenology and the human sciences*, XII (1981).

– « Husserl's sixth logical investigation », *in* D.O. Dahlstrom (ed.), *Husserl's* Logical Investigations, Dordrecht, Kluwer, 2003.

STUMPF, Carl, « Psychologie und Erkenntnistheorie », *Abhandlungen der königlich bayrischen Akademie der Wissenschaften*, XIX, (1891).

– *Tonpsychologie I*, Hirzel, Leipzig, 1883.

– *Tonpsychologie II*, Hirzel, Leipzig, 1890.

TWARDOWSKI, Kasimierz, *Sur le contenu et l'objet des représentations*, trad. fr. J. English dans Husserl-Twardowski, *Sur les objets intentionnels*, Paris, Vrin, 1993.

VUILLEMIN, Jules, *Philosophie de l'Algèbre*, Paris, P.U.F., 1962.

– *La logique et le monde sensible, Étude sur les théories contemporaines de l'abstraction*, Paris, Flammarion, 1971.

ZAHAVI, Dan, et STJERNFELT, Frederik, *One hundred years of phenomenology, Husserl's* Logical Investigations *revisited*, Kluwer, Dordrecht, 2002.

INDEX NOMINUM

INDEX RERUM

TABLE DES MATIÈRES

Achevé d'imprimer en novembre 2015 par
ISI Print
15 rue Francis de Pressensé
93210 La Plaine Saint Denis

Imprimé en France